Pamela Druckerman

NA PONTA DA LÍNGUA

Tradução de
FÁTIMA MARQUES

EDITORA RECORD
RIO DE JANEIRO • SÃO PAULO
2009

CIP-Brasil. Catalogação-na-fonte
Sindicato Nacional dos Editores de Livros, RJ.

Druckerman, Pamela
D856n Na ponta da língua / Pamela Druckerman; tradução de Fátima Marques. – Rio de Janeiro: Record, 2009.

Tradução de: Lust in translation
ISBN 978-85-01-08372-2

1. Adultério. 2. Casais. 3. Sexo. I. Título.

09-2495 CDD – 306.736
CDU – 176.6

Título original em inglês:
LUST IN TRANSLATION

Impresso no Brasil

ISBN 978-85-01-08372-2

PEDIDOS PELO REEMBOLSO POSTAL
Caixa Postal 23.052
Rio de Janeiro, RJ – 20922-970

EDITORA AFILIADA

Para Simon, por tudo, e para Esther e Al.

Às vezes é difícil ser mulher,
Dar todo o seu amor a apenas um homem.
Você passará por momentos difíceis
E terá momentos bons também
Fazendo coisas que não compreende.

— Tammy Wynette, *Stand by your man*

SUMÁRIO

Introdução

EU POSSO EXPLICAR!

ESTE É UM LIVRO SOBRE ADULTÉRIO. Se você for norte-americano e não o ler, eu entenderei por quê. O adultério provoca mais polêmica nos Estados Unidos do que em qualquer outro país já registrado (a Irlanda e as Filipinas são exceções). Quando menciono infidelidade aos norte-americanos, em geral eles me encaram fixamente por alguns segundos, tentando descobrir se são culpados de alguma coisa ou se eu estou sugerindo algo. Alguns começam a fazer discursos sobre a importância da monogamia. Outros confessam espontaneamente, à simples menção de infidelidade.

Comecei a pensar seriamente sobre os casos amorosos quando me tornei correspondente na América Latina, pelo *Wall Street Journal*. Pela primeira vez na minha vida, os homens casados quase sempre tentavam ir pra cama comigo. Infelizmente, não era porque de repente eu tivesse me tornado irresistível; muitas de minhas amigas relataram abordagens semelhantes.

Mesmo quando esses "pretendentes" eram atraentes, eu achava suas ofertas repugnantes. O que dizer das obrigações deles para com suas esposas? Também interpretava os convites como ofensas pessoais. Será que eu parecia estar tão desesperada a ponto de aceitar me tornar a proverbial "outra"? Na época eu era solteira, tinha quase 30 anos e estava no mercado em busca de um marido para mim.

Em um destes encontros, como esses pensamentos hipócritas estavam fervilhando na minha cabeça, decidi que, em vez de me esquivar do "conquistador", eu iria discutir o assunto com ele. Este homem especificamente, diretor de uma empresa argentina de carnes, tinha me convidado para o que seria, obviamente, um jantar romântico. Quando expliquei por que fiquei ofendida com sua sugestão, de que casualmente planejava cometer adultério, ele ficou perplexo. Disse-me que aquilo não tinha nada a ver com a esposa, que dizia respeito a nós dois. E longe de me insultar, "estou te oferecendo um grande prazer", ele esclareceu.

Embora eu tenha recusado o convite, pensei muito em nossa conversa. Eu me imaginava como uma mulher culta, cidadã do mundo, mas estes homens haviam tocado num traço moralizante que eu não sabia que tinha. De onde vinha isso? Apenas pelo fato de ter crescido na América do Norte, eu estava sendo comandada por algum tipo de bagagem puritana que me impedia de experimentar um grande prazer?

Eu não sabia muito sobre casos amorosos na época, mas me ocorreu que a forma com que as pessoas de diferentes culturas traem — ou não traem — revela muito sobre elas mesmas. Aquilo certamente parecia dizer algo sobre mim. Na Argentina, por exemplo, a corrupção era um segredo mal guardado e seus autores — das elites do país — não tinham a menor vergonha.

Políticos com salários modestos viviam em casas extravagantes no centro da cidade. As revistas mostravam fotos da filha de um ex-presidente numa farra de compras em Miami. O suborno contribuía para o colapso da moeda corrente do país, como pude verificar enquanto estive lá.

Os cidadãos se revoltavam contra a corrupção, mas muitos deles também pareciam entender disso e até sentir que deviam fazer o mesmo se tivessem uma chance. Enganar suas esposas parecia parte de um mesmo pacote: fidelidade é uma boa ideia, mas só os bobos desperdiçam as oportunidades que surgem.

Fiquei intrigada e queria saber mais sobre as regras da infidelidade ao redor do mundo. Mas quando comecei a cutucar em volta, percebi que não havia uma forma fácil de desvendar tais regras na América do Norte ou em qualquer outro lugar. Além de algumas frases feitas dizendo que os franceses são *blasés* em relação à traição (eles não são) ou relatos de antropólogos que estudam homens de tribos remotas (aquelas tangas! Quem não se desencaminharia?), havia poucas pesquisas sobre o assunto. Menos ainda sobre traição entre as classes médias do mundo. Não ficava nem mesmo claro se a extrema antipatia dos norte-americanos para com a infidelidade os fazia trair menos do que as pessoas de países mais permissivos.

O único modo de descobrir como as pessoas ao redor do mundo traíam era ir até elas e perguntar. Foi o que eu fiz. Visitei 24 cidades em dez países. Ao longo do caminho, li colunas de aconselhamento, depoimentos, jornais com relatos de casos amorosos em muitas línguas e entrevistei importantes historiadores, psicólogos e sexólogos. Onde quer que houvesse uma pesquisa acadêmica sobre casos amorosos, passei um pente-fino nelas, também.

E, é claro, entrevistei inúmeros adúlteros e seus parceiros. Para tornar minha amostra manejável e um pouco comparável com os leitores norte-americanos, conversei principalmente com pessoas urbanas de classe média. Para minha surpresa, embora eu fosse uma estrangeira aparecendo com um gravador e uma promessa de mudar seus nomes (eu o fiz, juntamente com alguns detalhes de identificação), as pessoas ao redor do mundo me contaram seus segredos sexuais. Até que eu deixasse a cidade, eu normalmente já tinha de dispensar pessoas. A maioria dos entrevistados esperava ganhar algo daquilo. Os bretões, acostumados com sua imprensa competitiva, pediam pagamentos em dinheiro (eu recusava). Um psicólogo, em Moscou, estendeu nosso almoço a quase três horas, muito além do que ele tinha para dizer, de forma que pudesse encher o prato num bufê de *self service* uzbeque. Antes de eu sair, ele puxou duas sacolas amassadas dos bolsos e as encheu de biscoitos.

Muitas pessoas conversaram comigo atendendo a um pedido de amigos. Algumas mulheres estrangeiras queriam alguém para fazer confidências e um homem chinês deixou claro que esperava que a entrevista fosse um encontro amoroso. Um banqueiro casado, em Londres, que encontrava mulheres pela internet, queria se vangloriar de suas conquistas para alguém, mas achava que nem mesmo seus amigos mais chegados entenderiam. Vários homens franceses, que nunca tinham falado a ninguém sobre seus casos amorosos, disseram que na verdade queriam apenas praticar seu inglês.

Nos Estados Unidos foi diferente. Quase todas as pessoas que entrevistei disseram esperar que, ao contar suas histórias, elas pudessem ajudar alguém. Os norte-americanos de todas as classes sociais e de todas as tendências políticas disseram isto — de um produtor de televisão em Nova Jersey a um vendedor de computadores em Plano, no Texas. Uma dona de casa de Atlanta não conseguia entender que este livro não seria de autoajuda nem de ficção. Ela não estava segura de quais outros tipos de livros há e perguntou se, em todo caso, eu planejava incluir uma lista de telefones e de sites úteis. Fora dos Estados Unidos, ninguém disse nada nem mesmo parecido com isto. Não ocorreu a eles que falar sobre seus casos amorosos pudesse ser um ato de utilidade pública.

As pessoas me perguntavam muitas coisas também, principalmente "em que país se trai mais?" e "por que você escolheu esse tema?". Para a primeira pergunta, eu indico o capítulo 2. Para a segunda — bem, é uma questão pessoal. Fiquei intrigada com as regras de infidelidade que pude perceber na minha permanência em diferentes países e queria entender as ideias complicadas, e muitas vezes contraditórias, da própria América do Norte em relação à traição. E depois de quase seis anos no *Journal*, eu aspirava escrever sobre algo que não tivesse a ver com dinheiro (o adultério se mostrou uma escolha errada quanto a isso).

Quando me concentrei na infidelidade, de repente me pareceu que todos os filmes a que eu assistia e todos os romances que eu lia tratavam deste assunto. Ocorreu-me que, se você eliminasse o sexo extraconjugal, o cânone da literatura ocidental ficaria praticamente vazio. A infidelidade não pesa apenas na consciência norte-americana. Todas as pessoas com quem falei, não importa de qual país fossem, tinham opiniões firmes sobre isso. Em todos os lugares onde estive elas me puxavam para o canto para descrever os chefes, amigos e pais do namorado. (Algumas destas histórias estão no livro.) De repente senti que, borbulhando sob a superfície plácida da monogamia da vida diária, havia outro universo, onde muitas infidelidades acontecem. A única pessoa que não ficou excitada com a ideia de adultério foi minha avó de 90 anos, criada na distinta Carolina do Sul. Quando seus amigos perguntaram a ela sobre o que eu estava escrevendo, ela disse apenas: "É um livro sobre o amor."

As diferenças entre países se evidenciam até nas expressões com que as pessoas descrevem os casos amorosos. Como na gíria norte-americana, onde se diz ter alguém "por fora", há muitas frases que fazem referência à direção no resto do mundo também. Suecos e russos "viram furtivamente à esquerda"; os israelenses "comem de lado" (me contaram que esta é uma forma particularmente grosseira de falar); e os japoneses "saem da estrada". Os irlandeses "jogam à direita", um termo esportivo, enquanto os ingleses "jogam fora". Para os holandeses, a infidelidade é uma viagem na qual o culpado "fica estranho" ou, ainda mais curioso, "belisca o gato no escuro".[1] O destino é ainda mais vago para os franceses, que preferem *aller voir ailleurs* — literalmente "ir ver em outro lugar".

Algumas expressões subestimam a seriedade de um caso amoroso. É difícil ficar muito chateado com um "intervalo maravilhoso", a expressão indonésia para um caso amoroso, que não ameaça nenhuma das partes do casamento. A expressão japonesa "amigos sexuais" soa como personagens cantores de um desenho animado. Nem todos os eufemismos para a infidelidade são benignos. Durante a brutal Revolução Cultural da China, na década de 1970, uma pessoa acusada de ter "problemas de estilo de vida" poderia perder o emprego e ser publicamente humilhada.

Outras expressões são mais literais. Um mulherengo na África do Sul é um "homem que corre", sugerindo tanto o atle-

[1] No Brasil, quem engana ou trai o cônjuge "pula a cerca". (*N. da T.*)

tismo exigido de todas as suas partilhas, como o fato de que ele está sendo perseguido por sua esposa. (Quando apanhado, ele pode alegar que a outra mulher estava simplesmente "passando".) Um homem chinês que tenta manter a esposa e a feliz amante está tentando "estar em dois barcos ao mesmo tempo"; no entanto, se for de Taiwan, ele pode ser acusado de ser "um grande nabo branco com miolo colorido". Se sua esposa o enganar em Tel Aviv, os vizinhos podem encolher os ombros e dizer "uma égua amarrada também come".

As expressões mais coloridas são reservadas ao infeliz cônjuge do trapaceiro. Os poloneses "fazem um balão" de seus cônjuges e um marido chinês enganado "usa um chapéu verde". O inglês, e várias outras nacionalidades, chamam o marido traído de "velho cuco" — por causa do pássaro cuco, que bota ovos no ninho de outros pássaros. Pelo menos oito línguas, inclusive o romeno e o árabe, dizem "corno". (Na França você faz o sinal com os dedos indicadores das duas mãos de cada lado da cabeça.) Isto vem do velho costume de castrar um galo e depois — talvez para avisar que ele não é mais viril — enxertar o esporão da parte posterior de sua pata sobre sua cabeça, onde teria crescido um chifre.

Imagine. Os norte-americanos conhecem a expressão "corno", mas hoje em dia eles preferem a expressão moralista "cônjuge traído", que não deixa dúvidas de que houve um crime e uma vítima.

O mundo é grande. Fui a países onde tenho amigos, onde conhecia o idioma local ou onde senti que encontraria boas histórias. Omiti países importantes. Desculpem-me os indianos e os brasileiros; da próxima vez irei aí. Embora eu tenha falado com especialistas e comparado minhas observações com dados estatísticos, minha própria amostra de adúlteros não pode ser considerada científica. É estratégica, pessoal e algumas vezes acidental. Depois de várias entrevistas fracassadas em Hong Kong, eu estava tão desesperada, que me aproximei de um homem sentado com uma mulher muito jovem e atraente, na Starbucks. Eles não estavam tendo um caso, mas ficaram tão intrigados com o meu projeto, que me apresentaram seus amigos e conhecidos, cujas histórias aparecem no capítulo 10.

Este livro não pergunta se somos geneticamente programados para a infidelidade ou se ser infiel tem vantagens evolutivas. Admito que as pessoas em todos os lugares tinham quase o mesmo misto de urgências biológicas. O que quero saber é como pessoas de diferentes culturas canalizam estas urgências.

Para os meus propósitos, uma pessoa infiel é alguém que, suponho, esteja numa relação monogâmica, mas que esteja fazendo sexo secretamente com outra pessoa. Sexo oral também conta. Na verdade, praticamente qualquer coisa que eles não querem que seu parceiro/a descubra — de uma única escapada a uma farra ruidosa — merece discussão. Os infiéis não precisavam estar realmente casados, especialmente nos países europeus, onde o casamento está cada vez menos popular, mas onde as pessoas ainda formam pares, têm bebês e planejam fidelidade. Na América do Norte, onde as pessoas que apenas moram juntas enganam mais e têm um status inferior ao das pessoas casadas, procurei casais que estavam realmente comprometidos. Pare de ler agora se você espera que este livro seja sobre *swingers*. O sexo deles é extraconjugal, mas não é secreto.

A certa altura, parei de me preocupar em repetir palavras como "enganar" e "infiel". Por favor, não fique fixado nelas. Ao longo da elaboração de um livro sobre adultério há muitas formas de escrever isso. Depois de alguns capítulos, você ficará satisfeito se eu não disser "parcerias extradiádicas" ou se eu não usar a expressão finlandesa "relações paralelas".

Há uma forma de hipocondria chamada "doença do estudante de medicina", na qual os estudantes que estão aprendendo sobre doenças ficam convencidos de que as têm. "Simplesmente saber a localização do apêndice transforma as sensações mais inofensivas daquela região em sintomas muito ameaçadores", explica um cientista.

Pesquisar sobre adultério é mais ou menos assim. Passe o dia inteiro lendo sobre casos extraconjugais e quando seu marido estiver uma hora atrasado do "treino de futebol" ou se não atender o celular numa "viagem de negócios" você vai pirar. É muito mais fácil administrar a apendicite.

Meu marido se preocupava comigo também, talvez com razão. Andar com pessoas que enganam os cônjuges é mais ou menos como andar com fumantes; logo você começa a querer um cigarro. Recebi algumas ofertas. Mas aquela explosiva culpa norte-americana, sobre a qual você vai ouvir falar muito aqui, manteve-me nos trilhos.

UM

BEM-VINDO AOS ESTADOS UNIDOS DA AMÉRICA

NÃO HÁ MUITA COISA PARA SABER sobre o caso amoroso de April. Terminou há quase dois anos. Foi a única vez que ela foi infiel durante seus vinte anos de casamento. Ela mudou de departamento no trabalho e não supervisiona mais seu antigo namorado. Ela afirma que não foi um caso amoroso: foi um ano e meio de e-mails maliciosos (coisas como "mal posso esperar para ver o que você tem por baixo da saia") e encontros clandestinos em estacionamentos e em quartos de hotel. Aconteceu durante um período monótono de seu casamento, depois que April e seu marido, Kevin, tinham perdido todas as suas economias na bolsa de valores e numa aventura empresarial fracassada. Quando Kevin descobriu o caso, este já havia terminado.

Mas dois anos depois, o assunto da infidelidade de April ainda dominava seu casamento. Kevin, 62, simplesmente não conseguia se recuperar. Ele estava convencido de que houvera outros casos e que April, 48, provavelmente ainda o estava enganando.

É difícil imaginar quando ela teria chance de fazer isso. Como punição por seu caso amoroso, Kevin havia posto April num tipo de isolamento social suburbano. Ela saía de casa apenas para trabalhar ou para ir a algum lugar com ele. Ela não via mais as amigas nem convidava os sobrinhos para dormir em sua casa. Quando se atrasava poucos minutos para chegar em casa do trabalho, Kevin deixava mensagens cada vez mais hostis no celular dela. Mesmo quando ela chegava em casa na hora certa, Kevin insistia que ela nomeasse todas as pessoas com quem tinha falado durante o dia. Ele vasculhava sua bolsa, checava sua conta de celular e apertava a tecla de memória de discagem, para ver quem ela havia chamado. Várias vezes ela descobriu um gravador ligado em seu carro, para surpreendê-la se ela telefonasse para alguém na ida ou na volta do trabalho.

"Sou uma pessoa completamente diferente do que costumava ser. Tenho medo de falar com todo mundo. Kevin vai dizer que estou transando por aí", conta April. Ela engordou 22 quilos desde que Kevin descobriu seu caso, e seu colesterol foi para 277, bem na zona de risco para doenças cardíacas. Mas quando ela quer usar os aparelhos para exercícios que eles têm num quarto, ela conta que Kevin fica desconfiado e diz: "Você sabe a última vez que você perdeu peso..." Então ela fica deitada no sofá a maior parte do tempo.

Quando eles estão juntos, ou seja, a maior parte do tempo, Kevin e April têm torturantes "conversas chorosas" sobre o caso amoroso. Kevin repassa todos os detalhes dos encontros clandestinos de April com seu amante. Ele aprendeu muito sobre casos amorosos lendo livros de autoajuda e frequentando grupos de terapia semanais. "Deve haver total honestidade nos relacionamentos e nunca segredos", ele diz. Recentemente ele foi a Nashville para um seminário de fim de semana e voltou para casa convicto de que a infidelidade acontece nas famílias e que — apesar das negativas dela — os próprios pais de April devem ter enganado um ao outro também. O fato de o caso amoroso de April ter sido com um homem negro (Kevin e April são brancos) tornou isso muito pior para ele.

Encontro Kevin e April num almoço numa churrascaria perto da casa deles, numa área suburbana na periferia de Memphis. Embora metade dos residentes da região seja de negros, a cidade deles é quase inteiramente de brancos. Os carros que percorrem as ruas arborizadas usam adesivos como SCRAPBOOKER[2] A BORDO e MILAGRES ACONTECEM. Os residentes ganham mais do dobro do que a média dos habitantes de Tennessee. April tem traços suaves, sardas e um longo cabelo loiro avermelhado. Kevin tem um rosto redondo e a voz de um locutor de rádio. Poucos minutos depois de nos sentarmos, April empurra seu prato de carne de porco e chora, enquanto Kevin começa a conhecida lista de ofensas a ela.

Aparentemente eu os peguei num momento menos difícil. "Não choramos mais tanto quanto costumávamos chorar, graças aos antidepressivos", diz Kevin. Eles ainda consideram a possibilidade de divórcio. Mas tenho a impressão que o caso deu ao casamento deles, antes já problemático, uma razão de ser. Quando eles falam sobre certos episódios, soa como se fossem suas reminiscências.

---

[2] Pessoa que se dedica ao Scrapbooking, a prática de reunir fotos, textos, recortes, numa espécie de álbum de recordações. *(N. da E.)*

"Lembra o dia em que eu piquei em pedaços sua fotografia?", Kevin diz a April. "Subi a escada, me sentei no chão, peguei a fotografia dela e comecei a bater nela."

April está confusa. Kevin está falando da vez em que ele picou suas fotos de casamento? Só sobrou uma, que estava na casa do pai de Kevin.

Não, Kevin se refere à vez em que ele bateu na fotografia dela com uma flauta, que estava à mão. "Eu simplesmente sentei ali aos prantos. Você sabe, 'eu te odeio, sua puta miserável, desgraçada', e só gritava e gemia e batia."

É o mesmo lugar, o quarto do segundo andar, no qual Kevin guarda seus aeromodelos, onde ele uma vez ficou sentado durante horas com o revólver na cabeça, enquanto April implorava a ele para baixar a arma.

April e Kevin podem parecer um pouco exagerados, mas sua experiência foi, de muitas formas, tipicamente norte-americana. Dois anos traumáticos depois de uma infidelidade é uma coisa comum. E, como muitos outros norte-americanos, April tem problemas em acreditar que agora ela é uma "adúltera". Ela foi criada dentro de valores religiosos e se considera "a sincera". "É como se não fosse eu. Acho até que aconteceu com outra pessoa", diz ela. "Nunca pensei em mim mesma como o tipo de pessoa que tem um caso."

***

A partir da década de 1970, os norte-americanos se tornaram mais tolerantes com praticamente todos os assuntos relacionados ao sexo. Aceitamos mais o homossexualismo, as pessoas não casadas que moram juntas, o divórcio, o sexo e os filhos fora do casamento. A maioria dos norte-americanos hoje começa a fazer sexo por volta dos 17 anos, mas não se casa até ter cerca de 26, portanto, há um período de mais ou menos nove anos em que são sexualmente ativos, mas solteiros.

Assim, é curioso que em matéria de sexo extraconjugal os norte-americanos tenham se tornado tão rígidos. Em 1973, 70% dos norte-americanos diziam que os casos eram "sempre errados". Em 2001, quase 82% diziam a mesma coisa e a maioria dos restantes dizia que os casos eram "quase sempre errados". Numa pesquisa Gallup em 2006, os norte-americanos disseram que, em termos morais, o adultério era tão errado quanto a poligamia e a clonagem humana.

Os norte-americanos divergem em muitos assuntos, mas, em relação ao adultério, estamos estranhamente unidos. Kevin e April são republicanos que vivem sob a *Bible Belt*.[3] Mas quando falam sobre casos amorosos, eles soam como os progressistas sociais da cidade de Nova York — com a diferença, talvez, de eles adorarem armas. Mesmo norte-americanos que não praticam nenhuma religião têm um reação fervorosa e automática contra a infidelidade.

"Eu simplesmente não acho que você possa fazer isso sem culpa. Você está machucando todo mundo, inclusive você mesma", diz uma mulher de 32 anos, tipicamente liberal, que trabalha para um designer de moda em Nova York, vive num loft no centro da cidade e está cercada de amigos que pensam como ela. "É desonesto, e quando você é desonesto, cria [mais] desonestidade. Não importa quão inteligente você seja, aquilo te corrói."

---

[3] *Bible Belt*: sudeste dos Estados Unidos, famoso por seu apego às armas e ao uso delas. (*N. da T.*)

Os adúlteros norte-americanos nos dizem, como April, que não são o tipo de pessoa que comete infidelidade. É difícil culpá-los por este pequeno lapso de lógica. Como os norte-americanos se opõem fortemente ao sexo extraconjugal, os adúlteros não são apenas pessoas comuns que erraram; são pecadores banidos por sua falta de virtude. Uma coisa é se apaixonar por um colega de trabalho, outra muito diferente é ser rotulada de infiel.

Há contextos específicos — o time de esportes ocasional ou a empresa de advocacia — nos quais a infidelidade é tolerada ou até estimulada. Os liberais parecem mais propensos a brincar com a infidelidade e a questionar a monogamia. Mas o estigma da infidelidade é tão poderoso, que é difícil ser *blasé* por muito tempo, especialmente quando alguém na sua vida o engana.

Em um bistrô perto de sua casa, no sudoeste de Manhattan, um homem de negócios declara para mim que foi fiel à sua esposa por mais de vinte anos de casamento. Fazer sexo com outra pessoa parece atraente, mas o torna visivelmente ansioso. Em seu círculo de amigos de alto nível, a infidelidade é tão rara que "quando existe é uma exceção, uma anomalia, uma semicrise". Uma situação em que valha a pena arriscar um casamento com renda dupla e enfrentar o problema igualmente temido de "O que meus filhos vão pensar de mim?".

As poucas pessoas que ele conhece que já tiveram casos amorosos tiveram vários deles. Elas ostentam apetites sexuais exagerados, que de seu ponto de vista é algo que parece vir junto com evidentes distúrbios de personalidade. "Você tem de encontrar pessoas como estas; pessoas que de alguma maneira estão fora da ordem das coisas. Não diz respeito a sexo; mas à excentricidade ou à comédia", diz ele. A infidelidade também sugere uma ligação imprópria com as subclasses norte-americanas, que não têm os recursos ou a disciplina para criar ordem em sua vida. Ligar-se a qualquer tipo de pessoa pode ser prejudicial. "Não gosto de pensar que posso ser considerado uma pessoa que tem casos amorosos. Não é bom para o status", disse ele.

Os norte-americanos ganham status quando irradiam uma aura de monogamia. É sinal de que são bons pais, funcionários honestos ou comerciantes confiáveis e que partilham os valores de outras pessoas decentes. A mulher de um médico em Miami me conta que, estritamente falando, ela não se importaria se seu marido fizesse sexo com outra pessoa. Ela ficaria grata por ser liberada de seus deveres conjugais semanais. Mas ficaria devastada por aquilo que a traição *diria* sobre seu marido. Ela e todos os seus amigos o conhecem como alguém que é firme e feliz sendo monogâmico. Se ele a enganasse, pareceria que ele estava fazendo todos de bobo e que não o conheciam de fato.

Os contos norte-americanos sobre adultério em geral são impregnados de moralismo e terminam — depois de uma breve tentação — com a volta a uma zona monogâmica segura. Uma mulher chamada Betsy, escrevendo na *More*, conhecida revista para mulheres de 40 anos, descobre que gosta de seu osteopata. Imediatamente se sente culpada por imaginar alguém, que não o seu marido, nu. Então ela descobre que suas amigas também têm desejo. Uma amiga fotógrafa chegou a ter um envolvimento com um colega de natação. Mas a amiga "se arrependeu. O que era para ser uma fantasia adorável acabou sendo algo que foi longe demais. Você perde o controle. Não que alguém tenha descoberto, mas eu realmente fiquei chocada comigo mesma", disse a amiga.

Para Betsy, o adultério é eticamente muito perturbador, mesmo se for só em fantasia. Quando ela se imaginava fugindo com o osteopata, "algumas vezes punha as crianças dele e as minhas no carro, apenas para garantir que elas estavam seguras". No encontro seguinte, cada um garante que o outro é uma gracinha, mas rapidamente concordam que "aquilo tudo não foi boa ideia, de jeito nenhum". Ela redime todo o episódio não consumado dizendo que aquilo melhorou seu humor e a tirou de uma fase ruim no trabalho. "Você volta à vida, segura, imaculada, talvez um pouco culpada, mas ainda uma boa pessoa", ela conclui.

Colunas de aconselhamento profissional e fóruns on-line, nos quais pessoas pedem orientação a seus iguais, seguem o mesmo esquema. Em um desses fóruns, uma divorciada diz que estava namorando um homem maravilhoso, mas uma noite, num programa com as amigas, um outro homem lhe ofereceu uma bebida. "No final da noite, quando eu estava muito bêbada, acho que o beijei. Acho que foi só um beijinho. Nem tenho certeza, quase não me lembro. E agora estou devastada e atormentada pelo que fiz. Isso não sou eu e sei que nunca, nunca, nunca mais farei isso outra vez! Devo contar ao meu namorado? Como superar isso? Agora sinto que não o mereço. Muito obrigada por qualquer conselho que você possa me dar."

***

Eu poderia pensar que esta era uma forma natural de encarar a infidelidade, se não soubesse que as pessoas cultas de classe média de outros países lidam com casos amorosos de um jeito bem diferente. Muitos consideram nossos métodos bizarros. Eles ficam confusos com nossas confrontações apavoradas, com nossas ameaças automáticas de divórcio, com nossa fé no poder redentor do aconselhamento conjugal e mesmo com nossa suposição de que a honestidade é o valor mais elevado de um casal. Eles se divertem principalmente com o desempenho "o médico e o monstro" que os norte-americanos aperfeiçoaram, no qual um adúltero renasce como um guru adúltero, que publica suas memórias e ensina os outros como "sobreviver" à traição. Não é só o resultado dessas escapadas que é diferente. Fora dos Estados Unidos, as pessoas têm suas próprias ideias sobre com quem ter um caso, quais as obrigações de um para o outro e até de como toda a coisa deve terminar.

A infidelidade pode parecer um segredo, um domínio sem lei, no qual as pessoas tomam decisões particulares sobre como se comportar. Mas, na verdade, há regras mesmo para os casos extraconjugais. Nós as vislumbramos, em meio a fontes, histórias e fofocas sobre a forma como os casos amorosos terminam. Estas narrativas partilhadas definem o que é "normal" em cada lugar e nos ajudam a estabelecer expectativas sobre o que deveria acontecer com um casal durante um casamento duradouro. É claro, a vida de ninguém segue regras estritas. E algumas pessoas se desviam de seus propósitos. A questão é que todo mundo numa sociedade conhece as regras e sabe onde seu próprio comportamento se situa em relação a elas.

"Quando as pessoas me contam um pouco de sua história, não preciso saber o resto", diz Peggy Vaughan, uma californiana que administra um serviço de consultoria por telefone, para pessoas que descobriram que seus cônjuges as estavam enganando, "não quero ouvir tintim por tintim, porque, sejam quais forem os detalhes, a experiência emocional é muito previsível. Posso até dizer a eles o que falarão em seguida."

É como seguir um *script*. Supõe-se, por exemplo, que um marido infiel vai convencer sua amante de que é infeliz com a esposa. Isto significa que ele não é um sem-vergonha qualquer, mas uma alma sensível que está compreensivelmente à procura do amor e da afeição que merece. Na China, no entanto, homens casados habitualmente falam bem da esposa para suas amantes, uma prova de que respeitam a mulher e uma forma de estabelecer limites.

Em todos os lugares as pessoas têm o mesmo elenco de emoções. Mas as características culturais nos ensinam *quais* emoções invocar numa ocasião específica. Uma japonesa casada ficou confusa quando perguntei a ela se se sentia culpada por ter um amante. Tive de repetir a pergunta várias vezes. Sentir-se culpada não tinha ocorrido a ela, uma vez que ela estava cumprindo suas obrigações em relação à família. Um francês foi surpreendido quando perguntei se ele tinha feito terapia para resolver sua vida dupla. Na verdade, ele tinha deixado a terapia logo depois de encontrar a mulher que se tornou sua amante, já que finalmente estava feliz.

Algumas coisas são iguais em qualquer parte do mundo. Mesmo em países onde as pessoas supostamente toleram a traição, quase todo mundo fica com o coração partido ao descobrir uma infidelidade. Mas alguns detalhes variam muito. Pessoas de fora dos Estados Unidos sempre se exaltam quando conto a elas sobre "a conversa", uma regra de encontro na América do Norte urbana, que diz que um relacionamento não é sexualmente monogâmico até que ambas as partes digam explicitamente que é. Os estrangeiros ficam atônitos ao saber que os norte-americanos mantêm suas páginas pessoais online durante um namoro, até que ambas as partes decidam partir para a monogamia. "Não assuma que você é exclusivo, até que converse sobre isso", adverte um colunista do site match.com. Quando tocar no assunto, "apresente o desejo de forma amável e mostre que está aberto para conversar sobre isso".

Na verdade, em poucas culturas se encontra o estilo norte-americano "de encontro", aquele período semelhante à pesquisa inicial antes de se realizar uma compra, quando se tem todo o direito de avaliar vários relacionamentos que se iniciam ao mesmo tempo. Nos EUA o período de namoro poliamoroso tende a durar mais do que em qualquer outro lugar. E embora as pessoas de outros países observem eventos importantes nos relacionamentos, elas não tendem a discuti-los explicitamente. O filósofo francês Bernard-Henri Lévy comentou certa vez que, enquanto estava de pé na fila de um aeroporto de Washington, D.C., escutou um jovem casal discutindo se estavam apenas saindo juntos ou se podiam passar a novos parâmetros de seu "relacionamento". Ele observou "esta forma que nada tem de francesa de transformar o encontro em si, e depois o relacionamento, numa entidade separada que tem vida própria, para além dos dois amantes".

Mesmo depois da "conversa", muitos namorados norte-americanos ainda enganam um ao outro (muito mais do que no casamento). Cada parte avalia os pontos dos candidatos no decorrer de uma década e às vezes de duas décadas. Quando por fim um homem e uma mulher se decidem um pelo outro e resolvem se casar é como se tivessem cruzado a linha de chegada. Mas as regras de fidelidade são diferentes do outro lado da linha. Embora aceitemos algumas infidelidades durante os cruéis dias de namoro, esperamos a *über*monogamia de nossos novos cônjuges. As mulheres pensam: "'Se ele realmente me amasse, não teria nem uma ereção vendo outro corpo, outro seio.' Se um homem nota outra mulher num restaurante, sua esposa fica maluca", diz Diane Sollee, que administra uma organização pró-casamento, em Washington, D.C. "Somos muito românticos nos EUA. Achamos que qualquer violação de um código romântico é motivo para divórcio."

Com uma tal vigilância e culpa, como os norte-americanos lidam com o adultério? A resposta é que há mais de um conjunto de regras. As regras oficiais dizem que enganar é absolutamente errado. É o tipo da coisa que as pessoas dizem às pesquisas de opinião pública. Mas quando as pessoas enganam, em geral seguem outro sistema de regras: as não oficiais. Na verdade, como o sociólogo James Farrer ressalta, cada cultura concorda com um conjunto partilhado de histórias sobre quando é aceitável ser infiel.

Nos Estados Unidos, um casamento realizado não é apenas um ideal. Parece ser um título honorário. Um gestor de fundo *hedge* em Nova Jersey, que planejava deixar sua segunda esposa, doce mas enfadonha, para ficar com uma namorada, lançou-me um olhar de cachorrinho abandonado e explicou: "Eu preciso ser feliz." A busca da felicidade, ou do amor verdadeiro, é uma das histórias mais notáveis que os norte-americanos usam para justificar casos e vender seus escrúpulos morais para enganar o parceiro.

Ser infiel exige mais do que apenas certo número de histórias. Exige também a oportunidade de encenar essas histórias. É permitido a homens e mulheres serem amigos e passarem um tempo sozinhos? É esperado que os casais passem seu tempo livre juntos? É fácil conseguir uma *baby-sitter*? As casas são grandes? Quando eu estava em Moscou, um psicólogo de família me disse que muitos russos vivem em apartamentos de dois quartos, com os pais e os filhos em um único quarto e os avós no outro. "Você pode imaginar como os pais fazem amor... Um caso extraconjugal para uma família como esta pode ser uma escolha melhor do que brigar constantemente com os avós", ele diz.

Terapeutas norte-americanos se deparam com um problema diferente — o fato de que a descoberta de um caso amoroso se torna o foco de um casamento durante anos. Eles dizem que este ataque apoplético de adultério — durante o qual tudo o mais na vida fica em segundo plano — é uma fase típica.

Há pessoas que nunca superam essa fase. Vinte e cinco anos atrás, Neil recebeu um telefonema dizendo que sua mulher estava no hospital. Seu chefe havia batido nela, no que parecia ser uma briga de amantes. Neil, então com trinta e tantos anos, era vice-presidente de uma organização sem fins lucrativos em Baltimore. Ele havia suspeitado de que havia algo entre eles. A descoberta sem dúvida o levou a viver o que ele descreve como um "estado catatônico" e do qual ainda não saiu.

Encontrei Neil, agora com 64 anos, no saguão de uma igreja de subúrbio, em Memphis. Ele é um homem alto e elegante, com um queixo quadrado. Gosta de basquete e joga com seus netos. Mas quando me conta os detalhes do caso amoroso, sua dignidade hesita e suas feições patrícias parecem cair aos pedaços. É como assistir um seriado suspenso antes de chegar ao final.

"Não há um único dia — escute o que estou dizendo, não há um único dia no qual eu não pense nisso várias vezes. Não estou falando que penso nisso em um momento passageiro e depois me envolvo com outra coisa. Não. É como aquela dorzinha nas costas que sempre volta. Nunca vai embora."

Neil não consegue acreditar que a dor pelo caso de sua mulher permaneça por tanto tempo. Ele é um homem inteligente. Conseguiu deixar para trás muitas outras mágoas e desprezos em sua vida. Também acho estranho. É claro que a infidelidade de um parceiro é estressante, insultante e assustadora. Mas quando conversei com pessoas em todos os EUA, elas continuavam tentando transmitir que, como Neil, elas não estavam apenas tristes e feridas. Toda a sua visão de mundo havia entrado em colapso. "Isso rouba o seu passado de você", um "cônjuge traído" explica. "O que é real? O que é falso?"

A Associação Americana de Terapia Familiar e de Casal explica: "As reações de um cônjuge traído lembram os sintomas de estresse pós-traumático das vítimas de eventos catastróficos." As pessoas tentam descrever o alcance desta queda livre emocional com a metáfora mais extrema que conseguem imaginar. Uma mulher de quarenta e poucos anos que mora perto de Seattle diz que "o 11 de Setembro sempre me lembra como eu senti aquilo — um andar caindo sobre o outro". Outra, que escreve num site para pessoas com cônjuges infiéis, compara a descoberta do caso de seu marido com o Tsunami asiático de 2004, que matou 250 mil pessoas.

"Muitas mulheres se sentem tão desorientadas, que acham que estão ficando loucas", escreve Jo Ann Lederman, uma terapeuta de casal em Miami, em sua coluna de aconselhamento. "Você pode esperar mudanças fisiológicas no sistema nervoso e nas habilidades cognitivas." Lederman diz que uma paciente contou a ela: "Eu me senti pior do que quando nosso filho morreu. Na época, eu sabia que os médicos tinham feito tudo o que podiam. Eu nunca sonhei que meu marido, meu melhor amigo, se tornasse o instrumento de minha tortura e de minha tristeza."

***

A monogamia é o DNA dos Estados Unidos. Os puritanos que fundaram as colônias norte-americanas no século XVII puniam os adúlteros com chicotadas públicas, que muitas vezes resultavam em morte. Eles na verdade impunham que adúlteros declarados exibissem a letra A (ou algumas vezes AD, de *adulterer*) "do lado superior externo de sua roupa". Embora, diferente dos juízes de Hester Prynne, no romance de Nathaniel Hawthorne *A letra escarlate*, eles normalmente não especificavam a cor. Os puritanos consideravam a definição bíblica de adultério, que se refere apenas à mulher noiva ou casada e seu amante. Homens na mesma situação eram acusados do crime menor de "fornicação" (sexo entre pessoas que não são casadas).

No século XVIII, à medida que a tensão entre ingleses e colonos americanos se intensificava, os ingleses justificavam sua regra dizendo que as duas populações eram como pai e filho. Esta analogia foi um anátema para os colonos, que diziam preferir uma relação voluntária com a Inglaterra, como a de marido e mulher.

Quando os Estados Unidos se tornaram independentes, seus líderes mais uma vez adotaram o casamento como metáfora de como a nova república deveria governar. A historiadora de Harvard, Nancy Cott, descreve isso brilhantemente em seu livro: *Public vows: a History of Marriage and the Nation* [Votos públicos: a história do casamento e da nação]. Ela diz que para os fundadores da América do Norte o casamento simbolizava liberdade política. Em ambos, cada parte assume voluntariamente as obrigações em relação ao outro e cada parte se beneficia da relação. É claro, os fundadores não tinham qualquer tipo de casamento em mente. Para eles, o único casamento adequado era o modelo cristão de marido e mulher, sexualmente fiéis um ao outro até o amargo fim.

O casamento não era simplesmente uma metáfora. Os fundadores também acreditavam que as pessoas casadas se tornam cidadãos melhores. O comportamento dos indivíduos não importava muito durante o período colonial, porque os monarcas britânicos faziam o que queriam. Na nova democracia representativa, porém, as escolhas dos cidadãos americanos moldavam o caráter do Estado. A força e talvez a própria sobrevivência do país dependia da aptidão moral de seus cidadãos. Na teoria, se as pessoas fossem degradadas e corruptas, elegeriam líderes que seriam assim também.

Os fundadores encorajavam o casamento na esperança de criar uma sociedade ordenada, com os norte-americanos seguindo o melhor comportamento possível. Eles imaginavam que as esposas domariam o impulso desregrado de seus maridos, enquanto os maridos usariam seu julgamento superior para ajudar as esposas a se comportar racionalmente. Filósofos políticos da época defendiam em seus escritos que o casamento encorajava as pessoas a trabalhar altruisticamente pelo bem público. A ideia se infiltrava nas revistas populares, que pregavam os benefícios das relações amorosas fiéis. A família do próprio presidente emergiu como um arquétipo do lar americano.

Os primeiros legisladores não deixavam as coisas ao acaso. Se os norte-americanos não queriam se casar, tinham de renunciar ao sexo. Os governos estaduais, que controlavam as leis do casamento, proibiam praticamente todo tipo de sexo fora do casamento, inclusive fornicação, sodomia e adultério. Ofensas como "conversa criminosa" (ter sexo com outra pessoa que não o cônjuge), "tentação" (convencer uma mulher a abandonar seu marido) e "alienação de afetos" (retirar o afeto de seu dono legítimo, o cônjuge) eram punidas com multas. Eram crimes contra o marido, uma vez que em termos legais o corpo da esposa pertencia a ele. Para o caso de o sexo extraconjugal ainda ser tentador, no século XIX a maioria dos estados proibiu o aborto e o governo federal tornou ilegal a divulgação de material "imoral", o que incluía informações sobre o controle da natalidade, como Cott escreve.

No início do século XX, muitos norte-americanos se cansaram das pudicas regras vitorianas. O controle da natalidade se tornou amplamente difundido, afinal, as mulheres de todo o mundo ocidental estavam se agitando pelo voto e Freud explicava que as pessoas são motivadas por suas pulsões sexuais. As mulheres, que se supunha não serem mais frígidas, começaram a acreditar que a felicidade conjugal incluía a satisfação sexual.

Os tribunais, como defensores do interesse nacional, foram cautelosos com essas atitudes permissivas. Alguns estados passaram a considerar o adultério ofensa criminal, passível de punição com cinco anos de prisão, e se tornaram mais cuidadosos nos processos de direitos civis contra isso. Mas eles não conseguiram oferecer resistência às mudanças sociais. As mulheres conseguiram o direito de voto em 1920 e a maioria das leis que permitiam que as mulheres fossem consideradas propriedade de seus maridos perderam a força.

À medida que o século avançava, o governo abrandou o cerco sobre a vida dos norte-americanos. A Food and Drugs Administration (FDA) aprovou a venda de pílulas para o controle da natalidade em 1960. O Supremo Tribunal derrubou proclamas do Estado sobre o aborto, em 1973. E talvez na decisão mais crucial, de 1969 até meados de 1980, todos os estados adotaram alguma versão do divórcio. Isto significava que as pessoas podiam desfazer seus casamentos simplesmente por não estarem felizes. Cada vez mais as mulheres tinham seu próprio salário e podiam rejeitar seus maridos por ofensas como o adultério, algo que as gerações anteriores deixariam passar. O índice nacional de divórcio subiu de 2,6 a cada mil pessoas em 1967 para 5,3 por mil em 1979 (caiu desde então). A decisão quanto a ter filhos ou não e permanecer casados ou não passou aos indivíduos, com muito menos interferência do Estado.

À medida que os indivíduos adquiriam maior controle sobre a procriação e o casamento, o adultério também assumiu um novo valor simbólico. Em vez de algo que determina o destino da nação, o sexo extraconjugal emergiu como algo que afeta de modo particular a família de alguém e sua vida pessoal. Os norte-americanos não deixaram de se importar com a infidelidade. Pelo contrário, tornaram-se ainda mais rígidos em relação a isso. E continuam imaginando essa falta como o portal do crime, que pode soltar todos os tipos de outras doenças. Mas, de um ponto de vista novo, estas doenças não seriam desencadeadas no corpo político; seriam liberadas na família e na vida pessoal do próprio adúltero. Na verdade, o adultério foi privatizado. A maioria das leis de adultério dos estados foi retirada dos livros, e as que permaneceram são relíquias culturais.

A ideia de que enganar o cônjuge cria um declive escorregadio que leva ao caos pessoal se tornou uma demarcação padrão nos filmes de Hollywood. Quando o personagem principal de um filme engana o cônjuge, a regra de comportamento é que alguém deve morrer (não necessariamente quem enganou), como penitência cósmica para o caso amoroso e como evidência dos males que a infidelidade desencadeia. Um exemplo é o filme *Infidelidade*, de 2002, uma refilmagem talentosa de um filme francês, no qual uma dona de casa suburbana tem um caso tórrido com um homem que ela encontra por acaso, na rua (como ela é a heroína, ela não tinha a intenção de trair). Em uma cena, incluída para agradar as plateias norte-americanas, as amigas da mulher observam um sexy francês no bar, e não fazem ideia de que a heroína está dormindo com ele. Uma das amigas diz que "se deitaria num piscar de olhos" se o homem estivesse interessado e que dormir com ele seria algo que ela faria por pura diversão, como uma aula de cerâmica.

Mas a outra amiga adverte que os casos nunca são simples. "Não, isso começa assim. Mas então acontece algo, alguém descobre ou alguém se apaixona e tudo acaba em desastre. Sempre acaba de maneira desastrada."

Depois de um tempo, o marido da heroína, que era um modelo de homem de negócios e de pai de família, descobre o caso e mata o francês. Marido e mulher se reconciliam, mas é óbvio que ficarão apavorados para sempre com a possibilidade de serem descobertos, ou, quem sabe, sucumbirão ao impulso de confessar. De qualquer forma, o caso amoroso havia destruído para sempre a vida calma e confortável que tinham.

Pude encontrar a mesma mensagem em salas de bate-papo na internet. Quando uma mulher revela que poderia dormir com um homem casado com quem já estivesse emocionalmente ligada, uma enxurrada de comentários — alguns de pessoas que estavam tendo um caso — avisando que submeter-se ao prazer imediato poderia arruinar sua vida.

"Você está realmente pronta para a vida dupla que isso exige de você? Pensou nisso realmente? Tente se ver nesta vida no futuro, em um, dois, cinco, dez anos. Um [caso] afeta e afetará o RESTO da SUA vida. Justificativas à parte, você ainda tem de viver com você mesma... Esta não é uma situação que eu recomendaria, mesmo para o meu pior inimigo." Outra escreve: "Desejo ardentemente que você rompa todo o contato com essa pessoa e livre a si mesma e à sua família de meses e anos de inferno para todos os interessados."

Em 1998, os Estados Unidos organizaram seu roteiro do adultério, talvez no fórum mais público desde então: a tentativa de *impeachment* do presidente Bill Clinton. Os antagonistas republicanos de Clinton foram cuidadosos em dizer que não estavam julgando Clinton por seus encontros extraconjugais com Monica Lewinsky, a estagiária de 22 anos. Acontece que seu crime real era outra violação moral mais diretamente ligada ao sexo extraconjugal nos EUA: mentir. Para provar a culpa dele, os investigadores criaram o "Relatório Starr", 445 páginas descrevendo dez encontros sexuais entre Clinton e Lewinsky, começando na época em que ele conversou com ela durante a paralisação do governo, em novembro de 1995, até seus encontros no "corredor sem janelas fora do gabinete" do Salão Oval.

Os personagens e o enredo do "relatório Starr" seguem exatamente o mesmo roteiro de adultério norte-americano. Lewinsky é a amante que aspira suplantar a esposa, e Clinton é o marido que alimenta essas expectativas a fim de continuar recebendo os favores sexuais. De acordo com o relatório, "o presidente Clinton uma vez confidenciou à srta. Lewinsky que não tinha certeza se continuaria casado depois que deixasse a Casa Branca". Ele disse, em resumo: "Sabe-se lá o que acontecerá daqui a quatro anos, quando eu estiver fora do escritório?"

O Relatório Starr revela os lamentos da família da amante. Uma amiga de Lewinsky disse que: "Se [Lewinsky] mentisse para mim, teria me dito: 'Oh, ele me chama todo o tempo. Ele faz coisas maravilhosas. Ele mal pode esperar para me ver.' (...) Ela teria embelezado a história. Você sabe, ela não teria me dito: 'Ele me disse que me ligaria, eu esperei o fim de semana inteiro, não fiz nada e ele não me telefonou, nem me chamou por duas semanas'."

O amigo de Clinton, Vernon Jordan, um advogado de Washington, testemunhou quando Lewinsky reclamou que Clinton não havia telefonado nem a visto o bastante: "Ele sentiu que precisava lembrar a srta. Lewinsky que o presidente é o 'líder de um mundo livre' e que tem obrigações." Quando o interesse de Clinton por Lewinsky diminuiu, ela assumiu um outro papel conhecido: o da amante usando ameaças veladas de revelar o caso, em troca de algum lucro material. Neste caso, ela queria um emprego em Nova York.

Mesmo os defensores democráticos de Clinton foram cuidadosos ao estabelecer sua ética de boa-fé. O senador Robert Byrd, de West Virginia, o estadista mais velho do partido, qualificou o comportamento de Clinton como "um triste espetáculo". Um dos advogados do próprio Clinton disse ao Comitê Judiciário que o caso do presidente com Lewinsky era "moralmente repreensível". A única coisa que ficou brilhantemente fora do manuscrito, e que chacoalhou os norte-americanos, foi que a esposa de Clinton, Hillary, não o abandonou. Diane Sollee, especialista em casamentos em Washington, diz que no período das audiências os jornalistas entraram em contato com ela e quiseram saber como o casamento de Clinton podia sobreviver.

Os oponentes republicanos de Clinton pareciam não ter lido o memorando de que o adultério havia se tornado um assunto privado. Eles incitavam a nação a olhar a infidelidade da forma antiga, como algo que ameaçava a estabilidade da nação. Vários congressistas encaravam as câmeras de televisão com cartas de crianças de escola, que tinham ficado "de coração partido" quando souberam que o presidente os havia enganado. "Se o presidente quebrou o pacto de confiança que fez com o povo norte-americano, ele não pode mais ser acreditado", diz Henry Hyde, o congressista republicano de Illinois, que era chefe da casa durante o processo de *impeachment*.

Mas quando aconteceu com ele mesmo, Hyde se lembrou que a infidelidade havia se tornado um assunto privado. Em

1998, depois que a Salon.com descobriu que Hyde tinha tido um caso de cinco anos na década de 1960 com uma jovem mãe chamada Cherie Snodgrass, Hyde — casado e pai de quatro filhos na época do caso — emitiu uma declaração dizendo: "O estatuto de limitações já prescreveu. As minhas 'puladas de cerca' de juventude foram há muito tempo... É suficiente dizer que Cherie Snodgrass e eu fomos bons amigos há muito, muito tempo." Hyde tinha 41 anos quando o caso começou.

A maioria dos norte-americanos aderiu à ideia de que os casos são um pecado privativo. Logo depois da Câmara dos Deputados votar a favor do *impeachment* de Clinton, seu índice de aprovação nacional pulou dez pontos, para 73%, o nível mais alto de acordo com a Pesquisa CNN/Gallup. Enquanto isso, a aprovação do Partido Republicano caiu 12 pontos, para 31%.

Clinton sabiamente usou este *script* mais moderno como um guia para expiar o pecado do sexo extraconjugal. Ele poderia, também, ter seguido os passos estabelecidos pela Associação Norte-Americana de Casamento e Terapia Familiar. Talvez ele tenha seguido. Um ensaio no site da associação explica que "para restaurar a confiança, a pessoa que teve um caso amoroso precisa ser totalmente confiável e honesta em relação a todos os detalhes que o cônjuge prejudicado quiser saber, tal como o nome da outra pessoa envolvida e detalhes dos encontros secretos e dos encontros sexuais". Depois disso, o adúltero deve "assumir total responsabilidade pessoal pelo caso e não passar a culpa pelos problemas emocionais, pessoais ou de trabalho para o cônjuge".

Clinton seguiu isto praticamente ao pé da letra. Primeiro, ele não negou mas admitiu o caso. Então, antes de o Relatório Starr ser divulgado, ele fez uma turnê para se desculpar com quem o apoiava. "Não tenho ninguém a culpar a não ser eu mesmo pelos ferimentos autoinfligidos", disse ele numa palestra em Orlando, Flórida. Os democratas do Congresso se reuniram para um encontro com Clinton logo depois de sua confissão, onde ele aparentemente fez uma catarse emocional. "Vi um ser humano profundamente aflito, expressando a todos nós um arrependimento muito grande, assim como vergonha e raiva de si mesmo", disse depois um congressista aos repórteres. "Vi uma tristeza real pelo que ele havia feito à sua família." Ironicamente, os detalhes incluídos no Relatório Starr podem ter ajudado os norte-americanos a fazer as pazes com seu presidente.

***

Não há nenhuma evidência empírica de que pessoas sexualmente fiéis dão melhores médicos, parceiros de negócios, cidadãos ou presidentes. Da mesma forma, não há prova alguma de que pessoas que fizeram sexo extraconjugal desviam dinheiro, cometem mais assassinatos, dizem mais mentiras ou são em geral mais corruptas do que as que são fiéis. Até onde sei nunca ninguém descobriu correlação entre o preço da ação de uma empresa e com quem o gerente executivo está dormindo. Acreditar que enganar o cônjuge é parte de uma constelação de falhas de caráter e de mau comportamento pode ser verdadeiro, mas nunca foi testado. Para cada presidente sofrível que teve uma amante, houve um bom presidente que também teve, ou outro ruim que não teve nenhuma.

Pela forma frenética com que os norte-americanos tendem a lidar com o adultério, porém, a infidelidade parece tornar a vida muito mais caótica. Alguns meses depois do primeiro encontro com Kevin e April, telefonei a eles para ver como estavam indo. April estava sozinha em casa. Ela disse que a situação estava bem ruim. Na verdade, sua vida tinha sido engolfada num tipo de caos, contra o qual o cinema adverte. Numa das buscas rotineiras na bolsa de April, Kevin encontrou um e-mail impresso que ela tinha recebido de John, seu amante anterior. John escreveu dizendo que estava tendo problemas em casa e perguntava se ele e April podiam conversar. April diz que deixou o e-mail na bolsa porque achou que não tinha nada a esconder.

Não tenho certeza se foi ingenuidade ou uma provocação deliberada. De qualquer forma, de acordo com April, quando Kevin leu o e-mail, pegou a arma e disse que iria à casa de John. Houve alguns epítetos raciais. Ao sair de casa, Kevin agarrou o braço de April com tanta força, que a machucou. Ele estava na garagem quando April chamou a polícia. Eles chegaram e o prenderam e Kevin passou algumas horas na cadeia.

April e Kevin já tiveram de pagar 15 mil dólares em multas legais e o advogado de Kevin pediu e-mails e outros documentos sobre o caso amoroso de April, para elaborar o caso de Kevin. O processo provavelmente durará meses. April diz que quando Kevin está em casa, senta-se por perto e diz que não sabe se será feliz outra vez. "Nas últimas semanas finalmente comecei a compreender que isso não é apenas falha minha", ela disse.

April está tão perturbada com o que aconteceu e com o fato de seu caso amoroso ainda estar consumindo suas vidas, que deixou algo escapar: seu relacionamento com Kevin começou como um caso. Kevin tinha me dito que ele e April trabalhavam juntos, mas que começaram a se encontrar apenas depois que ele se divorciou de sua segunda mulher. Kevin, parece, também mente sobre sexo.

"Ele continuou prometendo que se divorciaria", disse April. "Isso se prolongou por mais ou menos... Tivemos um caso provavelmente durante três anos." A esposa de Kevin e sua mãe uma vez apareceram na porta da casa de April "implorando e me chamando de maldita ladra de marido". De acordo com April, Kevin enganou sua primeira mulher também.

Estabelecer as semelhanças no comportamento deles não trouxe nenhum alívio a April com a obsessão de Kevin por seu caso amoroso. "Ele diz que quando estava tendo um caso comigo era diferente, porque estava apaixonado por mim. Eu disse: 'Ah, mas nós não estávamos apaixonados no começo'", April diz. "Ele disse que aprendeu com a forma como eu o tratei, e que agora se sente mal pelas coisas que ele as fez passar."

Dois

MENTIRAS, MALDITAS MENTIRAS E ADULTÉRIO

QUANDO COMECEI A PESQUISAR este livro, imaginei que incluiria o resultado das pesquisas dos países, dos mais adúlteros e dos menos adúlteros. Eu não sabia se esta lista já existia ou se eu mesma teria de fazê-la. Era difícil imaginar como seria. Que posição ocupariam os Estados Unidos na pesquisa? Que países teriam a ambivalente distinção de estar no topo da lista? Haveria realmente grande diferença entre os países? Os índices estariam relacionados com algo estranho, como o clima?

Minha primeira suspeita de que o mundo não oferece seus segredos sexuais tão facilmente vem de Moscou, quando visitei o homem que é considerado o pai da sexologia russa. Em pessoa, Igor Kon, 76 anos, parece mais um avô ou talvez um mascote. Ele tem cerca de um metro e meio de altura, uma cabeça grande, cabelos brancos, um sorriso carinhoso e o cativante hábito de misturar ao jargão acadêmico palavras como "masturbação" e "ereção". Ele é tão prolífico, que não tem certeza de quantos livros escreveu, mas diz que foram "cerca de cinquenta". Os colegas de Kon na Associação Mundial de Saúde Sexual recentemente o premiaram com uma medalha de ouro, por suas realizações.

Toda a superfície do escritório de Kon está repleta de livros, papéis e jornais escritos em seis línguas. Imagino que no meio daquelas pilhas estão os resultados das pesquisas nacionais sobre sexo, com as estatísticas de infidelidade na Rússia e provavelmente de muitos outros países. Pressinto que Kon, como Yoda, tirará daquela lista o que andei fantasiando e ruminando. "Você vai para a Eslovênia e depois para Níger." Talvez ele me ofereça um vislumbre tantalizante e depois esqueça.

Mas quando eu menciono as estatísticas sexuais russas, o tom alegre de Kon se torna mal-humorado. "Nunca houve e nem haverá no futuro previsível pesquisas nacionais", ele me diz. Kon diz que os governos são a escolha natural para o dispendioso fundo de pesquisas nacional, que tipicamente inclui poucas perguntas sobre sexo extraconjugal. Mas os governos soviéticos simplesmente não permitiam qualquer discussão pública sobre sexo, quanto mais uma pesquisa que pudesse envergonhar o Estado ao mostrar que os russos estavam se ocupando de atividades proibidas como casos extraconjugais.

Embora a União Soviética tenha desmoronado em 1991, Kon diz que os cristãos ortodoxos da Rússia agora impedem o governo atual de financiar praticamente qualquer coisa relacionada a sexo. Uma pesquisa nacional seria um tesouro para Kon e seus colegas. Em vez disso, eles têm de trabalhar com dados limitados que eles mesmos reúnem, o melhor dos quais é uma pesquisa de 1996 feita em São Petersburgo.

Pesquisa sexual na Rússia traz poucas vantagens. Kon ganha o equivalente a 123 dólares por mês como pesquisador chefe na Academia de Ciências Russa. Isto mal dá para comprar comida em Moscou. Ele e outros pesquisadores de sexualidade trabalham muitas horas apenas para ganhar o mínimo. E pesquisar sobre sexo é perigoso. Vândalos estragaram a porta do apartamento de Kon. Ele me mostra um panfleto de 74 páginas no qual um grupo de acadêmicos russos o denunciou como um "perigo para a sociedade e para o Estado russos" e o acusou de apoiar a pedofilia (ele não fez isto). Enquanto estava ministrando uma conferência na universidade de Moscou em 2001, uma gangue de cerca de vinte arruaceiros segurando placas "acusaram-no" de ser homossexual e depois jogaram uma torta na sua cara. Pelo menos Kon não teve de se preocupar com as pessoas que telefonaram e ameaçaram bombardear sua casa. Se eles fossem sérios, teriam feito isso sem avisar. "Matar alguém em Moscou não é um grande problema. Se quisessem me matar, seria muito fácil fazer isso."

***

Pesquisar sobre sexo por aí não é coisa para os tímidos. Durante minha entrevista com Alain Giami, o diretor de pesquisas do Instituto Nacional de Saúde e Pesquisa sobre Saúde da França, ele me interrompe no meio da frase, fica agitado e parece que vai pular da cadeira.

A ofensa que cometi é que usei a palavra "infidelidade".

"O que você chama de infidelidade? Não sei o que é infidelidade", ele diz. "Não partilho esse ponto de vista, então não usaria esta palavra. Isso implica valores religiosos. Usar a palavra 'infidelidade' é um valor negativo. Significa que você não é confiável, que você é um mentiroso."

Entrei na guerra das palavras de como os cientistas sociais chamariam os casos amorosos. Quando escrevem sobre o assunto nos jornais especializados e em publicações acadêmicas, eles tentam parecer moralmente neutros. Mas Giami não se sente confortável nem mesmo com termos que insinuam que o entrevistado é casado ou heterossexual ou que o caso é menos importante do que o relacionamento principal. Ele insiste numa definição que, para mim, soa mais adequada à contabilidade do que ao sexo. "Nós os chamamos de multirrelacionamentos simultâneos", ele diz.

Os acadêmicos parecem se deliciar propondo nomes novos e elegantes. Se eu trair algum dia, planejo dizer a meu marido que estava simplesmente "trabalhando na rede de sexo", a frase que os pesquisadores na Nigéria usam (amantes eram NF, para "namoradas fixas"). Na década de 1980, acadêmicos norte-americanos tentaram cunhar o acrônimo CEM para "coito extramarital" [EMC, em inglês], mas não pegou, talvez porque soe como um procedimento médico. Nenhum acadêmico diz "adultério", que parece vir de uma voz imaginária do alto que entoa: "Não deves cometê-lo."

Aquilo a que todas essas expressões se referem é outra questão. Algumas pesquisas perguntam apenas sobre "sexo" com outra pessoa que não o parceiro e deixam que o entrevistado decida o que isso significa. Outras tentam criar uma frase positiva para isso, como "Você foi monogâmico o ano passado?". Em alguns casos, acho que as perguntas são um pouco mais vagas. Coro ao pensar em uma pesquisa norte-americana feita em 1990 por telefone, com ligações ao acaso, na qual os entrevistadores queriam saber: "Durante os últimos 12 meses, com quantas pessoas diferentes você teve intercurso sexual vaginal ou anal?"

Outras perguntas tentam evocar o humor. Uma pesquisa norte-americana feita em 1992 definia sexo como uma "atividade voluntária e mútua com outra pessoa, que envolve contato genital e excitação ou estímulo sexual, isto é, sentir-se excitado mesmo se o intercurso ou o orgasmo não ocorrerem". Só ler isso já dá a sensação de estar enganando alguém.

Algumas pesquisas são claramente feitas para entretenimento e não se importam em esconder seus preconceitos. Uma pesquisa numa revista da África do Sul separava em categorias homens que enganavam as mulheres e homens que enganavam as mulheres "quando estavam bêbados". Uma empresa de pesquisa francesa media a "infidelidade das mulheres nas férias". Os entrevistados supostamente deviam escolher seu preferido entre três tipos de amantes potenciais (o favorito disparado era um "homem superdivertido, mesmo não sendo bonito nem inteligente"). Quase como uma reflexão posterior, havia uma quarta coluna para as mulheres que diziam que não enganam seus parceiros.

A Pesquisa de Vida Familiar e de Saúde na China, feita no ano 2000, perguntava: "Hoje em dia em nossa sociedade, algumas pessoas casadas têm sexo com outras pessoas que não seus cônjuges (casos extraconjugais). Você acha que cada caso deveria ser tratado individualmente ou que estas pessoas deveriam ser todas punidas?"

Num país como a China, onde a pesquisa sobre sexo começou apenas na década de 1980, a simples ideia de se sentar com um estranho e revelar detalhes de sua vida sexual é amedrontadora. Em meados de 1990, um acadêmico chinês, que revisou a pesquisa da década anterior, concluiu que os entrevistados chineses acreditavam que as entrevistadoras são "mulheres más" e que um entrevistador que pergunta sobre certas práticas sexuais o faz porque ele próprio as aprecia. Ele também achava que quando perguntamos sobre assuntos sexuais "a maioria das mulheres sente vontade de vomitar".

Estes assuntos não são um bom presságio para o meu mapa do adultério. Como posso comparar pesquisas sobre infidelidade de diferentes países se elas não medem a mesma coisa? Algumas pesquisas perguntam se uma pessoa já traiu durante seus casamentos ou mesmo enquanto morava junto com alguém, ao longo de sua vida. Outras perguntam apenas sobre os 12 meses anteriores à pesquisa, supondo que as pessoas têm uma memória muito melhor em curto prazo. Pesquisas de opinião pública que especificam que estão interessadas apenas no intercurso, potencialmente excluem os milhares de pessoas que trocaram sexo oral ou simplesmente tiveram encontros fora do escritório, no estacionamento. Estas pessoas não contam?

Os pesquisadores fazem o que podem para induzir os entrevistados a dizer a verdade. Eles fazem a mesma pergunta de várias formas diferentes, em momentos diferentes da entrevista e então veem se as respostas são coerentes. Alguns põem as perguntas mais sensíveis num laptop e deixam que o entrevistado preencha as respostas, de forma que não tenha de "confessar" ao entrevistador. Em um estudo em meados de 1990, os entrevistadores pediam ao cônjuge do entrevistado para ir buscar-lhes um copo d'água e então rapidamente faziam uma série de perguntas sobre sexo, em voz baixa.

Num levantamento realizado em 2000 na China, os pesquisadores tiravam os entrevistados de casa, mas seus encontros alternativos soavam curiosamente como sedução: "Como regra, convidamos cada entrevistado para ir ao nosso quarto de hotel, conforme combinado anteriormente, e encontrar um entrevistador do mesmo sexo num quarto fechado, para uma conversa face a face, enquanto o entrevistador tenta ao máximo persuadir o entrevistado a fornecer respostas honestas." Nos Estados Unidos, na década de 1990, os pesquisadores da Universidade de Chicago fizeram uma avaliação prévia e descobriram que os norte-americanos de todos os gêneros e raças se sentem mais confortáveis conversando sobre sexo com mulheres brancas de meia-idade. Então eles contrataram um pelotão dessas mulheres e as treinaram para não vacilar quando os entrevistados usassem "linguagem vulgar" ou detalhes descritivos de suas experiências sexuais.

É claro, mesmo pesquisas de opinião meticulosamente planejadas não têm sentido se os sondadores não selecionarem da forma certa as pessoas para sua amostra. É a estatística 101: Cada um da população sobre a qual você está tentando fazer generalizações deve ter chance igual — ou pelo menos uma chance conhecida — de ser selecionado. Este método, chamado de amostragem de probabilidade, é feito adquirindo listas de toda a população e escolhendo ao acaso pessoas para entrevistar, ou escolhendo-as aleatoriamente dentro de certas categorias, como idade ou gênero. Se você fica parado numa rua em Paris e entrevista pedestres aleatoriamente, seus resultados não revelarão necessariamente nada sobre os parisienses. As pessoas que frequentam aquela rua têm uma chance maior de serem entrevistadas do que qualquer outra na cidade, e podem ter diferentes gostos e hábitos dos de outras regiões. Uma amostragem de probabilidade na qual as pessoas são selecionadas ao acaso de uma lista de todos os parisienses seria representativa da cidade, porque todos os residentes teriam chance igual de serem questionados.

Da mesma forma se os sujeitos do estudo se voluntariarem. Um exemplo disto é a Pesquisa Sexual Global, de 2005, conduzida pelo fabricante inglês de preservativos, Durex. A Durex usou os dados desta pesquisa para produzir o tipo de lista-mestra de infidelidade, com a qual eu havia sonhado. A empresa compara os índices de sexo extraconjugal entre pessoas de 41 países, da Turquia (onde 58% dos entrevistados declaram ter enganado o cônjuge) até Israel, com apenas 7%.

Os funcionários da Durex dizem que pesquisaram 317 mil pessoas. Mas todas essas pessoas eram voluntárias, que visitaram o site da empresa e preencheram a pesquisa on-line. Alguns turcos ansiosos podem ter entrado milhares de vezes. A única coisa que a pesquisa poderia confiantemente sugerir é que muitos entrevistados eram adolescentes, uma vez que, respondendo a perguntas de uma outra seção, um terço diz que gostou de usar furtivamente a cama dos pais para fazer sexo.

Trabalhos acadêmicos sobre casos amorosos muitas vezes apresentam problemas semelhantes, pois os pesquisadores não conseguem obter fundos para realizar estudos em grande escala. Para sua investigação de 1992, sobre a razão pela qual as pessoas enganam seus cônjuges, uma respeitada psicóloga norte-americana chamada Shirley Glass (mãe do locutor de rádio Ira Glass) recorreu a uma pesquisa para pessoas brancas, no Aeroporto Internacional Baltimore-Washington, e depois outra vez na agitação da hora do almoço, num pátio de escritórios de Baltimore. O resultado pode revelar algo sobre aquelas pessoas, sejam quem forem, mas não pode ser usado para generalizações. (Na amostragem dela, as mulheres justificaram seus casos amorosos dizendo que tinham se apaixonado por seus amantes, enquanto a maioria dos homens disse que "excitação sexual" justificava a infidelidade. Nenhuma pesquisa posterior mostrou de forma definida por que as pessoas enganam os cônjuges.)

Fiquei muito animada quando ouvi sobre o Projeto Internacional de Descrição de Sexualidade, que entrevistava pessoas de 56 países. A revista *Psychology Today* cita suas descobertas das tendências globais de "caça furtiva a um companheiro". Mas, como os diretores do estudo reconhecem, a maioria dos entrevistados era de estudantes universitários, escolhidos a dedo. Em muitos lugares tão poucas pessoas retornaram os questionários, que os pesquisadores tiveram de agrupar todos os africanos e depois todos os sul-americanos.

Quando os acadêmicos querem provar que é importante estudar infidelidade, muitas vezes citam um texto chamado *Causes of Conjugal Dissolution: A Cross-Cultural Study* [Causas da dissolução conjugal: Um estudo transcultural], no qual a antropóloga Laura Betzig conclui que o adultério é a principal causa de divórcio em 186 culturas. Quando finalmente dei uma olhada neste texto, porém, este não parecia fornecer base para afirmações sobre o modo como as pessoas de países industrializados se comportam hoje em dia. As culturas que Betzig descreve são principalmente de grupos indígenas, como a Bella Coola, os Yuroks e os Pomos da América do Norte, e ela conta com um registro de dados que data do século XIX.

***

Um alento em minha busca por estatísticas é que eu já sei os números dos norte-americanos: metade dos homens e um quarto das mulheres já enganaram seus cônjuges. Quando comecei, eu não tinha certeza sobre a origem desses números, mas os ouvi jogados por aí tantas vezes, que eles pareciam o evangelho.

Quando comecei a cavar mais fundo nos dados científicos sobre sexo extraconjugal, estes números aumentaram muito. A fonte é Alfred Kinsey, o zoólogo-que-se-tornou-cientista-sexual, da Universidade de Indiana, que publicou seus famosos estudos sobre a sexualidade americana em 1948 e em 1953. Os resultados reais de Kinsey são até mais sugestivos do que em geral se considera: 50% dos homens e 26% das mulheres já tiveram sexo extraconjugal, por volta dos 40 anos.

Os norte-americanos ficaram chocados quando Kinsey publicou estes números. Embora fosse difícil imaginar que tanta gente estivesse enganando seus cônjuges por aí, as estatísticas foram as primeiras do tipo, portanto, não havia com o que compará-las. Elas aderiram à imaginação coletiva dos norte-americanos e cimentaram a ideia de que a infidelidade é uma ameaça nacional. Como encontrei em minha pesquisa, os especialistas sobre infidelidade ainda as citam.

Portanto, fiquei surpresa ao descobrir que os números de Kinsey são extremamente problemáticos. Embora a amostragem de probabilidade tivesse se tornado o roteiro de ouro na década de 1930, a pesquisa sexual era um campo completamente novo e Kinsey admitiu que os norte-americanos escolhidos ao acaso não estavam dispostos a conversar sobre sua vida sexual. Em vez disso, ele e sua equipe viajaram pelos Estados Unidos e persuadiram as pessoas que encontraram a sentar-se e contar casos. Quase todos os dados de Kinsey vêm de cerca de 18 mil homens e mulheres, em sua maioria jovens e brancos. Kinsey tentou compensar seu "viés de voluntário" entrevistando todas as pessoas que ele encontrou em cada lugar. Ainda, ele escolheu os lugares. Não havia razão para acreditar que seus entrevistados representavam todos os norte-americanos, ou ninguém além deles mesmos. Um membro da equipe de revisão da Associação Estatística Norte-Americana disse a Kinsey no início da década de 1950: "Eu trocaria as suas 18 mil histórias de caso por quatrocentas de uma amostragem de probabilidade."

Nas décadas seguintes, outras pesquisas não confiáveis reforçaram os números de Kinsey, ou "descobriram" níveis de infidelidade ainda mais altos. As revistas pesquisavam seus leitores e apresentavam números ultrajantes (a revista *Cosmopolitan* declarou que 69% das mulheres casadas, com cerca de 35 anos, tinham casos amorosos). Na década de 1970, autointitulados sexólogos, como Shere Hite, enviaram grupos de pesquisas para as mulheres de grupos políticos e puseram anúncios em revistas femininas. Seus resultados foram excitantes e ganharam muito espaço na imprensa, mas tinham uma importância dúbia, também. Os levantamentos indicavam que 72% dos homens haviam traído e numa pesquisa de opinião posterior 70% das mulheres casadas há cinco anos ou mais declaravam ter enganado os cônjuges.

Mesmo falhas, estas pesquisas eram as únicas de que se dispunha. Quando os cientistas identificaram o vírus que causa a AIDS, em 1984, eles tiveram de usar os números de Kinsey para avaliar o trajeto provável do vírus na população, via os comportamentos de alto risco como infidelidade e o sexo anal, diz Julia Ericksen, em seu livro *Kiss and Tell* [Beije e conte].

Os pesquisadores precisavam de alguns dados novos, mas os órgãos norte-americanos responsáveis pareciam tão relutantes em discutir sexo quanto os soviéticos. Quando o instituto do governo dos Estados Unidos pediu propostas para um levantamento nacional sobre sexo, em 1987, o projeto recebeu o eufemístico nome de "Aspectos Comportamentais e Sociais da Fertilidade Relacionada ao Comportamento". A palavra "sexo" não foi mencionada em lugar nenhum na solicitação de propostas. Um grupo baseado no Centro de Pesquisas de Opinião Nacional da Universidade de Chicago venceu a concorrência. Mas os conservadores republicanos no Congresso, de quem dependia a aprovação de fundos para o estudo, logo tentaram impedi-lo. O senador Jesse Helms da Carolina do Norte e outros descreveram a pesquisa como um plano para legitimar relacionamentos homossexuais, pressionaram os pesquisadores a eliminar perguntas sobre a masturbação e insistiram que eles deixassem de entrevistar quem afirmasse ser monogâmico. Estas concessões não foram suficientes. Em 1992, o fundo para a pesquisa foi bloqueado.

***

Quando eu estava começando a me desesperar para criar meus índices de infidelidade, ouvi falar na Finlândia. Em círculos de sexologia, a Finlândia é conhecida por ter a melhor pesquisa sobre sexo da Europa. Os suecos foram os primeiros a usar a amostragem de probabilidade para fazer a pesquisa sexual nacional, em 1967, mas os finlandeses deram prosseguimento em 1970 e monitoraram ejaculações, disfunções eréteis e casos extraconjugais de seus cidadãos, como nunca se havia feito.

Eles foram inovadores neste campo. Para o estudo de 1970, os pesquisadores finlandeses enviaram enfermeiras uniformizadas de porta em porta para fazer o questionário e obtiveram um índice de respostas de 91%. "Quando uma enfermeira vem bater na sua porta, você não a põe para fora tão facilmente", diz

Osmo Kontula, que dirigiu as pesquisas nacionais da Finlândia em 1992 e em 1999.

Há muito sobre sexo no estudo. Na pesquisa de opinião de 1999, 41% dos homens finlandeses e um terço das mulheres disseram que tiveram uma "relação paralela" a vida inteira. Em 1992, a proporção de homens era de 52%, enquanto que a proporção de mulheres era de 29%. Embora eu ainda não tenha uma noção do panorama mundial, isso me surpreende por serem muitas traições.

Kontula diz que os finlandeses não são ambivalentes em relação ao sexo. Eles veem isso como uma experiência positiva. Ele diz que, diferentemente de suas contrapartes em outros lugares da Escandinávia, a média dos finlandeses não se concentra nos perigos do sexo, tais como doenças e gravidez indesejada. Eles também viajam muito, criando oportunidades para casos amorosos. Estou surpresa pelas biografias sexuais feitas por Kontula e seus colegas. Muitos finlandeses de quem eles traçam o perfil não admitem, como os norte-americanos, que o sexo inevitavelmente míngua em um relacionamento duradouro. Muitos finlandeses pensam que o sexo vai melhorar ao longo do tempo.

Kontula, que está agora com o Instituto de Pesquisa Populacional em Helsinque, me disse: "É claro que as pessoas tendem a ser fiéis a seus companheiros. Mas se há uma chance, e se elas sentem que ninguém ficará sabendo, não é fácil resistir à tentação. Porque estas experiências são consideradas positivas e valiosas enquanto tais."

Em um dos perfis, um policial casado e com três filhos descreve uma noitada com os colegas: "Depois que tomei banho na sauna e me sentei para conversar, fomos até o bar para examinar o ambiente. A música estava tocando e o licor fluindo.

(...) No bar notei que estava sentado com uma enfermeira que era visivelmente mais velha e que eu sabia que havia acabado de se divorciar. Convidei-a para dançar e a puxei sofregamente para junto de mim. Ela não era muito bonita, minha mulher é muito mais bonita, mas algo nela acendeu meu desejo e eu comecei a importuná-la..."

Deve haver algo nesse canto mais frio do mundo. Fui em busca do estudo de 1996, de São Petersburgo, que fica a cinco horas de trem de Helsinque. São Petersburgo não representa toda a Rússia, mas os resultados do estudo sugerem que as estatísticas nacionais poderiam ser formidáveis. Uns 55% dos homens e 26% das mulheres disseram que tinham tido "relações extraconjugais" durante seu casamento atual.

Os norte-americanos finalmente estiveram próximos de fazer um levantamento nacional confiável também. Em 1988, cientistas do Centro de Pesquisa de Opinião Nacional acrescentaram uma pergunta à Pesquisa Social Geral, sobre o número de parceiros sexuais no último ano; é uma pesquisa domiciliar de longo alcance, que eles realizam nos EUA todos os anos ou a cada dois, desde 1972. Em 1991, eles começaram a perguntar se os entrevistados nunca tinham tido sexo extraconjugal.

Os resultados foram mais surpreendentes do que Kinsey ou os pesquisadores posteriores haviam imaginado. Em 1991, apenas 21% dos homens norte-americanos disseram que já tinham feito sexo com outra pessoa que não suas esposas durante o casamento. Estes números aumentaram em algumas pesquisas de opinião posteriores, mas nunca chegaram nem perto dos números de Kinsey. Em 2004, 21% dos homens e 12% das mulheres — no total, apenas 16% dos norte-americanos adultos — confessaram ter escapado pelo menos uma vez. Isto poderia significar apenas uma vez ao longo de um casamento de quarenta anos.

Perguntar a pessoas casadas se elas tiveram mais de um parceiro sexual nos últimos 12 meses poderia até mesmo incluir um período em que não estavam casadas. Mas isso ainda me parece preferível aos índices de infidelidade "vitalícia", porque durante todo o período de vida sexual, as recordações enfraquecem e os casamentos vêm e vão. Posso imaginar que um namorico que aconteceu vinte anos atrás tenha sido esquecido. Um amante no ano passado é mais fácil de lembrar.

Por esta medida de 12 meses, parece que os norte-americanos não enganam muito seus cônjuges. Em 1991, apenas 5,4% dos homens casados e 3,4% das mulheres casadas diziam que tinham tido mais de um parceiro no ano anterior. Em 2004, os números eram de 4% de homens casados e 3% de mulheres casadas. Ficou claro que os norte-americanos não são adúlteros excessivos, com vidas sexuais secretas e audaciosas. Na verdade, no geral somos tão tediosamente monogâmicos quanto parecemos.

Não havia meio de saber com certeza se esses números refletiam fielmente o modo de os norte-americanos se comportarem. Mas os pesquisadores estavam dispostos a descobrir se os números de infidelidade na Pesquisa Social Geral combinavam quase exatamente com os da Pesquisa Nacional de Vida Social e Saúde, um amplo levantamento sexual nacional, publicado em 1994 pela equipe da Universidade de Chicago, que finalmente encontrou patrocínio privado.

Outros cientistas sociais logo começaram a analisar os dados brutos que estas pesquisas nacionais forneceram. Pela primeira vez, eles pesquisaram empiricamente quem engana o cônjuge e quando o fazem. Um grupo de pesquisadores determinou que as mulheres são mais propensas a se perder no período de seus vinte anos e os homens nos seus trinta anos. Na meia-idade, os gêneros divergem. A possibilidade de uma mulher ter um caso amoroso no último ano anterior era praticamente nula na época que ela chegava aos 50 anos.

A porcentagem de homens com casos no ano anterior foi constante em cerca de 3% ao longo dos 40 e dos 50 anos, mas reduziu a velocidade quando os homens alcançavam seus 60 anos. Porém, quando se pensa que os homens mais velhos estão se acomodando para "pendurar as chuteiras", eles voltam outra vez. Cerca de 3% dos homens casados na época de seus 70 anos declararam ter tido mais de uma parceira no ano antecedente ao questionário. Parece um caso clássico de oportunidade: depois dos 65 há quatro mulheres para cada três homens e essa diferença aumenta à medida que se fica mais velho.

Estes senhores viris de todas as cores só ficam atrás dos afro-americanos. Entre 1988 e 2004, 7,4% dos homens negros casados e 3,1% dos homens brancos casados diziam que tinham tido mais de um parceiro no ano anterior. Na pesquisa de 1994, 12% dos homens negros diziam ter feito sexo extraconjugal no último ano, comparados com 3% de homens brancos. Entre as mulheres, a porcentagem era de 7% de negras e de cerca de 1% de brancas.

Não há dados confiáveis sobre a frequência com que o adultério leva ao divórcio. Porém, não é de surpreender, os dois estão fortemente ligados. Nas Pesquisas Sociais Gerais feitas entre 1991 e 2004, 10,5% das pessoas casadas e 11% dos viúvos disseram que nunca tinham tido um caso amoroso. Porém, 31% das pessoas divorciadas e 22% das que tinham se casado outra vez disseram que nunca tinham enganado seu cônjuge.

As pessoas que, em geral, se descrevem como "separadas" foram as mais promíscuas: 40% disseram que tinham tido sexo extraconjugal.

O local importa, também. De acordo com a Pesquisa Social Geral, os residentes das 12 maiores cidades dos Estados Unidos enganaram seus cônjuges mais do que quaisquer outros, entre 1988 e 2004. Cerca de 6% dos residentes das grandes cidades tinham enganado seus cônjuges no ano anterior, comparados com 3% dos suburbanos e 2,6% dos residentes rurais.

Mas não são as elites urbanas que enganam mais. Os novos dados mostraram que as classes baixas dos Estados Unidos parecem cometer uma quantidade desproporcional de adultérios. Aqueles com rendimentos abaixo de 10 mil dólares haviam traído no ano anterior mais do que os que tinham rendimento acima de 60 mil dólares. Da mesma forma, pessoas que não tinham terminado o ensino médio tinham os maiores índices de infidelidade nos últimos 12 meses (5,2%), seguidos pelos formados no ensino médio (3,4%) e pelos formados no ensino fundamental (3,6%). Os que tinham bacharelado (2,5%) e curso superior (3%) tinham sido os mais fiéis no ano anterior. Porém, os índices de infidelidade ao longo da vida eram semelhantes para pessoas do mesmo nível de educação.

As estatísticas que mais chamaram atenção foram as das mulheres. Há algo nas mulheres infiéis que atraem os editores de revista de todos os lugares. Li versões de "as mulheres enganam mais" no Japão, Rússia, Brasil e França, e sem dúvida isto aparece em outros países também. Uma versão norte-americana apresentada como matéria de capa da *Newsweek* de 12 de julho de 2005 tinha a excitante manchete "A Vida Secreta das Mulheres". A história praticamente saúda a ideia de que as esposas estão reclamando o território ocupado por seus maridos.

A *Newsweek* explica que as mulheres agora têm mais oportunidades de encontrar amantes potenciais nos locais de trabalho e estão mais dispostas a ter casos arriscados, porque têm seu próprio dinheiro e podem cair fora se seus casamentos fracassarem. Os escritores citam mulheres que estão desfrutando o tipo de caso "recreativo" — muitas vezes com os *personal trainers* ou outro tipo de profissional — que costumava ser da esfera masculina. Eles citam estatísticas dos novos estudos sexuais, mostrando que, entre 1991 e 2002, a percentagem de mulheres que disse que nunca tinha sido infiel subiu de 10 para 15%. Por volta do mesmo período, os níveis de infidelidade masculina subiram muito mais lentamente, de cerca de 20% para 22%. O nível masculino mudou pouco desde 1996.

Quando considero com mais atenção os números norte-americanos, porém, esta "tendência" parece menor. Nas quatro pesquisas nacionais conduzidas entre 1991 e 1996, mulheres e homens abaixo de 45 anos já estavam enganando os cônjuges nas mesmas taxas, de acordo com um ensaio acadêmico chamado *Understanding Infidelity: Correlates in a National Random Sample* [Compreendendo a infidelidade: Correlatos numa amostragem aleatória nacional]. Numa pesquisa norte-americana de 1992, mulheres com idade entre 18 e 29 anos relataram mais casos amorosos do que homens no mesmo grupo etário.

E depois que a história da *Newsweek* surgiu, apareceram também os números de infidelidade de 2004. Eles mostraram que as mulheres relatavam índices menores de infidelidade ao longo da vida em 2004 (11,7%) do que haviam apresentado em 1993 (12,8%). E os níveis de infidelidade das mulheres para os últimos 12 meses eram praticamente os mesmos em 2004 (3,1%) assim como eram em 1988 (2,8%). Em outras palavras, não há prova de que a infidelidade feminina tenha aumentado desde o início da década de 1990, ou antes disso. "Há um salto nos números ano a ano, de forma que não se pode dizer que eles estejam aumentando", diz Tom W. Smith, diretor de Pesquisa Social Geral.

Não há nem mesmo evidências circunstanciais de que as mulheres estão traindo mais do que costumavam fazê-lo. Eu esperava que uma grande mudança no comportamento das mulheres fosse acompanhada por uma mudança de atitudes em relação aos casos amorosos, pois as mulheres tentam justificar a traição. Mas entre 1991 e 2001, o período em que as mulheres supostamente começaram a sair de suas camisas de força monogâmicas, os norte-americanos começaram a desaprovar ainda mais a infidelidade.

Como o artigo da *Newsweek* afirma, é difícil saber se as mulheres que trabalham têm mais oportunidades de trair. O grande salto nos números de mulheres que trabalham aconteceu na década de 1970 e 1980. Mas as primeiras estatísticas sexuais confiáveis só apareceram em 1988, de forma que não temos meios de saber se as mulheres norte-americanas são mais promíscuas hoje do que eram na década de 1970. Como veremos no próximo capítulo, algumas mulheres que agora têm seus setenta e poucos anos, descrevem a década de 1960 e 1970 como o auge dos adultérios; elas não conseguem acreditar no quanto seus filhos são pudicos. Estas mulheres tinham muito tempo para trair, porque elas não tinham de ir para o escritório todo dia. Mesmo na pesquisa sexual norte-americana de 1991, era mais provável que a infidelidade acontecesse em casa, quando um parceiro saía para trabalhar e o outro ficava.

***

Caçar estatísticas sobre infidelidade é mais ou menos como perseguir fogos de artifício. Toda vez que encontro um ensaio promissor, não encontro os números exatos, mas em sua lista bibliográfica há quatro ou cinco outros ensaios que também parecem promissores. Então eu persigo estes outros, pagando uma fortuna em taxas de download ou implorando favores de meu amigo David, na Biblioteca Pública de Nova York, que os envia para mim por e-mail, em Paris. Estes novos ensaios também não têm as estatísticas, mas, mais uma vez, todos têm várias referências promissoras e eu as persigo também.

Este ciclo se repetiu durante meses, quando então outro envelope de David chegou. Continha um ensaio de 1995 chamado *Sexual Behavior in Developing Countries: Implications for HIV Control* [Comportamento sexual nos países desenvolvidos: Inferências para o controle do HIV]. Na segunda página havia uma tabela mostrando os números de parceiros sexuais "não regulares", que homens e mulheres nos 18 países mantiveram nos 12 meses anteriores às pesquisas. A maioria dos países ficava na África, mas Hong Kong, Tailândia, Sri Lanka e a cidade do Rio de Janeiro também estão incluídas. Todas usavam amostragens probabilísticas. E faziam perguntas semelhantes em cada país, tornando mais fácil a comparação de resultados.

A tabela não é uma classificação da infidelidade, porque inclui pessoas que vivem sozinhas. Mas sugere que há cientistas, *grosso modo*, em busca dos mesmos números que eu e que minha classificação de adultério global poderia consistir de mais do que três países. Fiquei tão animada, que entrei em pânico. E se eu perdesse aquelas páginas diante de mim e não conseguisse lembrar o título: e se a chuva entrasse pela janela e as molhasse?

Rapidamente mandei um e-mail para os autores, um mandachuva da prestigiada Escola de Higiene e Medicina Tropical de Londres. Quem sabe eles tinham os números para pessoas casadas ou que moravam junto? Ele me respondeu dizendo que eu deveria falar com Martine, uma colega que estava preparando um ensaio usando dados mais recentes. Há dados novos? Escrevi ansiosamente para Martine, que estava extremamente ocupada preparando seu ensaio, mas que poderia disponibilizar aqueles números se eu voltasse a entrar em contato com ela dentro de algumas semanas.

Quando enviei um e-mail a ela no dia marcado, tentei parecer casual:

> *Olá, Martine,*
> *Espero que seu ensaio esteja indo bem — imagino como isso tem lhe tomado tempo. Você sugeriu que eu a incomodasse agora, para ver se você já havia calculado o percentual de pessoas* CASADAS *que tiveram mais de um parceiro no ano anterior...*

Ela falou com sua colega Emma, que no dia seguinte me mandou o seguinte e-mail:

> *Olá, Pamela,*
> *Eu calculei, sim — junto com 101 outras coisas! Anexei uma planilha eletrônica com a porcentagem atual de casados ou morando juntos, homens e mulheres, que relataram mais de um parceiro sexual no ano anterior ao levantamento...*

Eu quase podia ouvir anjos cantando quando abri o anexo. Há 36 países, da Armênia ao Zimbábue, com os índices de infidelidade tanto para homens como para mulheres. Acrescente a estes números os punhados de estatísticas que eu havia encontrado em outros lugares e parece que eu tinha todos os ingredientes do índice de adúlteros globais. Não é abrangente. Japão, Índia e a maior parte da Ásia e do Oriente Médio não estão ali; os dados também não são propriamente comparáveis. Emma me avisava que os níveis em alguns lugares são altos porque incluem polígamos e que, nas pesquisas recentes, os entrevistadores podiam ter apressado os entrevistados, repetindo as perguntas sobre infidelidade. Mas considerando todos os obstáculos de uma pesquisa sexual, não era um mau começo.

Os números de Emma revelam níveis astronômicos de infidelidade nos países pobres. Em Níger, 15% dos homens que moram junto ou que são casados dizem que tiveram mais de um parceiro nos 12 meses que antecederam à resposta do questionário. No Haiti, 25% dos homens. Tanto na Costa do Marfim como em Camarões, 36%. Togo, uma nação do oeste africano que tem quase o tamanho de West Virginia, encabeça a lista, com 37%.

Os amantes latinos fazem jus à sua reputação. A porcentagem de homens para os últimos 12 meses é de 8,6% para bolivianos; 12% para brasileiros; e 13,5% para peruanos. Uma pesquisa feita apenas com homens, em 2001, na Cidade do México, mostra números de 15%. Continuo me lembrando que estes são apenas dados relativos ao período de um ano anterior à pesquisa. Posso até imaginar os números ao longo da vida. Se 29% dos homens, em Moçambique, traíram no último ano, quantos traíram ao longo de toda a vida? Todos?

Então há o outro final do mapa de adultério, com australianos, norte-americanos e a maioria dos europeus. Para minha surpresa, os norte-americanos estavam no meio da seção. Embora os homens italianos tenham a reputação de ser namoradores inveterados, de acordo com estes números os italianos (3,5% anualmente) enganam menos do que os norte-americanos (4%). Os homens na Suíça (3%) e na Austrália (2,5%) ficam na parte inferior.

As mulheres são outra questão. De acordo com esta lista, enquanto os homens pobres do mundo estão vagabundeando com suas namoradas e amantes, suas parceiras estão sentadas tranquilamente em casa. Em todo o mundo, o maior "fator de risco" para a infidelidade é simplesmente ser homem. Mas a diferença entre homens e mulheres é muito maior nos países pobres. Nos mesmos anos em que cerca de 20% dos homens eram infiéis em Burkina Fasso e na República Dominicana, menos de 1% das mulheres em cada um destes países disse que traía. Há apenas alguns países onde mais de 2% das mulheres disseram que tiveram mais de um parceiro no ano anterior. Mulheres no Nepal, nas Filipinas e em Mali parecem ser quase que magicamente monogâmicas: não houve qualquer relato para a ocorrência de dois ou mais parceiros em um período anterior de 12 meses.

Ao contrário, mulheres de países ricos tendem a trair mais do que mulheres de países pobres, embora às vezes por uma margem pequena.

***

Este problema assombra os pesquisadores sexuais de todos os lugares. Como podem as mulheres relatar índices de infidelidade inferiores aos dos homens? Os homens casados estão se deitando com mulheres solteiras? Ou com as de fora da cidade? Ou será que há, como os pesquisadores investigaram na década de 1990, um grupo mítico de mulheres — possivelmente prostitutas ou possivelmente apenas amantes independentes — que ficam por aí prestando serviços aos homens casados?

Outra possibilidade é que os entrevistados tenham sofrido o que os cientistas sociais chamam de "viés de apresentação própria". Isto é, eles mentem. Os homens inflam suas conquistas e as mulheres omitem as delas, como se brincassem com os estereótipos de gênero. Muitos estudos mostram que, mesmo em pesquisas de opinião anônimas, os entrevistados se esforçam para dar respostas "corretas", mesmo se não forem verdadeiras.

Ou talvez nem todos mintam, mas algumas poucas pessoas mintam muito. Um acadêmico na Inglaterra descobriu que se você tirar os homens que alegam ter tido vinte ou mais parceiros sexuais ao longo da vida, a razão entre o número de homens e mulheres se torna quase a mesma. Ele sugere pôr à parte estes isolados para obter os números reais.

De fato, é verdade que a infidelidade tende a ser relacionada com o clima. Generalizando, pessoas em locais de clima quente são mais promíscuas. (Escandinávia e São Petersburgo são exceções.) Mas, de forma abrangente, as estatísticas apresentam um mundo dividido entre países ricos, onde homens e mulheres traem relativamente pouco, e países pobres nos quais a porcentagem de homens que traem atinge dígitos duplos. O dinheiro é a linha de demarcação internacional para o adultério. De um lado você trai. Cruze a linha e você não trai mais.

Há algumas exceções. O Cazaquistão, que é quase metade muçulmano e que tem uma renda per capita anual de 8.200 dólares, é o país mais fiel que encontrei. O Nepal, com uma média de rendimentos de 1.400 dólares, não está muito longe disso. Os homens de outros países pequenos e pobres, incluindo Ruanda, as Filipinas e Bangladesh, parecem bem fiéis também. Por outro lado, os homens noruegueses avançam lentamente para os dois dígitos.

Minha observação é de que mesmo pessoas ricas que vivem em países pobres traem tanto quanto (ou ainda mais) do que todos os que moram ali. No Brasil, os pesquisadores deixaram de fora os efeitos da renda e descobriram que o número de homens que traem depende de eles viverem no norte ou no sul. Isso mostra que países, regiões, e mesmo bairros, têm suas próprias culturas sexuais e influenciam o comportamento sexual das pessoas.

Os norte-americanos declaram desaprovar os casos amorosos mais do que as pessoas da maioria dos países. Mas quando se trata de comportamento, temos quase a mesma porcentagem de casos amorosos — per capita, se você quiser — das pessoas em outros países industrializados. Ao mesmo tempo, nós nos imaginamos como uma nação com excesso de adúlteros, quando na verdade (e se as estatísticas forem confiáveis), a infidelidade conjugal é uma ocorrência relativamente rara. Apenas 16% dos adultos norte-americanos dizem ter tido um caso ao longo de toda sua vida. Num determinado ano, apenas 3,5% dos adultos cometerão adultério. E *grosso modo* as coisas sempre estiveram neste nível, desde que os norte-americanos começaram a manter registros, em 1988. O adultério não é epidêmico nos Estados Unidos. É a prática de uma pequena parte da população, parte do tempo.

Sendo assim, por que em alguns círculos acontecem tantas traições? Porque os Estados Unidos, como qualquer país, não têm uma única cultura sexual, mas muitas. As pessoas não buscam apenas programas nacionais de televisão e presidentes para orientá-las se devem trair ou não seus parceiros. Elas buscam a família, os vizinhos e os amigos.

INFIDELIDADE À PRIMEIRA VISTA

A menos que se indique o contrário, este quadro mostra a porcentagem de pessoas casadas e que moram juntas, que tiveram mais de um parceiro sexual no ano anterior. A gama de idades varia, mas em geral vai de 15 a 49, a menos que se observem outros números. Este quadro não é conclusivo nem definitivo. Nem todos os números são exatamente comparáveis. Alguns incluem casamentos monogâmicos.

País	*Homens*	*Mulheres*
Togo (1998)	37,0	0,5
Camarões (2004)	36,5	4,4
Costa do Marfim (1998)	36,1	1,9
Moçambique (2003)	28,9	3,1
Tanzânia (2005)	27,6	2,6
Níger (1998)	27,2	0,1
Haiti (2000)	25,4	0,8
Benin (2001)	23,4	0,6
Zâmbia (2002)	22,6	1,5
Mali (2001)	22,4	0,7
Uganda (2001)	22,3	1,2
Burkina Faso (2003)	20,1	0,5
Chad (2004)	19,9	0,7
China urbana (2000)	18,3	3,2
República Dominicana (2002)	18	0,8
Malawi (2000)	16,3	0,5

Nigéria (2003)	15,2	0,6
Cidade do México (2001)	15	n/a
Zimbábue (1999)	13,8	0,7
Peru (1996)	13,5	0,1
Namíbia (2000)	13,0	1,2
Gana (2003)	13,0	0,4
Brasil (1996)	12,0	0,8
Quênia (2003)	11,5	1,6
Noruega (1997)	10,8	6,6
China (2000)	10,5	n/a
Bolívia (2003)*	8,6	0,4
Grã-Bretanha (2000)**	7,3	3,5
Etiópia (2000)	6,9	1,0
Armênia (2000)	4,7	0,1
Filipinas	4,5	0,0
EUA (2004)**	3,9	3,1
França (2004)***	3,8	2,0
Itália (1998)	3,5	0,9
Ruanda (2000)	3,2	0,1
Nepal (2001)	3,0	0,0
Suíça (1997)	3,0	1,1
Austrália (2002)	2,5	1,2
Cazaquistão (1999)	1,6	0,9
Bangladesh (2004)	1,6	n/a

* somente casados, idade 18 e mais velhos

** somente casados, idade 18-54

*** casados e que moram juntos, idade 16-44

Fontes: Pesquisa Social Geral, 2005; Pesquisa Nacional de Atitudes Sexuais e Estilos de Vida II, 2000-2001; Pesquisa de Vida Familiar e Saúde da China; Medida de DST (2006) Pesquisas de Saúde e Demográficas, de 1984 até hoje; Projeto Módulo Novo Encontro EU (2006) Pesquisas NEM; Risel C. E. Richters, A. E. Grulick, R. O. de Visser e A. M. A. Smith (2003); "Sexo na Austrália: características selecionadas de relacionamentos sexuais regulares", *Australian and New Zealand Journal of Public Health*, 27(2); 124-130; cálculos de Emma Slaymaker, Faculdade de Higiene e Medicina Tropical de Londres; N. Beltzer, M. Lagarde, L. Wu-Zhou, I. Gremy, "Les Connaissances, attitudes, croyances et comportements face au VIH/sida en France —Evolutions 1992–1994–1998–2001 et 2004", relato de l'ORS Ile-de-France, novembro de 2005, p. 204.

SEXO EXTRACONJUGAL NOS ESTADOS UNIDOS

Porcentagem de norte-americanos casados com cerca de 18 anos que tiveram mais de um parceiro sexual nos últimos 12 meses.

	Homens	*Mulheres*	*Total*
1988	5,0	2,8	3,9
1989	5,8	1,7	3,6
1990	5,3	2,3	3,8
1991	5,4	3,4	4,4
1993	4,1	1,9	2,9
1994	3,6	1,3	2,4
1996	5,2	2,5	3,8
1998	4,9	2,5	3,6
2000	5,6	2,3	3,8
2002	4,3	1,9	3,0
2004	3,9	3,1	3,5

Fonte: Pesquisa Social Geral.

Três

CULTURAS SEXUAIS

EM TEORIA, UMA MULHER branca de nível universitário (como eu) poderia namorar e casar com um imigrante mexicano da classe trabalhadora, que não terminou o ensino médio. Mas embora eu tenha encontrado de vez em quando mexicanos da classe trabalhadora, parece que ocupamos zonas românticas diferentes. Nossas chances de namorar ou de nos casarmos são praticamente nulas. Como a maioria dos norte-americanos, tive parceiros românticos que partilhavam minha etnia, escolaridade e nível econômico. Mesmo quando não eram norte-americanos, meus namorados eram analistas financeiros ou jornalistas.

A forma de escolhermos nossos parceiros sexuais intrigou os pesquisadores na Universidade de Chicago. Eles se perguntaram como um homem mexicano em Chicago, uma cidade com 3 milhões de habitantes, poderia pensar que toda namorada potencial que ele encontrasse vinha da mesma cidade de

Michoacán. Ao passo que minhas amigas acham que todos os bons partidos que elas conhecem são advogados de Nova Jersey.

As estatísticas sexuais nacionais revelam muito sobre um determinado lugar. Na verdade, cada bairro consiste de um agrupamento de "culturas sexuais", que forma a expectativa das pessoas sobre quem cortejar, como os relacionamentos sexuais progridem, quando, e se, ser fiel. Uma cultura sexual é uma amálgama de todas as regras individuais sobre as quais falei anteriormente — tanto as oficiais, como as não oficiais. Estas regras são influenciadas pela quantidade de dinheiro que as pessoas têm, quais são seus horizontes físicos e que tipo de instituições — escolas, empresas, tribunais — têm o poder de decisão sobre seu comportamento sexual. As fronteiras de uma cultura sexual podem ser tão grandes quanto um país ou tão estreitas quanto uma empresa de advocacia, um grupo lésbico ou uma sala de bate-papo na internet. A maioria de nós se move em várias delas. Um homem gay que trabalha num banco de investimento provavelmente se move em duas culturas sexuais diferentes cotidianamente. O essencial é que todos os representantes de uma cultura sexual específica conhecem suas regras e sabem se balizar por elas.

Mas como estamos enraizados numa cultura sexual e como aprendemos suas regras? Alguém as impõe? Como uma cultura sexual muda ao longo do tempo? A mídia desempenha algum papel nisso?

Entre 1995 e 1997, pesquisadores conduzidos por Edward Laumann, um sociólogo da Universidade de Chicago, mapearam os hábitos sexuais de quatro bairros de Chicago. Eles se concentraram nos bairros cuja distância entre si poderia ser percorrida de carro: um bairro afro-americano ao sul de Chicago, onde a maioria das pessoas não tinha estudado além do ensino médio; um bairro com abundância de jovens brancos heterossexuais e gays, ao longo da margem norte de Chicago; um bairro a oeste, principalmente de imigrantes mexicanos da classe trabalhadora e suas famílias; e outro bairro de população de língua espanhola, de origem mexicana e porto-riquenha. Eles também entrevistaram uma amostra representativa de pessoas da cidade inteira e dos subúrbios vizinhos, para comparar com os achados dos bairros.

Seus resultados, publicados em *The Sexual Organization of the City* [A organização sexual da cidade], mostram que diferentes culturas sexuais se cruzam sem que ninguém se confunda sobre quais são suas próprias regras, nem perca a noção do que as pessoas da cidade ou dos trens de subúrbio estão fazendo. Atrair a atenção de estranhos é bem difícil. As pessoas preferem que seus parceiros potenciais sejam examinados por alguém que eles conhecem, por uma escola ou uma igreja que eles frequentam. O fato de terem conhecidos em comum já torna mais provável que eles terminem indo para a cama.

Quase metade dos homens heterossexuais no bairro branco, que os pesquisadores chamaram de "região costeira", tinha encontrado seu parceiro sexual recente na escola ou no trabalho. Isto não é surpreendente, uma vez que muitos habitantes da região costeira eram universitários recém-formados, que tinham se mudado para a região no ano anterior. Os habitantes da região costeira também passavam mais tempo trabalhando (os entrevistadores tiveram muita dificuldade de encontrá-los em casa ou para ter acesso a seus apartamentos nos altos edifícios).

Nenhum homem gay do mesmo bairro havia encontrado seu último parceiro na escola e apenas 9% relataram que tinham encontrado seu último parceiro no trabalho. Porém, eles tiveram muito mais sucesso nos bares e clubes noturnos, onde 50% disseram que tinham encontrado seu parceiro mais recente.

Bares e clubes noturnos gays eram um bom lugar para arrumar flertes, enquanto escolas e locais de trabalho levam os homens heterossexuais a romances de longa duração. Quarenta e três por cento dos homens gays disseram que tinham tido mais de sessenta parceiros sexuais em toda a sua vida adulta, comparados com os 4% de homens héteros do mesmo bairro, que deram a mesma resposta. (Esta grande diferença não pode ser totalmente explicada pelo fato de os homens heterossexuais da região costeira serem mais jovens.) Na verdade, a maioria dos homens heterossexuais parecia monástica comparada com seus vizinhos gays: mais de um terço dos homens heterossexuais tinha feito sexo com cinco ou menos pessoas em toda a sua vida (apenas 2% dos homens gays disseram isso).

Os pesquisadores descobriram que as pessoas às vezes transmitem as regras de uma cultura sexual ao contar "histórias casuais" sobre os danos causados por certos comportamentos sexuais. Alguns grupos cristãos, por exemplo, advertem que uma única noite de infidelidade pode prejudicar uma relação muitos anos depois. Algo tão material quanto o preço de imóveis também faz parte da cultura sexual. Assim como a proporção entre o número de homens e de mulheres e se os membros de uma família moram perto ou não. O fato de ter acesso a um carro pode transformar drasticamente as perspectivas sexuais de uma pessoa, também.

No bairro mexicano, que os pesquisadores chamaram de "lado oeste", muitos residentes moram com suas famílias extensas. Os do lado oeste tinham uma predisposição maior do que os residentes de outras áreas a encontrar seu parceiro mais recente na casa de um parente. Mulheres do lado oeste tinham uma dificuldade particularmente grande para encontrar pessoas de fora, uma vez que são os elementos deste grupo de estudo que não têm acesso a carros. As mulheres do lado oeste moram a cerca de cinco quilômetros de seu parceiro mais recente, comparadas com a média de 15 quilômetros de toda a cidade de Chicago. Isto é, elas se uniram a pessoas que moravam a uma distância que poderia ser percorrida a pé.

No bairro afro-americano, chamado "cidade sul", os lugares de encontro mais comuns eram os locais públicos, como parques e ruas da cidade. Embora os típicos residentes da cidade sul morem no bairro há pelo menos dez anos e tenham pelo menos metade da família morando em Chicago, nem um único homem negro disse que havia encontrado sua parceira mais recente na casa de um parente. Na verdade, cerca de 40% dos homens da cidade sul disseram que saíam de seu bairro para encontrar mulheres. As mulheres deixadas para trás iam à igreja com mais frequência do que as de qualquer outro grupo da pesquisa; talvez elas estivessem rezando para encontrar um amor.

Na cidade sul, a economia influenciou o fato de as pessoas serem monogâmicas. Metade estava desempregada na época da pesquisa. E como as mulheres da cidade sul tinham um nível de escolaridade superior, a tendência era de os desempregados serem os homens. Isto significa que os homens empregados eram um artigo escasso e os homens sabiam disso. Uns 39% dos homens da cidade sul disseram que tinham tido pelo menos dois relacionamentos sexuais concomitantes durante o ano anterior. Vinte e sete por cento disseram que tinham tido dois relacionamentos sexuais ao mesmo tempo durante seis meses ou mais, uma prática que os pesquisadores chamam de "poligamia de longa duração".

Os pesquisadores supõem que as mulheres negras suportam isso porque homens com outras namoradas mas empregados eram mais atraentes do que os homens fiéis sem emprego. Apenas 8% das mulheres da cidade sul disseram que tiveram parceiros simultâneos no último ano, embora 20% tenham dito que seus parceiros tinham estado com outras mulheres.

Quando os homens negros de Chicago se casavam, eles eram tão monogâmicos quanto os brancos (97% tinham tido apenas uma parceira no ano anterior). Mas poucos chegaram ao altar, já que, como os pesquisadores explicam, a poligamia de longa duração não conduz ao casamento. Muito menos homens negros do que brancos em toda a região da cidade de Chicago eram casados. Presumia-se que os homens negros de Chicago, com formação superior e cerca de 35 anos tivessem os melhores empregos, sendo, portanto, os mais atraentes para as mulheres, mas os menos propensos a se casar.

Apenas os homossexuais e heterossexuais no bairro branco da região costeira chegaram perto dos índices de infidelidade da cidade sul. Mas estes homens favoreceram a "poligamia de longa duração" — sobrepondo relacionamentos que duram menos de seis meses. Os homens da cidade sul tiveram vários relacionamentos sérios simultaneamente. Os moradores da região costeira provavelmente namoraram algumas pessoas ao mesmo tempo, antes de ter algo mais sério com uma delas, ou tiveram uma relação principal e alguns flertes paralelos. Este roteiro leva mais provavelmente ao casamento. E quando se casavam, os brancos — assim como os negros — eram altamente monogâmicos.

Para os que valorizam a fidelidade acima de tudo, as mulheres de língua espanhola são a melhor aposta. Apenas 2% das mulheres nas regiões do México e de Porto Rico disseram que tinham tido parceiros sexuais concomitantes no ano anterior. As mulheres provavelmente estavam limitadas pelo fato de morarem com membros da família extensa, que as vigiavam de perto. Estas mulheres mantinham uma "supervisão nervosa" sobre seus homens: uma em cada cinco mulheres do lado oeste acreditava que seu parceiro a havia enganado. Mas este ciúme parecia ser excessivo, já que apenas 14% dos homens do lado oeste e 9% do bairro mexicano e porto-riquenho confessaram ter tido múltiplas parceiras. Isto faz os homens das regiões latinas os mais fiéis do estudo, e, portanto, provavelmente uma melhor opção do que os advogados brancos que eu estava perseguindo.

***

O estudo de Chicago descreve como uma cidade contém muitas culturas sexuais diferentes. Mas como uma única cultura sexual muda ao longo do tempo? Para entender como isso funciona, visitei mulheres em seus 70 anos de idade, morando em "comunidades de aposentados", na Flórida. Conversar com este grupo de amigos é como visitar uns Estados Unidos diferentes. Embora o auge extraconjugal delas tenha sido a década de 1950 e de 1960 e muitos de seus parceiros amorosos já estivessem mortos, as mulheres disseram que aquela havia sido a melhor época de sua vida.

Todos os norte-americanos que estão tendo casos agora, ou que estão se recuperando deles, me pedem para mudar seus nomes. Mas as mulheres na Flórida me imploraram para usar seus nomes reais; elas não estavam nem um pouco envergonhadas de suas aventuras de juventude. (Mudei o nome delas mesmo assim.) "Não tínhamos culpa na época", me diz uma delas. "Todo mundo sabia. Era excitante, era emocionante!"

As mulheres passaram a maior parte da vida em uma cidade rica e de população predominantemente branca de Nova Jersey, do outro lado da ponte George Washington, de Manhattan. Nos últimos dez anos, elas e seus maridos sobreviventes migraram para o sul, para a região perto de Palm Beach.

Sua cultura sexual foi moldada pelo mundo pós-guerra no qual elas viveram. Elas eram um pouco jovens para a onda que arrastou as mulheres para o mercado de trabalho: poucas tinham empregos de tempo integral. A maioria tinha empregada e passava o verão no sul da França. Esperavam que seus filhos se tornassem médicos. Seus maridos fabricavam roupas esportivas para senhoras ou faziam parte do império da lavagem a seco. Nos aniversários e comemorações, as mulheres ganhavam joias caras. O mais importante é que elas tinham casado, a maioria delas por volta dos 22 anos. "Minha mãe costumava dizer: 'o único lugar onde uma mulher pode ir sozinha é ao toalete, você precisa se casar'", me diz Loretta, agora com 68 anos.

Diferentemente de suas mães, as mulheres do círculo social de Loretta eram inquietas. O boom econômico que se seguiu à Segunda Guerra Mundial as tornou mais ricas do que seus pais. Em vez de uma vida confortável com um marido que elas conheciam desde o ensino médio, elas almejavam fascínio e romance. "Todas nós aprendíamos com as estrelas de cinema", diz Loretta, que se casou três vezes e agora vive em Lake Worth, na Flórida. "A Nova York de então era com luvas pretas longas e chapeuzinhos e você encontrava seu amado em Nova York para um aperitivo, ou coisa do gênero. Era como Frank Sinatra e aquele pessoal todo. As músicas tinham letras e a gente tinha os olhos fechados."

Barb, 77 anos, cuja loja de roupas era uma sensação na cidade, fala de seus antigos fregueses como se eles ainda viessem para compras. Ela fala como os outros, com um forte sotaque de Nova Jersey:

"Havia uma mulher que costumava ir à loja e olhar para o relógio, 'Já é uma hora?' Ela o encontrava à uma hora todo dia."

"Helen era esposa de um marceneiro. Yvonne tinha um caso com [ele]."

"Linda era a única mulher que sempre fazia compras na Bloomingdale's à meia-noite, porque era o que ela dizia a seu marido. Pense num estivador de aspecto nojento. Ela tinha um caso depois do outro."

"Alice podia se considerar bem casada, mas não. Houve uma festa de aniversário surpresa e naquela tarde ela transou com alguém num quarto de hotel. Então eles tiveram um caso e depois disso seu marido recebeu uma carta. Ela se mudou com seus dois filhos."

"O Bob teve um caso com a secretária do marido de Judy."

"Eu acho que a maioria das pessoas sabia que a esposa de Les teve um caso por muitos anos."

"Isso aconteceu em Peyton Place", explica Barb, que agora vive numa "comunidade de adultos ativos", em Lake Worth. "E eu descobri, com as mulheres daqui, que em Long Island era a mesma coisa."

Como as estatísticas não consideram dados desta época, é impossível saber se as mulheres do ambiente de Barb tinham mais casos na década de 1960, em comparação com as mulheres de hoje em dia. Na pesquisa sexual nacional publicada em 1994, cerca de 12% das mulheres nascidas na década de 1930 disseram que já tinham tido sexo extraconjugal — menos do que as mulheres das duas gerações posteriores. Porém, 37% dos homens nascidos na década de 1930 disseram que tinham tido sexo extraconjugal, substancialmente mais do que os homens de qualquer outra época depois disso.

O auge da cultura sexual das mulheres de Nova Jersey podia se restringir a apenas alguns clubes de campo. Mas as histórias que elas contam ilustram o quanto uma cultura sexual muda ao longo do tempo. Hoje em dia, uma adúltera poderia jurar segredo a algumas amigas íntimas. Mas as mulheres de Nova Jersey contavam a um bando de amigas sobre seus casos amorosos e algumas vezes apresentavam seus amantes — que eram potencialmente seus segundos maridos — a suas mães. Em todo caso, elas dizem que era muito fácil adivinhar quem iria "sair para almoçar" com quem.

Havia muitas oportunidades para ser infiel. Nos clubes de campo, nos eventos filantrópicos e nas festas em casa, as pessoas flertavam e dançavam, enquanto seus cônjuges estavam no quarto ao lado. E como muitas esposas desse grupo tinham babás e nenhum emprego (ou pelo menos nenhum emprego de sessenta horas semanais), elas tinham muito tempo livre.

Estas mulheres não conseguem acreditar em como as gerações mais jovens ficam nervosas com estes assuntos. Os filhos de algumas dessas mulheres ficaram tão ressentidos que não falam mais com suas mães. "As coisas são diferentes agora. Aos quarenta e poucos anos nossos filhos repelem isso", diz Loretta. As mulheres são capazes de muito mais do que ficar apenas recordando os velhos tempos umas com as outras.

Agora recordam comigo. Marco um encontro com duas amigas de Barb, Elaine e Nancy, no spa, em Pompano Beach, Flórida, onde elas estão passando umas férias curtas. Elas me dizem para chegar a qualquer hora antes da massagem das quatro da tarde. Quando chego ao restaurante onde estão almoçando, elas imediatamente formam uma opinião sobre mim. Embora eu seja quatro décadas mais jovem, posso vê-las me comparando mentalmente com elas mesmas quando jovens e ponderando se poderiam ter me superado. Elaine é uma viúva de 73 anos, chique como alguém da série *Dinastia*, com imensos óculos escuros, um relógio de brilhantes e um vestido longo vermelho, esticado por cima do maiô, com seus seios generosos. Nancy, 75, tem olhos azuis, as maçãs do rosto salientes e está usando shorts dourados, que deixam à mostra suas pernas impressionantemente lisas.

Há uma breve disputa sobre quem vai contar sua história primeiro. Para ambas, os casos amorosos foram a grande aventura de suas vidas. "Um dia fui encontrá-lo em Nova York e vi que havia detetives me perseguindo!", diz Nancy, que se parece um pouco com Lauren Bacall. Ela viu Larry pela primeira vez (um corretor de imóveis casado), quando ele saía do campo de golfe. "O sol estava se pondo atrás dele. Ele tinha os olhos mais azuis que eu já tinha visto."

Nancy fica radiante ao descrever sua estratégia para se juntar a Larry na viagem de negócios que fez ao Canadá. "Disse a meu marido que estava indo visitar uma amiga na Flórida, e ele disse 'Tudo bem, tire alguns dias de férias e vá para a Flórida'. E então eu fui para Montreal... Depois, tive de ficar num spa e ir a um salão de bronzeamento, para me bronzear. E organizei tudo de tal forma, que quando meu marido telefonava para minha amiga na Flórida, a mãe dela atendia e dizia: 'Ah, as garotas estão na praia'."

Nas gerações posteriores, cada vez mais mulheres trabalhavam fora, então podiam sair do casamento sem ter um suplente. Mas na década de 1960, mulheres como Elaine e Nancy trocaram um marido por outro. Embora alguns de seus casos amorosos tenham começado como romances paralelos, todas as mulheres com quem falei finalmente se casaram com os parceiros com quem tiveram um caso amoroso, e então, segundo elas, permaneceram fiéis a eles. De uma situação na qual cuidavam de seus pais, elas partiram para o cuidado de uma sucessão de maridos. Nem bem seus divórcios estavam finalizados, e os futuros maridos já as estavam instalando e a seus filhos em apartamentos.

Talvez porque estes homens estivessem destinados a ser o Príncipe Encantado, havia um toque exagerado de romance nestas histórias, com momentos fulminantes e horas de espera ofegantes ao telefone. Quando Elaine encontrou Irwin, no final da década de 1950, foi um misto de romance de banca de jornal e *Um violinista no telhado.*

"Fui para uma festa na casa de meu tio, que era dentista na cidade. De repente vi aquele homem no meio de uma sala apinhada de gente. Parece brega, mas eu soube que ele era meu, era para mim... E ele disse: 'Encontre-me hoje à noite em Nova York'."

Elaine tinha então 25 anos. "Eu disse: 'Nem sei como ir dirigindo até Nova York... Não posso encontrá-lo hoje à noite.' Minha avó estava naquela festa. Minha mãe e meu pai estavam naquela festa. Mas eu sabia que iria encontrá-lo."

Poucos dias depois, Elaine se vestiu, deixou os filhos com a empregada e foi dirigindo até o Chandler's, um restaurante na rua Quarenta e Seis leste, em Manhattan. Quando Irwin chegou, ela já o esperava no bar. Elaine lembra que Irwin disse: "Sabe, eu não faço isso onde eu *moro*. Não sei o que me deu, mas eu tinha de ver você."

Neste ponto da história, Elaine para: "Você não quer os detalhes sexuais, quer?", ela pergunta.

"Bem, nós jantamos. E eu disse para mim mesma: 'Se vou fazer isso, vou fazer isso...' Então entramos no carro e simplesmente nos beijamos e ficamos sentados ali. E eu me deitei em cima dele, no carro! Eu fiz isso! Ele estava em choque. Eu disse para mim mesma: 'Se vou fazer isso, vou fazer serviço completo!'"

O caso deles se tornou regular. "Ele me disse: 'Eu nunca vou me casar com você. Isto é o creme e a cereja do sundae. Nunca vou me casar com você, mas vamos passar um tempo maravilhoso juntos.'"

"Bem, não era o melhor para mim, e ainda fiquei muito amiga de sua esposa, então nós quatro andávamos o tempo todo juntos. Houve épocas em que Irwin e eu íamos para Nova York e dormíamos no hotel e chegávamos ambos tarde em casa e tínhamos compromissos naquela mesma noite [cada um com o outro], mas meu marido e a esposa dele nunca juntaram os fatos. A mulher não ligava, contanto que ele estivesse lá para levá-la para jantar fora."

Barb, que tinha uma butique, lembra que Elaine ia fazer compras com a mulher de Irwin. "Então, quando o encontrava à noite, ela dizia: 'Argh, o que sua mulher comprou!'"

A mãe de Elaine ficou furiosa quando soube que ela planejava se casar com Irwin, mas seu pai lhe deu o dinheiro escondido e seus amigos a apoiaram. Eles já conheciam Irwin e gostavam dele. Barb ajudou Elaine a sair da casa do marido. "Deixamos para ele a cama, a TV, uma cafeteira, uma xícara e um saleiro", Barb se lembra.

As dúvidas de Elaine sobre trocar o marido pelo amante foram suavizadas pelo rabino, que ela descreveu como "um homem brilhante". "Eu disse: 'Rabino Stein, vou deixar meu marido e não tenho certeza de estar fazendo a coisa certa. Fico preocupada, porque acho que estou destruindo muitas vidas à minha volta.' E ele disse: 'Não, minha cara, se você ficar é que estará destruindo a vida de todos. Se você for, salvará a vida de todos'... Então eu corri para fora, quase saí voando... Ele era especial, o rabino Stein. É claro que, ele próprio, era divorciado."

Durante o processo de *impeachment* de Bill Clinton, as pessoas muitas vezes se perguntavam como os Estados Unidos chegaram ao ponto de o comportamento sexual de um presidente ser assunto público. Mostraram muitas vezes que, quando John Kennedy foi presidente, no início da década de 1960, ele teve muitos casos extraconjugais e nunca houve nenhum espalhafato público.

Kennedy estava vivendo na mesma cultura sexual que as mulheres da Flórida com quem me encontrei. É provável que ele e suas crônicas de celebridade tenham ajudado a criar aquilo. Mas até mesmo Kennedy foi um produto de sua época. As mulheres de então não só eram financeiramente dependentes de seus maridos, como também naquela época era muito mais difícil se divorciar (especialmente para a Igreja Católica). E ainda mais, as pessoas respeitáveis que o cercavam também estavam traindo seus cônjuges. Se Kennedy tivesse vivido mais alguns anos, teria se encontrado com Henry Hyde, o futuro líder do processo de *impeachment*, com sua amante Cherie Snodgrass, em um superclube de Chicago. Há uma fotografia de Snodgrass e Hyde juntos em público, vestidos a rigor e posando para a câmera. Quando Hyde defendeu suas "indiscrições de juventude", provavelmente o que ele queria dizer, ainda que não tenha dito, era que simplesmente a época era outra.

***

Uma cultura sexual não é um Estado totalitário; em geral ninguém passa distribuindo panfletos. Então, quem reforça as regras? Um sociólogo norte-americano chamado Steven Ortiz partiu em busca da resposta para esta pergunta ao estudar a "cultura adúltera" móvel, criada pelos jogadores do principal time de beisebol, quando viajam para os jogos de campeonatos. Ortiz, que leciona na Universidade do Estado de Oregon, passou três anos viajando com várias equipes (ele não diz quais) e então publicou alguns de seus achados em um ensaio chamado *Travelling with the Ball Club* [Viajando com o Clube da Bola].

Poucas mulheres viajam com o time, seja a viagem que for. Algumas são regulares e outras acompanham seus maridos ocasionalmente. Este arranjo deixa aberta a possibilidade de essas mulheres contarem às que ficaram em casa o que elas viram. No mínimo elas poderiam atrapalhar o bom ambiente do time em viagem.

Para evitar isso, os jogadores primeiro delimitavam os espaços físicos nos quais suas esposas ficariam. Nos aviões fretados, nas quais os times costumam viajar para os jogos, as mulheres se sentam na frente e não é permitido a elas permanecer na parte posterior do avião. Os jogadores ficam na parte posterior, onde estão livres para flertar com as comissárias de bordo e para se reunir antes dos jogos. Ninguém diz às esposas que elas são indesejadas, mas elas captam a mensagem quando os jogadores implicam com elas ao passar ou quando o grupo inteiro de repente as aplaude, quando elas se aproximam. A esposa novata que se acomoda perto do marido para conversar é recebida com silêncio e um "olhar furioso de desaprovação" pelos colegas do time. Como uma esposa chamada Stacy explicou: "Quando eu vou ao banheiro, evito olhar para a direita ou para a esquerda, ou mesmo falar com alguém, porque eu sei que [os jogadores estão] juntos..." (Ortiz mudou o nome das esposas no livro.)

Como se não bastasse, as comissárias de bordo também deixam claro que não gostam de ter esposas a bordo. "Se você pede alguma coisa, eles derramam o refrigerante na sua bandeja ou viram o jantar em cima de você", explica uma esposa chamada Robyn. A animosidade é mútua, já que algumas esposas dizem que sabiam que muitos jogadores tiveram casos com comissárias que encontraram nos voos do time.

Os jogadores marcam seu território sexual ainda mais explicitamente quando chegam no hotel. Em muitos casos, eles dizem a suas esposas para não entrarem no bar do hotel. Eles também dizem às esposas quais são os bares, discotecas e restaurantes da cidade que estão fora do limite. Esta lista muda de uma estação para a outra. Os jogadores dizem isso textualmente, em vez de esperar que suas esposas percebam, pois querem criar uma zona segura onde possam se encontrar com as "fãs" (que sabem como chegar ao bar do hotel) e onde eles possam trazer suas namoradas sem medo de serem observados.

Alguns atletas, principalmente os mais famosos, não querem ser discretos perto do time. O prestígio deles aumenta quando outros jogadores os veem com fãs atraentes. Ao fazer sexo com uma fã, o jogador está mostrando que é homem — a um companheiro de equipe — antes de ser um marido, Ortiz diz. Os jogadores preferem encontrar as fãs no bar do hotel em vez de em algum outro lugar, assim os outros jogadores podem vê-los fazendo isso.

Em geral, são as esposas que têm de se manter discretas. Algumas disseram que quando veem um jogador casado acompanhado de uma mulher que não é sua esposa, olham para o outro lado e fingem que não perceberam. Outra contou que ficou encarando a parede e tentando ficar "invisível" quando se viu no elevador do hotel com um jogador casado, acompanhado de uma outra. "Se você reconhece o fato e mostra algum tipo de reprovação, você não irá mais a viagem alguma, pois eles vão dizer a seu marido: 'É melhor sua mulher ficar com a boca fechada'", diz Sheila. Algumas esposas contam que tentam acreditar que a mulher em questão é "uma parente em visita, uma amiga da família ou uma cunhada".

É claro, a história é diferente quando a mídia pega o jogador traindo. Então ele é obrigado a encenar o roteiro comum de adultério, para ser absolvido pelo público. De acordo com a revista *Sports Illustrated*, o astro do Los Angeles Lakers, Kobe Bryant, "teve de engolir as lágrimas" durante uma entrevista com a imprensa em 2003, quando admitiu um encontro com uma mulher de 19 anos, num quarto de hotel. Quando sua esposa "pegou sua mão e o olhou fixamente nos olhos" Bryant disse aos repórteres: "Estou aqui diante de vocês, furioso comigo mesmo, com repugnância de mim mesmo, por ter cometido o erro do adultério." (Ortiz seguiu os jogadores de basquete profissional também e descobriu que eles têm regras de viagens muito parecidas com as dos jogadores de beisebol.)

Nem todos os jogadores obedecem ao código da mesma forma. Ortiz acha que os que têm menos prestígio — os recém-chegados, os mal pagos, os jogadores machucados ou em baixa — são os que seguem as regras mais estritamente, provavelmente porque se sentem mais vulneráveis. Os melhores jogadores têm mais liberdade. Uma mulher conta como o time de um astro ignorou seus protestos e insistiu em levá-la, junto com a esposa de outro jogador, até o bar do hotel, para um drinque. Ao chegar lá, apesar da escolta da celebridade, a mulher diz que "não sabia para onde olhar e me senti muito desconfortável".

Por que as mulheres obedecem a essas regras, que são pessoalmente tão depreciativas e que poderiam ajudar seus próprios maridos a enganá-las? Por que as esposas simplesmente não se reúnem e fazem um motim, de forma que nenhum dos maridos possa sair e enganá-las?

Uma razão é o dinheiro. Se elas fizerem um escândalo, ou se romperem as regras, podem arriscar a permanência de seus maridos no time. A carreira de um atleta não é longa e as esposas que viajam com eles em geral não trabalham. Qualquer ameaça ao prestígio do marido também é uma ameaça ao sustento do casal. Ortiz não cita nenhum exemplo no qual um jogador foi diminuído ou despedido por alguma coisa que sua esposa tenha feito, mas a simples ameaça de estragar a reputação do marido é o suficiente para manter a esposa na linha.

Uma esposa linguaruda também arrisca a se tornar uma *persona non grata*. Os membros do time são amigáveis com as esposas que sabem ser "legais", mas evitam as mulheres "tagarelas" e pressionarão o jogador a manter sua esposa faladeira em casa. Uma esposa que não pode viajar com o time perde a chance de manter certa vigilância sobre o próprio marido, pelo menos parte do tempo, e perde todo o fascínio e o orgulho de participar de um time da liga principal. A reputação de uma esposa a persegue mesmo quando seu marido muda de equipe. "Quanto mais você fala, menos as pessoas confiam em você, porque é diferente do comportamento de todo mundo", diz uma esposa chamada Olivia. "As esposas que contam o que viram são como a peste. Ninguém as quer por perto."

Em vez de se unirem, as próprias esposas ajudam a reforçar as regras que permitem aos homens traí-las. Elas desestimulam a fofoca entre si e temem que alguma tagarela as tache de "faladeiras". Algumas nem querem saber o que seus maridos estão fazendo. Quando uma esposa fofoca, as outras fofocarão sobre *ela*, dizendo que ela está procurando problemas para seu próprio casamento.

O genial desta cultura sexual é que finalmente as esposas deixam de seguir as regras porque têm de segui-las e passam a obedecê-las porque querem. Mesmo quando se opõem ao adultério, elas acreditam que as regras que permitem os casos são intrinsecamente significativas. Ortiz diz: "A maioria das esposas acredita firmemente que é importante não contar à esposa de um marido namorador o que elas viram."

***

Há outro tipo de cultura sexual que não ocupa um espaço físico, e cujos membros muitas vezes nem mesmo se conhecem. Ela existe no domínio conhecido como "a mídia".

Os Estados Unidos têm uma imprensa popular saudável, mas nenhum outro lugar tem uma mídia que dá tanta importância à cultura sexual quanto a Inglaterra. Os jornais de domingo mais vendidos do país, o *News of the World* e o *Mail on Sunday*, muitas vezes dedicam as primeiras páginas a contos de adultério. É como se a infidelidade fosse a maior notícia do país.

Em sua vida normal, os ingleses reagem aos casos amorosos da mesma forma que os norte-americanos. Eles tendem a encarar a infidelidade como razão suficiente para o divórcio, ou pelo menos para uma crise. Eles têm mais ou menos a mesma proporção de casos extraconjugais que as pessoas em outros países ricos.

Mas os ingleses têm uma cultura sexual que existe apenas na mídia. Esta trata o adultério como um esporte. O jogo é pegar alguém famoso numa posição comprometedora. Os repórteres reviram latas de lixo se for preciso. Os tablóides ficam tão desesperados por histórias de infidelidade, que quando não têm novidades sobre alguém realmente famoso, eles apelam para antigas "estrelas" de televisão, atores classe B e ingleses comuns vivendo estranhos triângulos amorosos.

Uma matéria típica de primeira página no *The Sun*, o jornal mais vendido da Inglaterra, descreve a agonia da "enganada Amy Nuttall", uma atriz de novela de 22 anos, que confessa ter feito vandalismo no apartamento de seu ex-namorado, Ben, ator da mesma série. Solidário, o escritor explica que Amy "subiu pelas paredes quando soube que Ben tinha feito sexo no carro com uma *groupier*, Jenny Woodcock, 19 anos, depois de abordá-la numa boate". Para piorar as coisas, *The Sun* relata: "Amy teve de suportar as revelações de Jenny no jornal sobre o encontro, no qual ela difamava Ben como um amante ruim." Na fotografia de capa, Amy usa um biquíni fio-dental marrom. O artigo menciona que ela tinha esperança de se lançar como cantora.

Outras manchetes vão de engraçadas ("Caminhoneiro Sem-vergonha Continua na Boleia") até a insanas ("Minha Vagina Remodelada Arruinou Minha Vida", explicando que, "com sua recém-descoberta confiança surgia a promiscuidade — Denise mal podia manter suas particularidades, éé... em particular").

Algumas histórias de tablóides podem ser moralizantes, mas os leitores sabem que elas pretendem ser engraçadas. As reportagens sérias são deixadas para a televisão e para os jornais menores. Para garantir que os leitores continuem interessados, os relatos dos tablóides sobre infidelidade são escritos languidamente, com detalhes apimentados dos supostos "delitos". Sempre que possível, eles incluem fotografias tanto do acusado como da vítima, usando roupas de banho.

Algumas "notícias" do tablóide são inteiramente forjadas. O publicitário Max Clifford é a primeira opção para pessoas que têm uma história para contar, ou para as que esperam fazer publicidade de alguém. Como Clifford explica, no *Financial Times*: "O que acontece agora é que as moças vão aos clubes com metas. Um determinado jogador de futebol vale X, outro jogador vale Y. Meu escritório recebe ligações de moças perguntando: 'Se tivéssemos de escolher entre X e Y, quem seria o mais famoso?' É calculista assim." Clifford recebe uma comissão de 20%.

Ocasionalmente os tablóides se comprometem, pelo menos em termos relativos, com um propósito elevado: eles vão atrás dos funcionários públicos. O objetivo desses ataques não é melhorar a atuação política, mas expor ao público a menor sugestão de hipocrisia. Quando John Major se tornou primeiro-ministro da Inglaterra, em 1990, os jornais tiveram uma rara oportunidade. Na conferência anual do Partido Conservador de Major, em 1993, o governo estava desesperado para distrair o público de uma recessão e lançou o que chamou de campanha "De Volta ao Básico". Dizia respeito, ostensivamente, a enfatizar a educação, mas a mensagem subliminar — e o que circulava nos bastidores — deixava claro que os conservadores queriam ressuscitar os supostamente minguados valores familiares da Inglaterra.

Os tablóides tomaram o "De Volta ao Básico" como um convite para espreitar a vida dos políticos conservadores. O escândalo sexual resultante desdobrou-se rapidamente. Stephen

Milligan, um membro do Parlamento, foi encontrado morto em seu apartamento usando meias-calças femininas e um saco plástico na cabeça, aparentemente seguindo um ato autoerótico. O conde de Caithness, um ministro jovem, renunciou depois do suicídio de sua esposa, que se provou ter sido provocado por seu caso amoroso com uma antiga secretária. O ministro do Meio Ambiente, Tim Yeo, que agora escreve uma coluna de golfe, admitiu que teve um filho com sua amante. Foi descoberto que o ministro dos Transportes, Stephen Morris, tinha cinco amantes ("Sim, Sim, Sim, Sim, Sim, Ministro", o *Daily Telegraph* brincou, numa piada da comédia de televisão, *Sim, Ministro*). O secretário do Patrimônio Nacional, David Mellor, renunciou depois que sua amante, uma atriz novata chamada Antonia de Sancha, disse aos jornais que ele gostava de chupar seu dedão do pé enquanto ela vestia o uniforme do Chelsea, o time de futebol preferido dele. Logo, a piada nacional dizia que, em vez do "De Volta ao Básico", o slogan do partido deveria ser "De Volta ao Meu Lugar".

Até John Major, que o povo apelidou de "o homem cinza" por ser apático, e que havia sido descrito no sarcástico programa de televisão *Spitting Image* como um boneco cinza comendo ervilhas com sua esposa, Norma, se mostrou cheio de defeitos. Estes foram revelados por Edwina Currie, ex-ministra da Saúde, que manteve um diário enquanto tinha um caso extraconjugal de quatro anos com Major, na década de 1980.

Encontrei Currie em Londres, num restaurante perto da estação Victoria, para tentar entender a imprensa inglesa e a cultura sexual que ela evoca. Currie, que agora tem 59 anos, não só fez parte de um escândalo sexual envolvendo um primeiro-ministro, como, desde que perdeu seu lugar no Parlamento, em 1997, iniciou uma nova carreira escrevendo romances sobre escândalos sexuais na política. Currie não é nenhuma rosa inglesa recatada. Ela é uma mulher pequena, com grossas sobrancelhas castanhas e um tufo de cabelo avermelhado. É articulada e extremamente dogmática.

"Um dos maiores valores ingleses é a modéstia, portanto, se você é uma boa pessoa, não sai por aí falando para todo mundo. No instante em que uma pessoa faz isso, a imprensa fica muito interessada e a segue durante semanas e acaba sabendo mais sobre ela do que ela sabia sobre si mesma."

Ela diz que os norte-americanos idealizam seus líderes e ficam surpresos quando descobrem que eles têm uma vida pessoal confusa. Os ingleses, porém, gostam de ver seus heróis tombarem e assumirem que há sempre alguma vileza por trás de uma imagem muito limpa. Quando percebem que houve um engano, eles ficam muito decepcionados.

"Os norte-americanos, eu penso, nos impressionam como adolescentes ingênuos: cheios de energia e vigor, palpitantes, mas na verdade não muito seguros do que fazer com tudo isso. A Europa é madura, sofisticada, assentada e um pouco inexpressiva. Essa é a razão pela qual, quando um político na Inglaterra se levanta e diz 'de volta ao básico, aos valores familiares', o resto da nação diz: 'Sim, concordamos com isso, mas deixe a gente descobrir primeiro o que você fez domingo passado à tarde'."

Comparadas com as histórias de atrizes e de astros do futebol, o caso de Currie com Major parece muito humano. Na década de 1980, ambos faziam parte da onda do novo Movimento Popular Conservador, que varreu o poder durante a chamada Revolução Tatcher. Ambos eram de origem humilde e ambos queriam suplantar as pessoas antiquadas das classes superiores, que sempre tinham controlado o partido. Eles eram coconspiradores. "Seguíamos padrões muito semelhantes. E ficamos amigos", Currie me conta.

Quando se encontravam num apartamento perto do Parlamento, Major sempre levava um envelope pardo para usar como álibi, no caso de encontrar alguém. Quando Currie reclamou de suas brigas políticas com seu marido, ele simplesmente disse a ela para desistir. Mas Major estava lutando as mesmas batalhas. "Você recebe muito apoio, amizade e amor em um relacionamento, o que é muito fortalecedor", ela diz.

Currie diz que terminou o caso em 1988, depois que ambos tinham subido de posto no partido, Currie para ministra da Saúde e Major para secretário-chefe do Tesouro. Ela escreveu em seu diário que o sucesso o modificou. "Era melhor quando ele estava inquieto, se escondendo, sem confiança; ele me contava sobre sua família, sua origem, sobre estar fora a trabalho, sobre quase morrer num acidente, todas as coisas profundas que alguém conta apenas para sua companheira..."

Quando Major se tornou primeiro-ministro, em 1990, Currie esperava que ele a fizesse ministra outra vez — baseado nas qualificações dela e não em sua história romântica — mas o convite nunca veio. ("Ser esquecida por alguém com quem você dormiu há apenas 18 meses é muito, muito difícil.") Então Currie assistiu à explosão política que se seguiu ao "De Volta ao Básico", sabendo o tempo todo que os "valores familiares" do próprio Major podiam ser confrontados. Ela poderia ter derrubado o governo.

Foi quando o caso amistoso de Currie e Major se tornou o material de jornalismo de tablóide futuro, uma transformação que, dada a cultura sexual inglesa, parecia inevitável mesmo para Currie. "Eu sabia que ia contar, mais cedo ou mais tarde. Quando você está envolvida em algo tão importante como um caso amoroso com alguém que se torna primeiro-ministro, sempre sente que não é sua a informação que você tem. Num determinado momento você entrega aquilo para o conhecimento público." Currie esperou até que os conservadores e Major perdessem poder por si mesmos, e até que ela e seu marido se divorciassem. Em 2002, o *Times* publicou trechos de seu diário. O relato tornou Currie uma celebridade. Enquanto converso com ela, várias moças se aproximam de nossa mesa para dizer que ela é "uma inspiração".

Exatamente como em Los Angeles, as pessoas na Inglaterra não ficam confusas com a cultura sexual a que pertencem. A cultura sexual apresentada pelos jornais é anexa à vida real. Ninguém espera viver sob suas regras tolas. Isto é, ninguém que seja político nem astro da televisão. Como Edwina Currie, as pessoas deveriam assumir que, o que quer que aconteça em seus quartos, é de domínio público.

Os Estados Unidos têm seu próprio fórum, onde o adultério é discutido e examinado todos os dias. Mas, diferente do da Inglaterra, o fórum norte-americano muda a maneira do cidadão comum se comportar. É o que eu chamo de "complexo industrial do casamento".

QUATRO

O COMPLEXO INDUSTRIAL DO CASAMENTO

NOITE DE ABERTURA DA Conferência de Casamentos Inteligentes, em Dallas, e parece carnaval. Num salão do tamanho de um campo de futebol, empresários em seus estandes gritam soluções para casamentos desfeitos, tendo como fundo musical uma banda *mariachi*.[4] Se ouso fazer um contato visual ao passar, eles se apressam para me alcançar, empurram panfletos e CD-ROMs em mim e me arrastam para seus pontos de venda.

"Temos um processo muito estruturado, que inclui reflexão e depois confirmação e empatia; então, além de simples

[4] *Mariachi* é uma variação da palavra francesa "*mariage*", casamento. No México, a música *mariachi* é tradicionalmente usada no rito de namoro. Uma banda *mariachi* também pode ser contratada em batismos, casamentos, feriados patrióticos, eventos especiais e até mesmo em funerais. Numa banda completa há de seis a oito violinos, dois trompetes e um violão acústico. (*N. da T.*)

reflexão, você se une a algo realmente envolvente", anuncia o diretor executivo de Relações Internacionais Imago, gritando acima do som do trompete. Outros querem me ensinar "Como Evitar Casar-se com um Idiota" ou como "Abrir Caminho em Busca de um Casamento Melhor". Alguns vendedores são terapeutas profissionais, outros são antigos cômicos e consultores administrativos, que entraram para o ramo de casamentos.

Nunca percebi como tanta coisa diferente pode sair errado num casamento, até ver todos aqueles tratamentos. Eu estava casada há menos de um ano, mas fiquei deprimida com a simples perspectiva de um dia precisar pagar um escritor de comédias para "chacoalhar" meu "cérebro casamenteiro" ou precisar de um seminário de dois dias sobre "Monogamia Quente".

Os diversos remédios disponíveis ali fazem parte do complexo industrial do casamento, a soma de todos os programas de televisão, livros de autoajuda e dezenas de milhares de conselheiros de casais, cuja razão de ser é explicar por que os relacionamentos dão errado. O tópico da infidelidade percorre todo o complexo industrial do casamento. Há grupos de apoio semanais para esposas enganadas e "viciadas em sexo"; sites para adúlteros, seus parceiros e amantes; fins de semana terapêuticos para casais na angustiante crise da infidelidade e destinos temáticos como o Centro de Recuperação de Casos Amorosos, em Austin, Texas. Estes empresários tomaram o *script* do adultério norte-americano e criaram seu próprio *slogan*: Proteja-se. Não tente lidar com isso sozinho.

Na Conferência de Casamentos Inteligentes, uma fila de estandes de infidelidade ocupa um lugar de destaque, na frente do saguão. Anne e Brian Bercht, que até recentemente eram organizadora de seminários de negócios e empresário da construção, respectivamente, estão promovendo seu próprio livro:

My Husband's Affair Became the Best Thing That Ever Happened to Me [O caso de meu marido foi a melhor coisa que me aconteceu]. O livro já rendeu a Brian uma aparição no programa da *Oprah Winfrey* e lançou a nova vocação do casal, como oradores motivacionais sobre casamento, relacionamentos e casos amorosos.

Brian é o rei aqui. Michele Weiner-Davis, uma assistente social cujos secretários trabalham em seu estande, ainda lembra o momento em que propôs o nome para sua abordagem terapêutica de casais. "Lembro de estar sentada em meu escritório e de repente pensar: 'Acabar com o divórcio, *destruir o divórcio*!', ela diz. "Eu sabia que tinha encontrado algo que realmente mudaria minha vida." Logo depois, alguns repórteres divulgaram a entrevista que ela deu sob o título "Fim do Divórcio". Ofertas para escrever um livro e aparições em programas de televisão vieram em seguida. Weiner-Davis, 52 anos, lidera agora um pequeno império que inclui livros, aconselhamento e palestras em todo o país. Uma fotografia dela com aparência determinada e otimista aparece em cada página de seu site na internet. Seu dogma é que quase todo casamento é saudável, mesmo depois da infidelidade e mesmo se só um dos cônjuges quer resolver as coisas. Ela diz que as pessoas devem aceitar seus cônjuges fujões de volta e agir com confiança, em vez de agir de forma desagregadora. A capa de seu livro *Divorce busting* promete resultados em um mês. "Praticamente todos os meus clientes estão tendo casos amorosos. Muitos deles", ela diz.

Empresários de relacionamento nos Estados Unidos parecem sinceros em seu desejo de ajudar as pessoas, mas isso para eles é um negócio. Assim como o complexo industrial militar precisa de guerras, o complexo industrial do casamento precisa que os casais adúlteros acreditem que precisam da ajuda de profissionais. Se as pessoas pensam que podem lidar com isto sozinhas — como costumavam fazer nos Estados Unidos e como ainda o fazem na maior parte do mundo — os empresários perdem o emprego.

O complexo industrial do casamento está fazendo um enorme sucesso. Mesmo os norte-americanos que zombam dos livros de autoajuda e que jamais contratariam um "treinamento de relacionamento pela TV" dão umas bicadas na sabedoria do complexo industrial do casamento, sem saber de onde ela vem. Parece óbvio aos norte-americanos que a descoberta da infidelidade leva a um confronto, seguido de um aconselhamento e talvez de outras formas de apoio, e de um longo período de conversas e de recuperação (algumas vezes eterna). Os norte-americanos absorvem essa cronologia por meio de artigos de revistas, de programas de televisão e de conselho de amigos. Se você já se sentou com seu parceiro para discutir a relação, ou se você acredita que depois que sua esposa o enganou é melhor falar sobre o que aconteceu, ou se você trata a infidelidade como um problema que pode ser resolvido, é porque o complexo industrial do casamento pegou você.

***

Angela fica só olhando enquanto converso com seu marido, Hank. Ou, mais exatamente, ela está flutuando. Ela não vai me deixar falar com ele enquanto estiver ali. Não tenho certeza se ela está pensando que vou seduzi-lo ou se ela apenas quer monitorar a história dele. Ela está postada entre nós dois no sofá, com o braço protetoramente em volta dele.

Hank, 52 anos, é um homem atraente. Ele tem a constituição física de um jogador de futebol americano, mas tem os modos gentis e o riso fácil de alguém com quem você gostaria de tomar uma cerveja. Algo que não aconteceu, porque Hank não bebe mais. Ele não é um alcoólico em recuperação; ele está se recuperando de um adultério. "Serei alguém que cometeu adultério até o dia em que eu morrer", ele me diz.

Hank lembra exatamente onde estava no aeroporto de Pittsburgh quando deixou uma mensagem na secretária eletrônica de seu telefone e chamou sua mulher pelo nome de sua amante. Esta escorregada abriu um novo capítulo em sua vida, que incluiu deixar o trabalho como gerente de vendas e passar por um despertar espiritual.

Angela, que tem 46 anos e é bonita, cabelo castanho ondulado e uma figura curvilínea, já tinha um pressentimento de que havia algo errado. Aquele pressentimento, ela compreende agora, era o Espírito Santo "cutucando-a". "Eu estava rezando para saber. E eu estava rezando para que fosse por telefone. E foi pelo telefone."

Na manhã seguinte àquele telefonema, de volta à sua casa em um subúrbio de Atlanta, Hank sentou-se em frente a Angela em seu escritório e confessou. Quando estava fora da cidade para uma conferência, ele havia retomado o relacionamento com uma antiga namorada, que trabalhava em sua empresa. "O que aconteceu foi que, pouco depois de nos casarmos, eu fui para uma reunião. Fui vencido pelo desejo e nós... Fui infiel a Angela naquela noite." Aparentemente foi só uma noite, mas ele e a outra mulher mantiveram uma forte ligação emocional.

Naquela manhã, com Angela escutando na extensão, Hank telefonou para a outra mulher para dizer que estava tudo acabado. Angela se lembra, "Ela disse: 'Eu não entendo por que isso agora.' Ele simplesmente continuou reiterando que me amava e que ficaria comigo."

Hank continuou sua confissão para Angela. Contou também aos membros do "grupo de homens" e aos líderes de sua igreja. Eles organizaram para ele um encontro uma vez por semana, com um "sócio de responsabilidade" — algo como um oficial de condicional para adúlteros — que sugeria a Hank livros como *Personal Holiness in Times of Temptation* [Santidade pessoal em tempos de tentação].

Hank estava tendo muito apoio, mas Angela estava cambaleando. Seu primeiro marido também tinha sido infiel, mas o caso amoroso de Hank a fez ver as coisas de modo diferente. Tentando entender o que se passava, ela leu um livro que dizia que 92% dos norte-americanos mentem. Sua mãe revelou a ela que também tinha sido enganada por seu pai. À medida que estas informações chegavam, seu mundo começou a desabar. "Acho que antes eu achava que o mundo era bom e que todo mundo era bom", ela me diz. "Eu realmente não via o egoísmo da vida."

O aconselhamento de casais não ajudou. Anos depois da única escorregada de Hank, Angela diz: "Eu não conseguia superar a dor. Eu disse: 'Meu Deus, eu preciso de alguém que possa me entender.' Então ela foi para o computador e buscou pela expressão "casos amorosos", num site de busca. O site de Peggy Vaughan apareceu. "Eu estava a ponto de desistir quando encontrei o site de Peggy Vaughan", Angela diz. Ela teve uma sessão de aconselhamento de noventa minutos com Vaughan e encomendou todos os livros dela. Foi o início de sua recuperação.

Peggy Vaughan é uma vovó de 69 anos, de San Diego, que dedicou toda a sua vida a ajudar pessoas a se recuperarem de casos amorosos. É difícil imaginar que surja em algum lugar, que não nos Estados Unidos, uma tal mistura de boa ação e total dedicação ao trabalho. Às seis e meia da manhã ela já está de pé e pronta para responder a e-mails da Costa Leste — muitas vezes responde a mensagens desesperadas de pessoas nos primeiros estágios após a descoberta da infidelidade.

Vaughan não tem formação terapêutica, mas se apoia em sua própria experiência pessoal. Em 1974, seu marido, James, confessou que a havia enganado com outras mulheres durante sete anos. “A princípio eu pensei que aquilo não podia estar acontecendo, porque, se estivesse, eu teria de me divorciar dele de qualquer maneira e voltar para o Mississippi, para a casa de meus pais”, diz ela com um forte e arrastado sotaque sulista. Em vez disso, os Vaughan se tornaram os pioneiros do adultério. Publicaram um livro em 1980 afirmando que os casos amorosos não são a sentença de morte de um casamento. Depois de quase cem aparições na televisão, Vaughan lançou um boletim informativo sobre a infidelidade que foi a base para a criação do Beyond Affairs Network, um grupo de apoio para esposas enganadas presente em 28 estados. Vaughan diz que os casais deveriam passar “milhares de horas” conversando sobre o caso amoroso. Vaughan ajudou Angela a entender que seu marido sofreu de um vício emocional. “É um comportamento muito narcisista. É um ato de prazer, comparável à morfina”, diz Angela.

Vaughan acredita que o adultério é excessivo nos Estados Unidos. Ela cita as estimativas Kinsey sobre os níveis de infidelidade, e conclui que os casos ocorrem em 80% dos casamentos, o que é mais do dobro da mais confiável estimativa científica. Por um lado, ela diz, as revistas e os filmes criam fascínio em torno dos casos amorosos das celebridades, fazendo com que a traição não represente grande coisa. Mas quando acontece, ela diz, os norte-americanos têm vergonha de contar a alguém que enganaram seu cônjuge e começam a se sentir cada vez mais isolados e deprimidos.

Peggy elegeu-se protetora destas almas perdidas. Numa conversa em Dallas, ela comenta o caso dos cartões comemorativos criados para pessoas envolvidas em casos extraconjugais com frases que ela considera "repugnantes". Infidelidade não é assunto para brincar. Uma matéria sobre estes cartões apareceu num jornal de Bethesda e está circulando na internet, entre os horrorizados defensores do casamento. O mesmo jornal deu sequência à reportagem, citando a reação negativa dos leitores. Não se pode dizer que cartões façam o adultério parecer fascinante. Um deles, dedicado aos feriados, diz: "Enquanto comemoro com minha família, pensarei em você." Outro, dedicado a colegas de trabalho, diz: "Eu costumava esperar ansiosamente pelos fins de semana, mas desde que nos encontramos eles agora parecem uma eternidade."

***

Em 1970, havia apenas 3 mil terapeutas familiares e de casais nos Estados Unidos. A maioria dos psicólogos e psiquiatras admite que tratar da psique de uma pessoa é um processo tão delicado, que você não poderia fazer isso com duas pessoas ao mesmo tempo. Mas o nascente complexo industrial do casamento estava começando a convergir para a ideia de que um casal não representa duas psiques separadas, mas um "sistema", com história e dinâmica próprias. O "relacionamento" logo emergiu como uma entidade independente, que os profissionais podiam estudar. Esta teoria sistêmica afirma que quando um cônjuge tem um caso, o outro desempenha algum papel nisso, também. Os terapeutas começaram a examinar a dinâmica de um casal em busca de pistas, procurando na infância de cada um os conflitos não resolvidos que pudessem explicar a razão da infidelidade.

Enquanto isso, o índice crescente de divórcios, que atingiu o auge em 1979, estava tornando os problemas de relacionamento uma preocupação nacional. O número de profissionais do casamento e de terapeutas de família subiu para cerca de 22 mil em 1987, dobrando outra vez na década seguinte.

Esta noção de "caso amoroso como sintoma" infiltrou a imaginação popular dos Estados Unidos. No filme de 1989, *Harry e Sally: feitos um para o outro*, Harry conta a seu melhor amigo, Jess, que sua mulher acaba de abandoná-lo por um advogado:

> *JESS: Os casamentos não acabam por causa da infidelidade. Isto é só um sintoma de que algo está errado.*
> *HARRY: Mesmo? Bom, aquele "sintoma" está comendo minha mulher.*

Na década de 1990, os especialistas ainda estavam refinando suas ideias sobre as causas dos problemas de relacionamento. Em seus livros, *Você simplesmente não me entende* e *Homens são de Marte, mulheres são de Vênus*, os autores Deborah Tannen e John Gray, respectivamente, diziam que homens e mulheres passam rasteira um no outro porque têm diferentes estilos de comunicação, muito mais do que por sua bagagem emocional. Alguns terapeutas começaram a culpar a pessoa que teve o caso, embora o culpado ainda pudesse torcer as palavras e culpar os próprios pais.

Então, em 1998, o caso Clinton-Lewinsky levou os novatos especialistas em infidelidade para o horário nobre. "Quando comecei, há vinte anos, a infidelidade não era nem mencionada nos textos de terapia familiar clássica", disse ao *New York Times* o psicólogo Don-David Lusterman, autor de *Infidelity: a survival Guide* [Infidelidade: Um guia de sobrevivência].

Graças às novas pesquisas sexuais nacionais, finalmente havia alguns dados confiáveis sobre adultérios. Os cientistas fizeram equações para predizer como um "agente racional" pesaria a "utilidade" de um caso amoroso e mediram a importância de coisas como a frequência com que as pessoas pensam em sexo e no quanto isso as faz se sentirem culpadas.

Os norte-americanos ficaram sabendo que 98% dos homens e 78% das mulheres têm fantasias com outra pessoa que não seus cônjuges e que as pessoas que pensam em sexo todos os dias eram 22% mais propensas a ter sexo extraconjugal do que as pessoas que pensavam em sexo só algumas vezes por semana. Eles também descobriram que pessoas que gostam de passar tempo com a família de seus cônjuges eram 24% menos propensas a ter sexo extraconjugal.

Os terapeutas concluíram que "chata" era a versão da década de 1990 para o que na década de 1950 se chamava de "frígida". Os maridos não estavam tendo casos com suas jovens e sexy secretárias. Muitas vezes eles eram pegos com mulheres mais velhas e mais feias do que suas esposas, mas mais interessantes. O *Ladies' Home Journal* [Diário da dona de casa] dava conselho às leitoras, que para segurar um marido não era necessário perder peso, nem comprar lingerie nova, mas "ler, ler, ler! e depois conversar com ele sobre livros, artigos, filmes e notícias. (...) Lembrem-se de que um casamento saudável não tem a ver com comodidade, nem com classe social. Se você está a fim de se acomodar, seu casamento morrerá".

Os casais norte-americanos começaram a ouvir cada vez mais estas mensagens no consultório de um terapeuta. Em 2004, havia cerca de 50 mil terapeutas de casal e de família nos Estados Unidos. Um grupo entusiástico estima que 2,6% de todos os casados os consultam todo ano — quase a mesma porcentagem dos que disseram que tinham cometido adultério no ano anterior. Psicólogos, psiquiatras e assistentes sociais também tratam casais. A nova pesquisa sobre casos amorosos também fortaleceu a estrutura de "especialistas em casamento", do tipo encontrado na Conferência para Casamentos Inteligentes. Eles argumentam que os casais não precisam de anos de terapia, mas sim de habilidades práticas que podem ser ensinadas durante um fim de semana prolongado. Estes especialistas não têm nenhuma prova científica para sustentar suas afirmações, mas oferecem abundantes testemunhos de clientes anteriores.

Em seu livro de 2003 *NOT Just Friends* [NÃO somos apenas amigos], a psicóloga de Maryland, Shirley Glass, divulgou a má notícia: que pessoas felizes no casamento também são infiéis. Ela diz que quando homens e mulheres trabalham muitas horas juntos e se encontram em viagens de negócios, sem querer a amizade evolui para romance. Isto é verdadeiro mesmo para as pessoas que têm uma ótima vida sexual em casa. Glass e outros também descrevem os "casos amorosos emocionais" não consumados, que seus pacientes desenvolveram no trabalho ou na Internet, e que mantêm em segredo para seus cônjuges. Isto mudou mais uma vez a perspectiva dos casos amorosos. Não apenas ocorrem traições que não necessariamente estão relacionadas a sexo, como se pode ter um caso sem nem sequer tirar a roupa. Os norte-americanos cunharam um novo mantra, que ouvi muitas vezes quando viajava pelo país: Não é o sexo, é a mentira.

***

Já que mentir é o problema, dizer a verdade se tornou a cura para a infidelidade nos Estados Unidos. Muitos terapeutas acreditam que uma mulher está autorizada a perguntar a seu marido sobre os detalhes de suas mensagens de texto e de sexo oral que ele recebeu de sua amante. A razão é que o relacionamento entre um marido e uma mulher deve ser transparente. Alguns casais criam uma cronologia detalhada, que cobre todo o período de infidelidade, mesmo se este durou muitos anos. O processo para quando a esposa não aguenta mais ou quando ela está satisfeita por ter esclarecido todas as mentiras. Se alguma mentira surgir a partir daí, a esposa pode ter lembranças traumatizantes.

Pessoas de outros países não acreditavam em mim quando eu lhes contava sobre a cura pela confissão, nos Estados Unidos. Elas acham que saber todos os detalhes faz a esposa enganada se sentir ainda pior. Mas a cura pela confissão foi tão difundida nos Estados Unidos, que se tornou o evangelho dos web sites para pessoas com cônjuges infiéis. No freneticamente ativo SurvivingInfidelity.com, “Erica” diz que passou vinte meses interrogando seu marido sobre o caso amoroso dele e então, “com a ajuda de meu calendário, de mais de mil e-mails, álbuns de fotos, recibos de cartão de crédito e relatórios de despesas, ele e eu fizemos a cronologia daqueles dois anos e meio de infidelidade”.

Membros de web sites de infidelidade são cruelmente moralistas. Para enfatizar sua condição de vítimas, eles usam nomes virtuais como "tão perdido", "enganado" e "15anosparanada". As mensagens que trocam entre si são como códigos em tempos de guerra: "Estou a menos de dois meses depois do dia D, então não tenho certeza se estou completamente R, embora MIP queira estar."

Dia D, ou "dia da descoberta", é o dia em que a pessoa descobriu o caso amoroso do parceiro. O tempo emocional é medido do dia D em diante. R é "recuperação" (ou às vezes "relacionamento") e MIP "marido inconstante no passado". Outras abreviações incluem OM ("outra mulher"), ET ("esposa traída"), TOH ("talvez outro homem"), EOP ("ex-outra pessoa"), CUN ("caso de uma noite"), SC (sem contato), ANE (ainda no escuro) e DPN (desordem de personalidade narcísica). Um homem-sanduíche não é um *chef* de cozinha, mas um marido que quer conservar a esposa e a amante ao mesmo tempo.

A vida é complicada, mas as regras no site são simples. Um "marido inconstante" pode aderir a um esquema estrito de desculpas e arrependimentos. Quando uma mulher diz que está indo para uma conferência onde encontrará o ex-amante, o administrador do site aconselha-a a dizer a ele: "EOP, estou trabalhando ativamente para recuperar meu casamento, por favor, não entre em contato, nem fale comigo. Tenha um bom dia."

Na vida real, os norte-americanos usam histórias para justificar seus casos, pelo menos para si mesmos. Mas nestes sites a crença é de que nada justifica a traição. Pessoas que dizem que estão apaixonadas por um amante são informadas que estão num estado semi-hipnótico chamado "névoa do adultério". Quando uma mulher casada do Texas escreve dizendo que está apaixonada por seu ex-noivo, recebe a seguinte resposta: "O que você está sentindo é químico... Você está tendo algo parecido com a dependência de drogas."

Na Internet, todo mundo está competindo pelo alto nível moral. Membros de outro site chamado TOW (*The Other Woman*[5]) descrevem seu desespero, solidão e insegurança. Uma mulher escreve: "Gostaria de expor meu caso, mas de forma indireta... Não quero chegar e dizer para a E dele, mas quero que ela descubra. Alguma sugestão???" Três dias depois há 79 respostas, que vão desde fazer uma marca indelével no pênis do amante, até avisos a outras mulheres como ela, de que o "dia D" sempre acaba mal.

***

A palavra "restauração" sempre me faz pensar em lojas de ferragens ou de móveis antigos. Depois de passar um tempo com os cristãos renascidos dos Estados Unidos, porém, não posso ouvir a palavra sem pensar no sexo extraconjugal. Em todo o país, cristãos desenvolveram um ramo muito próspero do complexo industrial do casamento, baseados no princípio que os casamentos podem ser "restaurados" mesmo depois de uma infidelidade. Deus "está no negócio de restauração. Isso é o que Ele mais gosta de fazer, restaurar casamentos", diz Daryl McCray, um pastor de Kendall Lakes, Flórida.

Embora o Novo Testamento diga que o adultério é base para o divórcio, os cristãos dos Estados Unidos fizeram o cálculo estratégico de que só se pode evitar o trabalhoso problema do divórcio fazendo com que os casamentos possam sobreviver aos

---

[5] A Outra Mulher. (*N. da T.*)

casos amorosos. Foi-se o tempo em que um marido infiel era expulso da igreja ou que os pregadores faziam sermões condenatórios como indiretas para a audiência. As igrejas já mudaram seus serviços de domingo, fazendo seminários de autoajuda nos quais se discute a infidelidade diretamente. Para manter os casais infiéis unidos, os conselheiros cristãos misturam linguagem bíblica com ideias terapêuticas modernas. "Não rezamos em nome de Jesus para cada um, e pronto. Adotamos um comportamento mais cognitivo, com alguma metafísica no meio", diz um deles.

No livro *Avoiding the Greener Grass Syndrome* [Evitando a síndrome da grama mais verde], Nancy Anderson, que teve um intenso caso amoroso com um colega representante de vendas e deixou seu marido pelo amante por um curto período, aconselha os leitores a perguntarem a si mesmos: "*Eu faria isso na frente de meu cônjuge?* Se ainda não tiver certeza, pergunte a si mesmo: *Faria isso na frente do Senhor?*". Anderson dá diretrizes para permanecer longe da infidelidade, "a zona de perigo" no trabalho. Ela recomenda não ficar sozinho num carro com alguém do sexo oposto, sempre falar do cônjuge em termos positivos e evitar "o contato olho-no-olho muito prolongado". Quando estiver em viagem de negócios, ela sugere que você peça ao recepcionista do hotel para bloquear todos os canais adultos da TV. Se ainda assim a atração por um colega de trabalho conseguir atravessar estas defesas, os leitores devem "considerar a transferência para um departamento diferente, um cargo diferente ou, talvez, até mesmo a possibilidade de demissão. Nenhum emprego é mais valioso do que o seu casamento".

A maioria dos cursos cristãos é ministrada por casais como Ben e Ann Wilson, de Littleton, Colorado, que concluíram que a lição que o adultério deixou foi, na verdade, um chamado religioso. Ben tinha começado a estudar numa faculdade religiosa na cidade de Kansas, em 1994, quando Ann, hoje com 42 anos, admitiu que tinha tido um caso durante três anos. A história de como conseguiram passar por um período infernal e juntos salvar seu casamento é a base do "Casamento restaurado", que inclui um blog, um curso de dez semanas em sua igreja evangélica e um *workshop* de três dias. Um frequentador eventual da igreja diz que o curso é para "casais que estão passando por um período de lutas íntimas no casamento", mas que cada um que aparece por lá sabe a razão do que está discutindo.

Quando Ben e Ann contam sua própria história para uma classe de casais, tentam evitar os detalhes sórdidos e, em vez disso, enfatizam as semelhanças com a "história de Deus, da queda e da redenção". "Você pode fazer uma apresentação quase pornográfica, se quiser", diz Ben, 44 anos. Ele diz que conta aos casais: "A melhor coisa que fiz quando descobri a infidelidade foi sentir todo dia o máximo de dor que eu conseguia; então, a cura começou." Ben e Ann dão conselhos sobre como contar aos filhos. Eles contaram aos filhos que "a mãe deles tinha feito sexo com outro homem e que eu tinha ficado maluco com aquilo e que levaria um bom tempo para superarmos".

Mesmo para um soldado cristão, são duras as trincheiras da infidelidade. As classes dos Wilson não estão sempre cheias e há o trauma emocional de contar mais uma vez a história pessoal. Ben diz: "Se em dez anos Deus me chamar e disser: 'Não precisamos mais de você para dar conselhos sobre casos amorosos', em parte ficarei aliviado."

O grupo de cristãos antidivórcio mais extremo que encontrei se chamava Guardiões do Pacto Ltda., baseado em Tulsa,

Oklahoma. Seu princípio orientador é que o casamento não deve ser desfeito em nenhuma circunstância. Os adeptos passam por um processo em seus casamentos, que eles chamam de "estacionário". Quando um marido abandona a mulher ou até se casa novamente, a esposa renuncia ao sexo com outro homem, jejua e reza a Deus para trazer seu marido para casa. Cerca de 12 grupos de apoio em todo o país oferecem ajuda espiritual e emocional durante este processo, que pode durar anos ou mesmo décadas.

A Bíblia diz que o adultério é um pecado, mas os Guardiões do Pacto insistem que é um pecado perdoável, enquanto o divórcio é muito pior. "Como o casamento é um pacto, acreditamos que Ele realmente criou uma entidade única. Quando você se divorcia, é literalmente como pegar um braço e arrancá-lo do corpo. Esta é a razão pela qual o divórcio machuca tanto", explica Naomi, que administra a região sudeste dos Guardiões do Pacto, na Carolina do Norte, onde ela mora.

Naomi estava casada havia 16 anos quando seu marido, Alfred, a deixou por uma colega de trabalho de sua empresa de tecnologia da informática. Ela não namorou ninguém e continua se comportando "como uma mulher casada", mesmo estando praticamente divorciada. "Todos os meus amigos me dizem: 'Este homem foi embora, está casado com outra pessoa.' Mas Deus me disse: 'Mantenha seu voto.' E Ele quer que a gente faça isso, independentemente de nosso cônjuge fazer o mesmo ou não." Quanto ao destino espiritual da nova esposa de Alfred: "Eu compreendi que Deus tinha um plano e um propósito para a vida dela, mas isso simplesmente não inclui meu marido."

Depois de 11 anos, Alfred voltou para casa. O casal se casou novamente e permaneceram juntos por mais de uma década.

Mas nem todos os esposos inconstantes respondem às orações. A fundadora dos Guardiões do Pacto, que começou a fundação sem fins lucrativos em 1987, depois que seu marido a deixou, ainda está na fase "estacionária", conforme me diz o gerente de operações do grupo. Naomi diz às pessoas cujos parceiros não correspondem que de alguma forma elas serão recompensadas por manterem os votos do casamento.

***

É difícil descrever o alcance do complexo industrial do casamento. Mesmo pessoas que o desdenham se descobrem seguindo seus preceitos. Julia, 34 anos, está a anos-luz dos Guardiões do Pacto, ou de qualquer outro grupo. Ela é uma produtora de televisão, politicamente liberal, que trabalha em Manhattan e mora num subúrbio de Nova Jersey. Ela não fala com estranhos sobre seu casamento e nunca rompeu a relação. No entanto, absorveu totalmente os valores e até o *script* do complexo industrial do casamento.

Encontro Julia em um restaurante de sushi em Nova Jersey. Ela é mãe de um bebê e de uma criança pequena, é animada, articulada e muito magra. Depois de conversarmos por poucos minutos, percebo que ela esteve na dieta do adultério. Logo depois do dia D, as pessoas deixam de comer. (Quando meu marido ouviu isso, se ofereceu para ter um caso toda vez que eu começasse a engordar.)

Julia começou a suspeitar de seu marido quando achou um envelope cor-de-rosa na caixa de correio de seu escritório doméstico, endereçado a uma colega. Ele disse que era um cartão de amizade; a mulher estava se divorciando porque o marido tinha tido um caso.

Julia mencionou isto para algumas amigas no trabalho. “Meus amigos homens disseram: ‘Homens não mandam cartões, principalmente com envelope cor-de-rosa, para alguém que é só uma amiga. Ele está dormindo com ela.’” Julia descartou a ideia como ridícula. Mas então ela entrou no escritório de seu marido e viu um e-mail na tela que dizia em letras gigantes “Beije-me”. Ele disse que era só um flerte. Eu disse: “Eu flerto com todos, mas não há a menor possibilidade de escrever ‘beije-me’ para alguém que você nunca beijou.” Logo depois, Julia olhou na tela de novo e viu um e-mail da mesma mulher, agradecendo-o por tê-la levado a um show da Broadway, em Nova York.

“Aí eu pirei, é claro. Saí do escritório dele e fui para a sala, onde ele estava sentado. E lhe disse: ‘Que merda está acontecendo, afinal?’”

O marido insistiu mais uma vez que eles eram apenas bons amigos, mas Julia estava apoplética. Ela fez o que imaginou que qualquer um faria na mesma situação. “Eu disse a ele naquela noite: ‘Você precisa ir embora.’” Por que ela decidiu isso? “Por que, eu não sei, mas era o que eu tinha de fazer, certo? Você descobre algo e então se espera que o outro vá embora. O que eu poderia dizer ‘Tudo bem. Boa noite’, e ir pra cama?” Embora mandar o marido cair fora parecesse ser a única coisa certa a fazer, essa é uma reação típica da cultura norte-americana.

O marido de Julia em certo momento voltou para casa, mas continua sustentando que ele e a outra mulher não foram mais do que bons amigos. Julia estava no limbo. Tudo sugeria um caso, mas ela não tinha provas. Ela temia que se não soubesse o que estava acontecendo, poderia ser “passada para trás”. “Comecei uma cruzada pessoal para descobrir toda informação possível.”

Julia foi a uma loja de equipamento para espionagem e comprou o que precisava para manter o escritório doméstico de seu marido sob vigilância. Às duas horas da manhã, enquanto as crianças dormiam no andar de cima e seu marido dormia na cama extra do porão, ela ia clandestinamente ao escritório e verificava os e-mails e as mensagens instantâneas dele. Então passava mais algumas horas escutando todos os telefonemas que ele havia feito naquele dia. "Eu quase não dormi durante meses. Fiquei obcecada. Perdi quase sete quilos. Fiquei doente. Não conseguia segurar nada. Vivia tremendo. Estava confusa. E obcecada pela busca." Esta busca por todos os detalhes de um caso amoroso também faz parte, é claro, do libreto do complexo industrial do casamento.

Julia tinha um palpite de que o marido havia arquivado todos os e-mails da outra mulher; mas ele tinha tantos arquivos de trabalho em seu computador, que ela não conseguia encontrá-lo. Quando ele viajou para comparecer a um funeral fora da cidade, ela resolveu abrir cada um dos arquivos do computador dele. Finalmente ela encontrou o tesouro. O arquivo fora nomeado com o sobrenome de solteira da outra mulher. Ela encontrou mensagens que descreviam em detalhes o primeiro encontro sexual dos dois. Julia também encontrou descrições de seus encontros em várias cidades, lugares diferentes daqueles em que ele dizia estar em viagens de negócios. Ela tinha os itinerários dos voos. "Juntei todas as peças do que havia acontecido entre eles no ano e meio anterior", diz Julia. "Por um lado, você fica excitada. Por outro lado, quer morrer." Então ela imprimiu tudo e ficou esperando que ele chegasse em casa.

Quando contou a suas amigas do trabalho o que havia encontrado, elas disseram: "Estava na cara, um homem não compra envelope rosa."

Embora a sabedoria do complexo industrial do casamento seja onipresente, pouco dela foi testado. Não há evidência empírica de que contar a seu cônjuge todos os detalhes sórdidos de seu caso amoroso o ajude a superá-lo, nem que os casais são mais felizes quando são mais confiáveis. E se o oposto for verdadeiro e menos sinceridade representar mais felicidade? E se não tratarmos o adultério como um invasor estrangeiro, que precisa ser erradicado, mas como mais um fato da vida? Aliviaria um pouco a dor? Acho que, se existe alguém que sabe lidar com os casos amorosos, esse alguém é o francês. Portanto, comecei a xeretar a cidade onde moro: Paris.

CINCO

MORTE AO "CINCO PARA AS SETE"

JANEIRO DE 1996. No bairro francês de Jarnac, onde ele nasceu há 79 anos, François Mitterrand jaz em um caixão de carvalho fechado. Velando-o estão sua mulher, Danielle, e seus dois filhos. Um passo atrás está Anne Pingeot, a amante de longa data do ex-presidente. E de pé, ao lado de Danielle e de seus filhos, está Mazarine Pingeot, a filha ilegítima de 21 anos de Mitterrand e Anne.

No mundo inteiro, esta cena parecia provar o que todo mundo já sabia sobre a França: que *l'adultère* é um passatempo nacional, que as esposas francesas toleram as amantes de seus maridos (e que elas próprias podem ter alguns amantes) e que ter um caso faz parte da vida de um francês educado, tanto quanto comer *foie gras*. Presumia-se que quando a foto aparecesse nos jornais matutinos da França, nem um único parisiense se engasgaria com seu café com creme.

Quando me mudei de Nova York para Paris, muitos preconceitos sobre os franceses rapidamente se mostraram verdadeiros. As mulheres parisienses realmente são bonitas. Muitas vezes fico humilhada com as garçonetes que têm uma pele tão perfeita que deveriam estar nos anúncios da L'Oreal. Ninguém nas apinhadas piscinas públicas tem celulite, nem mesmo as mães com filhos. As mulheres grávidas de repente entram em pequenos domos e logo em seguida reaparecem com seus jeans justos, semanas depois do parto. Os parisienses fazem sua parte, também. Ninguém vai ao supermercado com calças de moletom, jamais. As pessoas são realistas quanto às consequências para as mulheres que ficam "largadas". Uma mãe de quarenta e poucos anos comentou comigo, com desprezo, que não admira que o presidente Jacques Chirac seja um *bon-vivant*: sua esposa, Bernadette, sempre tem uma expressão azeda no rosto.

Uma boa aparência torna o flerte mais divertido. Nos jantares festivos, os maridos e namorados das outras mulheres sempre sustentam meu olhar mais do que os mais lascivos homens norte-americanos ousariam. Nunca descobri se essas abordagens levariam a algo mais, mas elas não têm de levar a nada. Flertar com o parceiro de outra pessoa não significa trair seu cônjuge, nem é a porta para o sexo extraconjugal. É apenas uma forma inofensiva de se divertir.

Na França, a fidelidade parece uma ideia com a qual você pode brincar, sem escorregar inexoravelmente para o pecado. Um de meus professores franceses sugere que eu melhore meu francês numa *école horizontale*[6] — isto é, que eu me envolva com um francês até conseguir conjugar bem os verbos. Meu

[6] Escola horizontal. Em francês no original. (*N. da T.*)

marido quase concordou que ambos poderíamos fazer isso, até que eu deixei escapar que já tinha escolhido meu novo "professor".

Andando de metrô em Paris notei que os anúncios franceses sempre brincam com a infidelidade. Uma rede de cinemas anuncia seu "cartão de fidelidade" para clientes assíduos com um *outdoor* que diz: O VERÃO ACABOU, VOLTE A SER FIEL. O anúncio de um oculista para um segundo par de óculos mostra um noivo com uma noiva em cada braço. Nos preparativos para o Natal, uma empresa de chocolate especula como Papai Noel se mantém aquecido quando está entregando presentes; um comercial o mostra em seu trenó, acompanhado por uma moça sedutora, que obviamente não é Mamãe Noel.

Evidências do caso de amor dos franceses com o adultério aparecem em todo lugar. Praticamente toda comédia romântica a que eu assisto é sobre pessoas casadas e seus amantes. E muitas vezes ninguém morre! Em um filme típico, um casal leva os filhos para a casa da família no sul da França. Logo depois, o amante da esposa aparece na praia para o encontro e o pai tromba com um amigo de infância e percebe que ele é gay. Mas, no fim do filme, marido e mulher confessam seus casos aos prantos, os amantes se mudam para morar com eles e com as crianças e todos cantam uma alegre canção de despedida para a plateia. É a semiótica inversa da maior parte dos filmes norte-americanos, nos quais ter um caso significa que você é o vilão. Na linguagem cinematográfica francesa, ser infiel significa simplesmente que você é o protagonista.

Em resumo, a França parece estar se mostrando uma imposição para o livro. Eu me mudei para a capital mundial da infidelidade e preciso apenas de poucas entrevistas com os verdadeiros adúlteros para completar as coisas.

Para minha irritação, porém, algumas partes da história não se encaixam. Depois de estar em Paris há alguns meses, um dos principais jornais publica na primeira página uma história declarando o fim do tabu do adultério. Não faz sentido, dada minha suposição de que não havia tabu de adultério algum. Ainda mais desconcertante é que a atriz francesa retratada na matéria dizia que só teve coragem de levar sua história sobre a infidelidade de seu parceiro a público depois de ver a atriz norte-americana Uma Thurman fazer o mesmo. "É bem norte-americano, não se vê isso por aqui", ela explica.

Noto também que as revistas femininas são *blasées* em relação ao adultério. Exatamente como nos Estados Unidos, elas aconselham como agir com namorados e maridos infiéis, o que fazer se você desconfia que o parceiro está enganando, como se livrar da ameaçadora "melhor amiga" do parceiro e quando o sexo on-line conta como traição. As mulheres francesas se surpreendem quando eu conto a elas sobre a reputação internacional do *laissez-faire* em relação à infidelidade. "Você gostaria que seu marido enganasse você?", uma delas argumenta.

E uma a uma minhas entrevistas se evaporam. Amigos de amigos cancelam encontros marcados. E-mails não são respondidos. Pessoas que inicialmente pareciam excitadas com o assunto caem fora assim que eu pego meu bloco de anotações. Em Paris, mais do que em todos os outros lugares, é onde eles ficam relutantes até mesmo em conversar anonimamente sobre isso. Quando reclamo sobre isso com um amigo que está com sua namorada francesa, a moça fica com pena de mim e me diz que eu estou atentando contra o *pudeur*, uma palavra francesa que significa algo entre modéstia, privacidade e compostura. Ela me oferece ajuda. Mas então *ela* deixa de responder às minhas chamadas. Se eu não morasse na França, teria partido do país com o bloco de anotações vazio. Mas se todo mundo na cidade está tendo o seu *cinq à septs*, o famoso encontro com os amantes às "cinco para as sete" antes de ir para casa jantar, será que alguns poderiam falar sobre isso comigo?

Então descobri algumas estatísticas que desafiam todos os estereótipos que eu cultivava sobre a França. Parece que, em pesquisas de sexo comparadas, os adultos franceses e os norte-americanos mostram proporção de monogamia quase idêntica. A maioria dos franceses adultos é tediosa e sofrivelmente fiel. Eles vão morar juntos com seus vinte e tantos anos, ou com trinta e poucos anos, e então passam o resto da vida tendo sexo fiel com o/a mesmo/a parceiro/a.

Alain Giami, que coescreveu um artigo comparando o hábito sexual dos franceses e dos norte-americanos, diz que não só os franceses são mais fiéis durante o namoro, como os casamentos e os casos amorosos franceses duram mais do que nos Estados Unidos. "Na França, um relacionamento com componente sexual envolve um grau maior de compromisso do que nos Estados Unidos", Giami escreve.

O hábito norte-americano de fazer uma avaliação prévia e simultânea de vários pretendentes é estranho ao povo francês. Se um casal se beija, e mais ainda, se dormiram juntos, presume-se, na França, que será um relacionamento monogâmico. "É muito raro encontrar alguém por quem você realmente se sinta atraído", diz uma amiga minha, advogada francesa de trinta e poucos anos. "Pareceria frívolo ou descuidado" namorar duas pessoas ao mesmo tempo. Ela me lembra daquela vez em que, relutante, concordou em ir a um encontro com um amigo meu de Nova York que estava me visitando, sem o conhecer. O homem era legal, ela disse, mas ela achou a "forma" do encontro torturante. "Você não pode conhecer alguém já com a intenção de ir além... Isso destrói a magia."

Quanto mais eu penso, mais confusa fico. As pesquisas de opinião mostram que a fidelidade é a qualidade mais importante que as mulheres francesas procuram num parceiro e que para os homens só os índices de "ternura" de uma mulher os superam. Os dois gêneros dizem que a fidelidade é secundária apenas em relação ao "diálogo", como o elemento mais importante para a felicidade de um casal. Tendo a chance, o povo francês, assim como o norte-americano, prefere ser fiel e acreditar que a monogamia é o caminho mais certo para um relacionamento bem-sucedido.

À medida que encontro mais gente, percebo que a ideia de que os homens franceses mantêm amantes em pequenos apartamentos soa tão pitoresca para a média dos parisienses quanto soaria para alguém em Cincinatti. Simplesmente porque não é prático. Esqueça o *cinq à sept*. Os franceses de classe média alta — os que supostamente poderiam ter mais casos amorosos — estão presos no trabalho pelo menos até as sete; depois disso, encaram uma longa viagem para casa nos trens de subúrbio. Surgiram imóveis com preços bons no tempo que morei aqui. Mas se os *yuppies* franceses estão comprando seus carrinhos de coleção importados por 900 dólares e pagando hipotecas de dez anos, não sobra muito dinheiro para manter uma amante exigente num *pied-à-terre*,[7] muito menos achar tempo para vê-la. Nos Champs-Elysées, na hora do almoço, um consultor administrativo parisiense ri e me diz: "Às vezes, quando minha mulher e eu temos uma discussão, ela diz: 'Vou procurar outro

[7] Pequeno apartamento numa grande cidade. Em francês no original. (*N. da T.*)

homem'. Depois nós dois rimos — não, nossa vida seria muito complicada!"

Até a famosa foto do funeral de Mitterrand parece ser mais complicada do que era na realidade. Lendo a imprensa francesa fiquei sabendo que a "segunda família" de Mitterrand foi mantida em segredo durante duas décadas. Embora a existência de Mazarine seja conhecida pelos meios políticos e jornalísticos, isso foi descoberto apenas 14 meses antes do funeral, quando uma foto dela e de seu pai saindo de um restaurante de Paris apareceu na capa de uma revista semanal, a *Paris-Match*.

Mitterrand entrou em pânico pensando na reação do público à sua segunda família. Logo depois de tomar posse, em 1981, ele formou uma equipe antiterrorista. Embora encarregada da proteção ostensiva do presidente, a equipe passou grande parte do tempo grampeando o telefone dos oponentes políticos e dos jornalistas que pudessem mencionar Anne e Mazarine, ou revelar outras verdades desagradáveis sobre o presidente (inclusive o fato de que ele tinha câncer terminal). O palácio presidencial aparentemente bloqueou a publicação de um livro com detalhes sobre Mazarine, chamado *A honra perdida de François Mitterrand* (publicado depois que ele morreu). Quando a equipe de Mitterrand soube que o autor planejava discutir o manuscrito na televisão ao vivo, o programa foi abruptamente cancelado. De acordo com as notícias, o governo ficou com tanto medo de vazar informações que colocou sob vigilância o café local que o autor frequentava e o apartamento do síndico do prédio dele.

Anos mais tarde, em sua autobiografia de 2005, *Bico calado*,[8] Mazarine descreveu como se escondia debaixo do banco do

[8] *Mouth Sewn Shut*: Boca fechada e costurada, em tradução literal. (*N. da T.*)

carro, quando voltava do palácio presidencial. Em entrevistas, ela disse que ficou tão traumatizada pela necessidade de "ficar invisível", que teve de fazer psicoterapia. "Nasci fora do casamento e às escondidas — a vergonha da república, uma afronta à moralidade", ela escreveu. Mitterrand, que viveu extremamente próximo de Mazarine, incluiu seu nome na certidão de nascimento dela no final da vida, mas determinou que a paternidade oficial só fosse divulgada depois que ele morresse. Dizem até que as fotos do *Paris-Match* foram orquestradas pela equipe de Mitterrand, para facilitar a vida pública de Mazarine.

O que pretendo fazer com tudo isso? A França, meu suposto golpe certeiro, se mostrou uma complicação. Os franceses não se ajustam aos estereótipos que temos deles. A partir do pouco que vi, ficou claro que as regras sobre sexo extraconjugal aqui são diferentes daquelas nos Estados Unidos. Mas a menos que encontre pessoas que queiram me contar suas histórias, temo que este país de 60 milhões de pessoas continuará sendo um enigma.

***

Minha primeira parada é a casa de Diane Johnson, uma romancista norte-americana de 70 anos, que divide seu tempo entre Paris e São Francisco. Ela escreve intricadas comédias de costumes, que se passam na França e que quase sempre envolvem adultério. Embora seja uma estrangeira, imagino que, de seu posto na fronteira entre as duas culturas, Johnson está bem aparelhada para esclarecer minha confusão.

O apartamento de Johnson à esquerda do banco é a *haute bourgeois*[9] de Paris encarnada: teto esculpido, livros empilha-

---

[9] Alta burguesia; em francês no original. (*N. da T.*)

dos em mesas de mármore antigo e piso de assoalho, que range quando ela vai buscar um café para nós. O mundo de Johnson, como o de suas personagens, é tão hermético que ela admite ter levado um tempo para perceber que nem todo francês tem uma casa de campo. ("Embora em minha experiência eles tenham. Todo mundo que eu encontro tem uma casa de campo", ela diz.)

Quando começamos a falar sobre os hábitos de adultério francês, porém, Johnson também fica perplexa. "Na verdade eu não conheço muito as regras francesas, porque é difícil descobrir. Se você é francês, você as conhece, mas se você é norte-americano, há certas coisas que eles não te falam", ela diz. "O que você ouve, é claro, é que os homens franceses têm amantes... Você se pergunta se isso não é parte de uma França antiga ou imaginada, o tipo da coisa sobre a qual Colette escreve."

Colette é a escritora francesa do início do século XX, cujas personagens femininas entravam e saíam de relacionamentos com homens casados burgueses. As mulheres às vezes queriam dinheiro e outros confortos que vinham destes arranjos, o que fazia sentido numa época em que poucas mulheres trabalhavam, os casamentos de classe alta ainda eram arranjados e o divórcio era um tabu.

Hoje em dia na França, quando praticamente todo mundo se casa por amor, o legado desta era não parece ser adultério excessivo, mas sim o fato de os homens franceses gostarem da companhia das mulheres. Johnson descreve seus flertes diários no supermercado, onde "'esta costeleta de carneiro é especial para você, madame'. Isto torna a experiência de ir ao açougue algo muito especial e afirmativo, para as duas partes", ela diz.

Johnson diz que os homens casados do ambiente que ela frequenta leem revistas de moda, olham para a roupa das mulheres nas vitrines e acompanham suas esposas nas compras. "As mulheres francesas dirão que suas sogras são terríveis e irritantes e que controlam os filhos, mas o retorno disto é que os filhos são respeitosos."

Em comparação, quando volta para os Estados Unidos, ela percebe que as relações de gênero lá são de confronto e propensas a histerias. Os homens norte-americanos são sexualmente atraídos por mulheres, mas acham os hábitos das mulheres estranhos e preferem assistir a esportes com os amigos. "Lá, o modelo é: a mulher tenta tirar algo do homem e o homem tenta não dar. Ou vice-versa... Há uma suposição de que haverá decepção e rancor, e que as coisas têm de ser negociadas."

As mulheres norte-americanas, ela diz, foram levadas ao caminho do "me satisfaça", no qual "uma das maiores queixas delas é que seus maridos não falavam com elas. Mas o que elas querem é falar sobre o relacionamento... Isso é ao mesmo tempo pobre e desinteressante". A consequência é que as mulheres francesas modernas conseguem evitar o ciclo de acusações e de psicoterapias que acompanham os casos norte-americanos.

"A cultura francesa", Johnson diz, enquanto adoça com açúcar mascavo o seu café, "é a nossa aperfeiçoada."

***

Encontrei Charles num café enfumaçado perto da Bastilha, que está repleta de jovens parisienses atraentes e ricos, conhecidos como boêmios burgueses. Com 43 anos, Charles é mais velho do que a maior parte dos homens em volta. E embora esteja usando uma camisa branca sem colarinho e elegantes óculos escuros, sinto que ele está no extremo da escala burguesa de boêmios burgueses.

Quando descreve sua vida como médico no próspero quinto *arrondissement*[10] de Paris, do outro lado do Sena, Charles se parece muito com os profissionais urbanos retratados nos filmes franceses. Ele leva seus três filhos para navegar nas férias. Ele toca violino em uma orquestra amadora. Ele encontrou sua esposa, que também é médica, há 15 anos, quando ambos eram residentes. Ele tem momentos de religiosidade ocasionais, mas se considera agnóstico.

Embora tenhamos nos encontrado para discutir os casos extraconjugais de Charles, ele começa dando ênfase ao fato de que quando se casou pretendia ser fiel a vida inteira e se manteve monogâmico nos primeiros dez anos. Teria continuado assim se sua mulher tivesse mantido sua parte na barganha conjugal. Ela era bonita, afetuosa e uma boa mãe, mas não fazia esforço para ser sexy. Charles implorava a ela para usar saltos altos e saias que mostrassem sua ótima forma. Em vez disso, apesar de anos de pedidos, ela usava roupas folgadas e saía de casa sem nem passar batom. O interesse dela por sexo era desprezível.

Ela era inteligente, mas Charles ansiava por uma mulher que fosse "feminina". Certamente que não era muito para um homem esperar, especialmente um homem como Charles, que descrevia a si mesmo como um romântico. Mas ela não concordava. Depois de dez anos disso, e apesar de ele ter sido criado acreditando que o casamento é igual à monogamia, Charles sentiu que não tinha outra escolha senão procurar outra mulher.

---

[10] *Arrondissement*: bairro. Em francês no original. (*N. da T.*)

Diferentemente dos Estados Unidos há razões fixas para se ter um caso aqui. "Não me sinto muito culpado, porque eu pedi a ela tantas vezes para mudar, para se vestir melhor, para ser mais sexy, para ir à cabeleireira", ele diz.

Uma noite, em um bar perto de sua casa, ele encontrou uma mulher casada, que na verdade era uma cabeleireira. Charles descreve a mulher, Danielle, com óbvia admiração: ela é loira, extraordinariamente sexy e vai à academia de ginástica todos os dias. Ela é tão preocupada com a aparência, que quando pôs implante de silicone nos seios recusou-se a ver Charles até que o inchaço tivesse desaparecido.

No início foi muito romântico, e eles trocaram muitos presentes. (No ápice da paixão, ele deu a ela um relógio Gucci.) Agora, cinco anos depois, tornou-se uma amizade amorosa. Eles se encontram para o almoço às sextas-feiras, quando Charles trabalha meio período, no mesmo restaurante perto do metrô Odeón. Então eles fazem amor no estúdio perto do apartamento da família de Charles.

"Não é o que eu esperava para a minha vida. Provavelmente [a fidelidade] ainda é a melhor situação, mas com minha mulher não é possível. Tenho de fazer concessões. Tive de me adaptar." Por causa dos filhos (o mais velho tem 12 anos), ele nunca consideraria o divórcio.

Charles tenta ser discreto. Há alguns anos, quando sua esposa o pegou caminhando com Danielle até o metrô, ele acalmou-a dizendo que tinha sido um único encontro fortuito, quando ele estava bêbado. A conversa terminou quando eles foram dormir, embora ela às vezes volte a falar nisso quando eles brigam. (Eles se referem ao incidente como o "erro" de Charles.) Se tem alguma suspeita de que o marido mantenha um caso, nada é mencionado.

Não posso evitar de pensar que, nos Estados Unidos, Charles seria chamado de narcisista, um viciado em sexo ou coisa pior. Mas ele e seus colegas veem seu relacionamento com Danielle em termos muito mais pragmáticos do que morais: nas circunstâncias em que vive, ele não vê como ser uma pessoa contente e um marido fiel ao mesmo tempo. "Eu a avisei muitas vezes. Eu disse: 'Se você não me der o que quero, vou procurar em outro lugar.' Mas ela não entendeu. Eu fiz o melhor que pude durante dez anos, mas tentar mudar isso não funcionou."

Sendo assim, ele não se pune pelo caso. Os poucos amigos para quem ele contou sobre Danielle também não o julgam. Ele não está absolutamente envergonhado de seu arranjo mas raramente o menciona, porque quer ter certeza de que sua mulher nunca descobrirá. Por que estragar uma coisa boa ou adicionar rancor a seu casamento?

Quando digo a Charles que os norte-americanos às vezes vão fazer psicoterapia para lidar com o estresse de ter uma vida dupla como a dele, ele parece confuso. Um ano depois de começar o caso com Danielle, ele finalmente deixou a terapia que fazia há seis anos. "Eu resolvi os problemas", ele explica. "Os problemas eram casamento e sexo."

***

Saio de meu encontro com Charles me sentindo tonta. Estou finalmente investigando os bastidores. Já sei que não há muita diferença no número de pessoas que têm casos na França e nos Estados Unidos, mas parece haver muita diferença na vida interior delas e na forma como os outros as tratam.

A coisa mais surpreendente em minha conversa com Charles é que ele não disse: pessoas em relacionamentos românticos devem ser completamente honestas uma com a outra. Mentir para sua mulher não o incomoda e ninguém que ele conhece na França (além de mim) sugeriu que isso deveria incomodá-lo.

Isso me lembra o que Adam Gopnik, do *New York Times*, escreveu durante o julgamento Clinton: "A real diferença — muito mais difícil para o norte-americano aceitar — não é que os franceses são menos excitáveis com o sexo. É que eles são muito mais calmos em relação a mentiras."

Quando soltei a máxima norte-americana de que "não se trata de sexo, mas de mentir", o povo francês pareceu confuso. Como se poderia ter um caso sem mentir sobre isso?, eles perguntaram. Eles ficaram perplexos com o zelo quase religioso que os norte-americanos têm pela falta de segredos num casal. Discordâncias filosóficas à parte, isto não parece prático para eles.

"A atitude reservada — e talvez instrutiva — dos franceses, parece ser que mentir sobre sexo é simplesmente uma graça social a mais", escreve Gopnik. Ele continua e diz: "Na França, a suposição ponderada de que as pessoas comuns — políticos, amantes, jornalistas — mentem muito, significa que você pode conversar sobre as mentiras e puni-las adequadamente, sem transformar toda mentira numa ofensa capital."

A discrição parece ser a pedra fundamental do adultério na França. Mas, ao contrário dos norte-americanos, o povo francês não se cala diante de seus casos por vergonha de seu comportamento. Ao contrário, a maioria não quer estragar uma coisa boa abrindo brecha para a fofoca. E como os casos amorosos duram mais na França, manter as coisas calmas se torna ainda mais importante.

"Eles não estão constrangidos; eles [simplesmente] não querem ter problemas", explica Alain Giami, coautor do estudo sexual franco-americano. "Há lados escuros no relacionamento que não são partilhados."

E como mentir não é o problema real, a confissão não é a cura. O autor de um livro de autoajuda francês sobre a fidelidade diz que há sabedoria por trás da máxima francesa "Não é bom dizer toda a verdade". A ideia de alguém soltando uma confissão de adultério porque do contrário não conseguiria viver consigo mesmo parece coisa dos filmes de Hollywood.

De fato, alguns casos franceses podem parecer com os conflitos da guerra fria, na qual nenhum dos dois lados entrega as armas. Franck, 47 anos, gerente de uma empresa de computadores em Paris, desconfiou que sua mulher tinha um amante quando teve de encher o tanque do carro com muito mais frequência do que antes. Quando ela negou que algo estivesse acontecendo, ele começou a se encontrar com uma de suas colegas de trabalho. Poucos meses depois, quando sua mulher disse que queria aceitar um emprego em Lyon, "minha interpretação foi que ela queria dar um fim a seu caso amoroso", Franck diz.

Ele estava errado. Ela se mudou para Lyon antes dele e quando ele telefonou para o escritório dela um dia, descobriu que ela estava numa viagem de negócios em Paris, mas não tinha se comunicado com ele. Então ele descontou, tendo um caso com a melhor amiga dela.

Franck finalmente pensou que o caso de sua mulher tivesse acabado quando "depois de alguns meses indo para Paris a trabalho, ela parou de passar a noite na cidade". Então ele se mudou para Lyon e seu casamento melhorou sem uma única conversa sobre o que havia acontecido. Franck desconfia que o caso dela foi com um de seus amigos, mas diz: "Não tenho vontade de forçar para saber a verdade. Para mim foi suficiente saber que acabou."

Ele aceita que ela tenha sido leal a seu amante, prometendo nunca contar os detalhes, assim como ele prometeu o mesmo à melhor amiga dela. "Acho que ela se apaixonou realmente por outra pessoa. Senão nada faria sentido", ele diz. Ele não se preocupa mais com isso e está contente, porque ultimamente eles estão bem próximos. "Seria um problema se ela decidisse partir", ele diz.

É difícil para mim acreditar que Franck está satisfeito mesmo sabendo tão pouco, mas Giami, o pesquisador francês, diz que a história de Franck é típica. "É como se as pessoas não quisessem saber. Não é explícito, mas não é implícito. Não é confessado. As pessoas não dizem: 'Eu tenho um amante.' O parceiro sente que há algo, que há outra pessoa, mas não quer saber mais sobre isso", ele diz.

Véronique, uma professora parisiense de classe alta, com os seus 40 anos, explica isso para mim desta forma: "Respeitar o parceiro significa não tentar ver tudo o que você gostaria de saber, aceitar o que ele disser e não tentar procurar informações que ele não quer lhe dar."

Também fico surpresa que a maioria das pessoas que eu entrevistei não fique torturada e com a consciência pesada por seus casos. A culpa não parece pesar muito no *script* de adultério aqui. Eles não acham que o sexo extraconjugal aponta para falhas morais ou que isso os transforma em "pecadores". Eles veem o adultério como uma transgressão, mas perdoável e até mesmo compreensível. Tanto Franck quanto Charles estão satisfeitos por terem ponderado suas opiniões e tomado decisões. Praticamente ninguém que eles conhecem sugeriu outra coisa. Na verdade, já que a barreira inicial para a infidelidade foi rompida, eles não veem razão para não desfrutá-la. Por que estragar isso sendo neurótico?

Mesmo pessoas que encontrei que desaprovam a infidelidade (e as pesquisas de opinião mostram que elas são muitas) relutam em fazer sermão. Elas me dizem que o comportamento das outras pessoas, embora dê margem a fofocas interessantes, não é problema delas. Isto está em contraste total com os Estados Unidos, onde os adúlteros muitas vezes fazem a afirmação bizarra de que não são o tipo de pessoa que teria um caso, porque não seria possível conciliar tal comportamento com a necessidade de acreditar que são boas pessoas. Mesmo os norte-americanos que defendem fortemente a causa intelectual da infidelidade soam defensivos. Isso porque, ao contrário das pessoas na França, eles estão combatendo a mensagem social subliminar — que vem dos filmes, de suas famílias, de seus amigos — de que a infidelidade é errada e que os adúlteros são pecadores.

A religião conta parcialmente nestas diferenças. Embora a maioria do povo francês se identifique como católica e possa até ter sido batizada, apenas 11% dizem que a religião é "muito importante" para elas, comparados com os 59% dos norte-americanos. A França é hoje um dos países mais religiosos da Europa, especialmente entre as pessoas abaixo de 50 anos. A implicação para o adultério é que, para os franceses, a fidelidade não é uma regra *a priori* endossada por Deus; é apenas uma boa ideia. Mas, como toda boa ideia, há circunstâncias em que ela não se aplica.

A monogamia ainda é o estado ótimo. Praticamente todos com quem eu falei disseram que preferiam ser fiéis. Mas quando a infidelidade acontece, o francês parece não entrar em pânico e nem pensar que a traição colocará em risco a sociedade ou que arruinará o desempenho profissional das pessoas. Eles veem isso como uma atitude contida e não como um declive escorregadio para a depravação moral. Uma mulher com seus vinte e poucos anos trabalha numa empresa de relações públicas francesa. Ela me conta que depois que ela e seu namorado casado assumiram o caso e dançaram uma música lenta numa festa de Natal do escritório, os colegas os cumprimentaram. "Era óbvio que estávamos apaixonados", ela disse, "e romance impõe respeito."

Nós, norte-americanos, não somos moralizadores relutantes e com boa razão. Em uma versão penetrante da história do adultério norte-americano, os casos envenenam descontroladamente a vida de uma pessoa. Isto explica os "códigos de conduta" em universidades e escritórios. Se os executivos corporativos podem trair suas esposas, a ideia algumas vezes é que eles certamente também serão capazes de dar um desfalque ou de cometer uma fraude contábil. E como a infidelidade é um crime social, espera-se que os namoradores norte-americanos demonstrem remorso aos amigos, empregados, eleitores, fãs e qualquer outra pessoa que eles "enganarem". Mas a única pessoa a quem Charles deve desculpas é à sua mulher. Se nunca tiver de fazer isso, tanto melhor.

***

Será que os franceses são mesmo nossa versão aperfeiçoada? Aceitar que os casos amorosos são um fato da vida, e não uma aberração chocante, torna o povo francês mais feliz, ou melhor? Coloquei esta questão para Aurélie, uma *femme mondaine*[11] moderna cuja existência parece calculada para fazer eu

[11] Cidadã do mundo. Em francês no original. (*N. da T.*)

me sentir ingênua e gorda. Aurélie, 36 anos, tem pernas longas e cabelo comprido castanho. Ela fala um inglês perfeito, mas com um sotaque delicado e pontua os argumentos cuidadosamente construídos, com um confiante meneio de cabeça. Não consigo imaginá-la comendo no McDonald's ou assistindo a *Guerra nas estrelas*. Ela mora num sótão modificado, que está cheio de livros, vários dos quais ela mesma escreveu (meu palpite é que ela decidiu falar comigo por solidariedade de escritora).

Aurélie frequentou a mesma escola da filha de Mitterrand, Mazarine, e disse que todos os estudantes sabiam quem era seu pai, embora, é claro, ninguém comentasse com a própria Mazarine. "Eu jamais julgaria a decisão de alguém em sua vida particular, a menos que esta impedisse a liberdade de outra pessoa", Aurélie explica.

Aurélie, que é divorciada, faz parte da elite intelectual parisiense. Ela é consultora do governo sobre questões de gênero e vai a jantares onde mulheres magras e seus lindos maridos debatem "a discriminação positiva" e está em posição de conhecer alguns detalhes picantes sobre a vida particular dos políticos. Um dos prazeres destes eventos, diz Aurélie, é saber que você se encontrou à tarde com o homem que está do outro lado da mesa e que está passando o prato de queijo para sua mulher.

"É tudo muito francês", ela me diz, observando minha reação. E explica que o sexo extraconjugal só se torna "adultério" quando seu parceiro descobre. "Quando aconteceu comigo, não pensei nisso como algo dentro do meu casamento. Eu não hesitei, não disse não. Simplesmente aconteceu", ela diz. "Comigo e com meu círculo de amigos, o único lugar que você poderia chamar adultério é quando se trata dos sentimentos de seu marido... Se você olhar apenas para a relação entre mim e meu amante, não há adultério. Há apenas nós."

Conto a Aurélie que os norte-americanos muitas vezes acham que pecaram, mesmo se ninguém jamais descobrir. Para as pessoas religiosas é como se Deus estivesse vendo. Até mesmo ateus declarados podem experimentar dramas de consciência, alimentados pelos resquícios de culpa incutidos pela religião.

Eu poderia, também, ter declarado minha devoção ao queijo processado. O secularismo é outra marca da sofisticação francesa. "Não há nenhum Deus na França. Acabou. A carreira Dele acabou", Aurélie diz fazendo um meneio com a mão. "A única coisa moral que importa nesse negócio de adultério é tentar poupar o sentimento das pessoas."

Cada vez mais, a infidelidade na França não é nem mesmo extramatrimonial. Como em todo lugar na Europa, os franceses hoje preferem morar juntos a casar-se oficialmente. Em 1999, a França passou a reconhecer legalmente essas parcerias civis e providenciou documentação, o PACS (*pacte civil de solidarité*), tanto para homossexuais como para heterossexuais. O PACS garante alguns benefícios financeiros e legais também previstos no casamento, no entanto cada parte pode dissolvê-lo com um simples aviso de um a três meses de antecedência.

É claro, há muitos franceses que tiveram casos, se apaixonaram e deixaram seus parceiros por seus amantes. Mas no caso de amor casual, até mesmo dos mais quentes, é comum limitar o nível de envolvimento emocional, ou pelo menos o nível de envolvimento retórico, por respeito ao parceiro que está em casa. "Ninguém diz 'Eu te amo' nesse tipo de história, nem mesmo em mensagens de texto ou e-mail. No máximo, diz 'Estou com saudade'. Você diz 'Eu te amo' apenas para uma pessoa: a pessoa que está esperando por você em casa", Aurélie esclarece. Ela busca um nome para este tipo de relação e escolhe "ligação".

Tenho a impressão de que essa forma de encarar o sexo extraconjugal com certa indiferença não é uma coisa que surja naturalmente. Aurélie e outros de sua geração acentuam o quanto essas atitudes são *francesas*, como se a "qualidade francesa" fosse algo que eles alcançaram por meio de cuidadoso estudo e prática.

A imprensa francesa faz isto também. Os jornais franceses são famosos por zombar do frenesi da mídia norte-americana que cercou o escândalo Clinton-Lewinsky. Quando o *Paris-Match* publicou as fotos de Mitterrand e de sua filha, um escritor no intelectual diário *Le Monde* repreendeu a revista por esquecer as regras francesas, dizendo: "Os 'segredos' da vida privada dos políticos merecem interesse na condição de que se responda afirmativamente a duas perguntas: Eles revelam uma prática de enganar que contradiz o discurso público da pessoa envolvida? Eles influenciam o exercício de seus deveres?"

Levou um tempo para entender que estas zombarias foram calculadas para fazer os de fora, tanto franceses como norte-americanos, se sentirem como a rude mulher na sala de estar que ruboriza com uma história maliciosa. Mas mesmo jornais respeitados não conseguiriam manter suas fachadas cosmopolitas. Quando o Monicagate estava de vento em popa, o *Le Monde* apressou-se em publicar uma tradução francesa de 18 mil palavras do *Starr Report*, acompanhada por esboços biográficos de todos os personagens envolvidos. Para leitores bilíngues ele postou a versão inglesa completa em seu site.

Uma outra marca francesa é desconstruir a ideia de fidelidade até que ela praticamente se desfaz. Não importa que todo casal casado na França deva jurar "fidelidade, ajuda e assistência" no cartório da cidade. Nas mãos de um parisiense astuto, esta promessa aparentemente hermética pode ser quebrada. Praticamente toda pessoa francesa educada que eu entrevistei começou nossa conversa com uma exegese do que "fidelidade" realmente significa.

"Fidelidade é fidelidade a quê?", pergunta Véronique, uma professora parisiense. Ela diz que sua decisão de ser monogâmica com seu antigo marido foi simplesmente uma escolha pragmática. Véronique conta que o marido de uma colega recentemente deixou-a por outra mulher. A análise de Véronique é que se ele tivesse ficado com a esposa, ele não estaria sendo realmente fiel, uma vez que seu coração estaria com outra pessoa. "A primeira infidelidade é esta infidelidade: você consegue ser fiel com o que você é?", Véronique diz. Outros me dizem que "fidelidade" é um valor importante mas que tem mais a ver com amor do que com sexo.

Esta hiperintelectualização do adultério pode cair por terra também. Cerca de um ano depois de nosso primeiro encontro todo o verniz cuidadosamente aplicado de Aurélie se parte. Ela me diz que está enredada num *scandale*[12] de franca infidelidade. Seu amante mais recente, um homem que ela conheceu no trabalho, está se preparando para deixar a namorada e dois filhos. Aurélie está satisfeita. Mas ela está extremamente nervosa em relação às crianças e em relação a seu novo papel, mais oficial, na vida do homem. Tem havido muita comoção. "Não estou mais certa a respeito desta coisa de adultério", ela continua dizendo.

[12] Escândalo. Em francês no original. (*N. da T.*)

Na verdade, quanto mais se aproxima da própria vida da pessoa, mais a ética de *l'adultére*[13] se torna indistinta. "Socialmente tolerado, individualmente insuportável" é como o jornal *L'Express* o descreve. O adultério "incorpora a expressão de liberdade, mas pode provocar uma reação radical por parte da pessoa que sofre por isso". Isto significa que mesmo que as pessoas não cheguem a ficar perplexas por descobrirem que foram traídas, ainda assim elas estarão devastadas.

Mesmo no domínio emocional, há diferenças entre os franceses e os norte-americanos. A maioria dos norte-americanos que descobre o caso de um parceiro fica determinada a voltar a uma situação monogâmica, seja com a mesma pessoa, seja com alguém novo. Terapia de casal, longas conversas e até divórcio são todos destinados a restaurar a monogamia. Os norte-americanos não perdem sua fé na fidelidade mesmo depois que a fidelidade os abandona na prática.

Na França, porém, as "vítimas" da traição surgem menos admiradas de suas provações. Como a fidelidade é vista como uma boa ideia e não como uma necessidade criada por Deus, a experiência algumas vezes os convence de que a fidelidade simplesmente não é possível. O jornal francês *Le Nouvel Observateur* cita uma esteticista de 40 anos que abandonou seu parceiro depois de surpreendê-lo na rua com outra mulher. Em vez de procurar por um novo homem que seja fiel, como aconteceria na versão norte-americana da história, ela encontra um novo parceiro que é casado. "Pelo menos eu sei com quem ele está me enganando", ela diz.

---

[13] O adultério. Em francês no original. (*N. da T.*)

***

Ouço muito falar sobre uma "jovem filósofa" que está escrevendo um tratado sobre infidelidade. Estou ansiosa para encontrá-la, mas outros acadêmicos me avisam que ela é "conservadora" e que eu deveria ser cautelosa.

Estou preparada para encarar uma provocadora de discórdias direitista quando a pequena Michela Marzano, 35 anos, abre a porta de seu apartamento. Quando nos sentamos para um café em meio aos leves móveis modernos, eu continuo esperando pelo golpe, que não vem. Pelos padrões norte-americanos Marzano soa conservadora, até mesmo tediosa. Seu argumento é essencialmente que os parceiros deveriam ser sexualmente fiéis um ao outro e que a mentira que acompanha a infidelidade prejudica o relacionamento.

Mas aparentemente, para os acadêmicos franceses, este argumento soa religioso, paternalista e antiquado. Uma coisa é acreditar privadamente na fidelidade, mas é muito diferente sugerir — como Marzano faz em seu livro *Fidelity: Loving on the Edge* [Fidelidade: O amor na fronteira] — que outros devem acreditar nisso, também.

Marzano é italiana, mas escreve em francês e fez seu lar intelectual no Centro Nacional de Pesquisa Científica de Paris. Ela sabe contra o que ela luta. "Não há apenas uma recusa da religião; há um tipo de recusa da moralidade", ela se queixa. O *establishment* na França não quer aceitar que "há alguns valores que são mais importantes do que pessoas", inclusive a fidelidade. Ela diz que a geração de franceses hoje com seus 40 anos prezam a liberdade pessoal. No entanto, suas escolhas, inclusive o divórcio, não as estão fazendo felizes. Tendo testemunhado isso, as pessoas que estão na faixa dos 20 anos são mais românticas e acham a fidelidade atraente, ela diz.

Marzano diz que os humanos são mais felizes quando aceitam limites, mesmo se os limites cercearem seu comportamento e os obrigarem a desistir de alguns prazeres a curto prazo, como o sexo extraconjugal. "O que eu queria mostrar é que Don Juan não é livre; porque ele é completamente escravo de seus impulsos, ele não é capaz de construir sua vida", ela diz. "Provavelmente você é mais livre se aceita algumas restrições."

E se a monogamia também não o faz feliz? "É verdade que uma pessoa nunca será suficiente", ela diz. "Mas as pessoas não são algo que você usa para preencher um vazio dentro de você. Elas não são objetos."

***

O único domínio da vida francesa onde a infidelidade é realmente *de rigueur*[14] é a política. O fato de que um homem poderoso tem uma amante não se qualifica em si como notícia, simplesmente porque não há nada de novo nisso. De fato, os eleitores franceses são atraídos para os candidatos que parecem que podem atrair muitas mulheres. "Os políticos são sedutores, faz parte do negócio deles. Eles são pessoas de vendas, também", Franck, o programador de sistemas me disse. Um livro que diz tudo, *Sexus Politicus*, sugere que o socialista Lionel Jospin nunca deu o salto de primeiro-ministro para presidente porque ele não era suficientemente sedutor. Os franceses cer-

[14] Requerida; em francês no original. (*N. da T.*)

tamente gostam de dar uma espiada para saber com quem seus líderes estão dormindo. Houve um enorme interesse em 2003 quando um moderador do governo foi investigado por supostamente organizar festas sadomasoquistas com prostitutas. Vários livros de eminentes jornalistas, detalhando os pecadilhos dos políticos e suas amantes, até o que eles pediam ao serviço de quarto, foram por breve tempo o maior assunto de Paris. Mas o interesse nos casos particulares dos políticos tem mais a ver com fofoca do que com escândalo. O boato de que Jacques Chirac teria um filho no Japão (senão, como explicar suas inúmeras viagens para lá?) foi recontado para mim por pessoas ansiosas para provar que são bem informadas, não para mostrar que elas desaprovavam seu comportamento.

A imprensa francesa, que também tem de combater as estritas leis de privacidade, desperta emoções mais fortes apenas quando uma história se desvia do *script* padrão de infidelidade ou quando contém detalhes muito apimentados sobre um caso em especial. O resultado é que a mídia francesa não se interessa tanto por casos banais: há interesse de publicar histórias que possam surpreender o público francês. Mas elas não são oferecidas como contos de moralidade ou contadas como se o herói público tivesse decepcionado os filhos da nação. Não há, certamente, nenhuma sugestão de que o desempenho profissional de um político irá sofrer. O sujeito simplesmente foi pego em uma situação incomum e de interesse jornalístico.

A história de Mitterrand mereceu ser exposta na *Paris-Match* não porque ele tinha tido sexo extraconjugal, mas porque ele tinha uma segunda família. De acordo com o que foi publicado depois de sua morte, enquanto foi presidente, Mitterrand passou pelo menos tantas noites com sua amante, Anne Pingeot, uma curadora do Museu d'Orsay, quanto com sua esposa.

Ele instalou Anne e Mazarine em um apartamento do governo e usou os serviços de segurança do Estado para protegê-las. Pingeot era mais como uma segunda esposa, algo que foge do *script* até mesmo para presidentes franceses.

No verão de 2005, a mídia francesa se interessou por uma outra história fora do *script*: os problemas conjugais de Nicolas Sarkozy, que era então ministro do Interior e que veio a ser eleito presidente em maio de 2007. Embora Sarkozy e sua esposa, Cécilia, certamente não fossem o único casal da política com um casamento tumultuado, certos elementos de sua história fizeram que isso valesse ser noticiado.

Nicolas Sarkozy, 50 anos, é um antigo protegido de Jacques Chirac, que ele sucedeu como presidente. Como funcionário do partido há 25 anos, ele transformou o que deveria ser um discurso de cinco minutos na convenção do partido numa inspirada peça oratória de vinte minutos que o fez despontar como uma estrela política. O atarracado filho de cabelos castanhos de um imigrante húngaro, "Sarko" esteve à frente de vários ministérios e nunca fez segredo de que queria ser presidente. Sua maneira direta e ambição óbvia deu a ele a reputação de ser um político do "estilo norte-americano".

Em 1996, ele se casou com sua segunda mulher, Cécilia, 48, uma antiga modelo e filha de um pai imigrante russo e de uma mãe espanhola. Alta e glamorosa, Cécilia emergiu como a principal conselheira de Sarkozy e companhia constante. À medida que a estrela de Sarkozy subia, ele não fazia segredo de sua dependência do conselho de sua mulher, que tinha seu próprio escritório ao lado do dele. Uma conselheira do governo que ia às reuniões com eles me disse que Sarkozy olhava para o rosto de Cécilia pedindo aprovação enquanto falava. O casamento deles se tornou parte de sua imagem pública. Num gesto incomum, ele aceitou posar para a *Paris-Match* em sua caminhada matinal com Cécilia e com seu filho mais novo, Louis, chutando uma bola em volta deles. Esta foto deu origem a charges em que o casal era comparado aos Kennedy.

Como Sarkozy tornou sua vida conjugal pública, parte da imprensa francesa sentiu que era um jogo justo mostrar, em maio de 2005, que Cécilia não estava mais onipresente a seu lado. Sarkozy admitiu para um entrevistador de TV francês que o casal estava passando por alguns problemas. Circularam rumores de que Cécilia estava tendo um caso e então um parente confirmou que o casal tinha se separado. Então, em agosto de 2005, a *Paris-Match* publicou as fotografias de Cécilia acompanhada de Richard Attias, 49, o chefe de uma empresa de planejamento de eventos francesa, que tinha dirigido diretamente a "coroação" de Sarkozy como chefe de partido. Em uma das fotos, Attias e Cécilia estão no extremo leste de Manhattan estudando o que parece ser um projeto de um apartamento. Em outra, eles estão de mãos dadas numa mesa externa do L'Esplanade, no centro de Paris, lugar certo para encontrar jornalistas e políticos, perto da Assembleia Nacional. É um lugar muito público, onde as pessoas vão quando têm algo a mostrar. A manchete diz "Cécilia Sarkozy: a hora da escolha".

Cécilia estava fugindo do roteiro. Que tipo de esposa de político pula do barco antes de seu marido experimentar a presidência? E por que ela estava ostentando seu novo relacionamento no L'Esplanade? Ela estava realmente querendo sacrificar sua chance de ser primeira-dama por aquilo que parecia ser amor? Paris estava em polvorosa. Será que todo o caso era um grande golpe publicitário?

Um marido enganado, e possivelmente abandonado, era algo fora do *script* também. Uma semana depois das fotos aparecerem na *Paris-Match*, outro jornal publicou fotos de um Nicolas com aparência triste com a manchete "Sucumbido pela crise no casamento". Relatos afirmavam que ele tinha perdido peso.

A maior parte da matéria não se incomodava nem mesmo em mencionar a história de infidelidade por trás do casamento de Sarkozy, que até então era sussurrada entre os entendidos. De acordo com essa fofoca, Sarkozy se apaixonou por Cécilia em 1984, quando ele celebrou o casamento civil no primeiro casamento dela com seu primeiro marido, Jacques Martin, um apresentador de televisão. Na época, Sarkozy era prefeito do requintado subúrbio de Paris, Neuilly-sur-Seine, e estava casado com sua primeira mulher, com quem tinha dois filhos crescidos.

Sarkozy aparentemente não se tornou magicamente monogâmico depois que se casou com Cécilia também. "Todo mundo sabe que ele mesmo estava tendo muitos casos", o conselheiro do governo me disse. A diferença é que em relação a "todas as outras esposas — Sra. Chirac, Sra. Mitterrand, Sra. Giscard d'Estaing — os maridos tinham casos e elas ficavam". Propagava-se que uma das conquistas anteriores de Sarkozy tinha sido a jovem filha de Jacques Chirac, outra fonte de tensão entre os dois rivais políticos.

De acordo com as fofocas em Paris, Cécilia se apaixonou por Attias depois que colidiu com os outros conselheiros de Sarkozy sobre sua estratégia presidencial. *Le Nouvel Observateur* posteriormente relatou que no momento em que Cécilia estava se sentindo politicamente marginalizada, uma carta anônima chegou, com uma lista de "encontros, nomes e lugares" das conquistas extraconjugais de Sarkozy. "Em tempos normais Cécilia sem dúvida teria jogado a carta no lixo", e considerado conspiração contra seu marido, disse a revista. Em vez disso aparentemente isso abasteceu sua insatisfação. Logo depois ela disse a um entrevistador que não se ajustava ao "molde" de primeira-dama. "Não sou politicamente correta. Ando por aí com jeans, calças folgadas e botas de *cowboy*", ela disse. Ela logo partiu de Paris para encontrar Attias numa conferência que ele havia organizado em Petra, Jordânia, que tinha Bill Clinton entre os participantes. Depois, seguiu com Attias para Nova York.

Em Paris, Sarkozy começou a tentar deixar Cécilia enciumada. Uma de suas conquistas conhecidas foi uma atraente jornalista do jornal *Le Figaro*, que tinha publicado uma biografia crítica de Jacques Chirac. Os dois foram vistos fazendo compras no supermercado e Sarkozy a apresentou para seu círculo íntimo de amigos.

Mas este era apenas um lado da história, talvez porque fosse tão previsível. O drama real para a mídia francesa foi a inesperada escolha de vida de Cécilia. Nenhum dos jornais franceses moralizou sobre os namoradores. Na verdade, em vez de emitir uma desculpa no estilo norte-americano, Sarkozy disse à imprensa para se retirar e fez com que um editor francês transformasse em massa de papel uma biografia de sua mulher em andamento, que apropriadamente se chamava *Cécilia Sarkozy: Entre o coração e a razão*. Segundo notícias ele ameaçou processar um jornal francês que publicou o nome da jornalista do *Figaro*. O diretor de redação da *Paris-Match* foi forçado a se demitir por causa das fotos de Cécilia com Attias.

Por volta de janeiro o público francês ficou sabendo que os Sarkozy tinham se reconciliado quando o casal fez uma aparição de 15 minutos no L'Esplanade, onde as câmeras de televisão estavam esperando. No final do verão, os dois estavam posando de braço dado numa praia em Chipre. *Gala*, outra popular revista francesa, publicou fotos deles descansando debaixo de uma árvore no Marrocos sob a manchete "O verão do perdão". A matéria contava como Sarkozy tinha voado "incógnito" para Nova York para convencer Cécilia a voltar com ele. *Le Nouvel Observateur* especulou que a partida de Cécilia tinha sido resultado de uma "crise retrógrada de adolescência". Este final feliz pôs os Sarkozy de volta ao *script* como apenas outro casal político que, presumia-se, pode ocasionalmente enganar um ao outro.

Isto não durou muito tempo. Cécilia sumiu das vistas durante o final da campanha presidencial de seu marido em 2007 e, segundo notícias, não apareceu para votar. Ela era uma primeira-dama evasiva, deixando Nicolas sozinho com muitas funções de Estado. Cinco meses depois de Nicolas assumir, um porta-voz presidencial confirmou o que praticamente todo mundo já sabia: o casal tinha se divorciado. Em uma entrevista para um jornal francês logo depois do anúncio, Cécilia reconheceu que tinha tido um caso e que apelou para o bom senso sobre seu divórcio. "O que aconteceu comigo acontece com milhares de pessoas: um dia você não tem mais seu lugar no casal. O casal não é mais a coisa essencial de sua vida."

O *script* sexual que Cécilia rompeu foi seguido quase ao pé da letra por sua predecessora como primeira-dama, Bernadette Chirac. Diferente de Cécilia, Bernadette vem de uma família francesa aristocrática e é praticamente duas gerações mais velha. Mas como sinal de que até mesmo a aristocracia francesa está mudando, conhecemos o ponto de vista de Bernadette sobre sexo extraconjugal a partir de suas próprias memórias.

No outono de 2001, um ano antes das eleições presidenciais nas quais Chirac buscaria um segundo mandato, seu antigo motorista publicou um livro contando tudo em detalhes sobre os casos do presidente com as funcionárias do partido, atrizes e secretárias. De acordo com o motorista, que Chirac havia demitido havia pouco tempo, o presidente era conhecido pela velocidade de seus encontros ("três minutos, com o banho posterior incluído", os membros de sua equipe brincavam). O motorista escreveu que Chirac aparentemente invejava a reputação sexual de Mitterrand e levou para a cama toda mulher que o presidente morto havia seduzido. Bernadette, o motorista escreveu, era uma mulher ciumenta que esperava na janela seu marido chegar em casa.

Os organizadores da campanha de Chirac estavam aparentemente preocupados que os detalhes sobre a vida particular do presidente viessem a prejudicar sua eleição. Eles também planejavam conquistar a extrema-direita com a religiosidade de Bernadette e sua oposição ao aborto. Assim, antes de o livro do motorista ser lançado, a primeira-dama da França publicou *Conversation* [*Conversa*], uma extensa entrevista de 228 páginas. Nela Bernadette admite que a infidelidade de seu marido a magoou e que ela considerava deixá-lo por isso. Mas numa jogada política de reversão, muito francesa, ela não exatamente o culpou por fazer parte do jogo. "Ele é um homem bonito e também muito sedutor, muito animado. Então as moças ficam loucas com isso... Mas sim, é claro que eu era ciumenta... A sorte de meu marido é que eu era uma moça muito razoável, eu acredito. Mas eu ficava enciumada às vezes. Muito! Ele era um jovem muito bonito. E ele também tinha a mágica das palavras. As mulheres são muito sensíveis a isto... Pode-se encontrar isso em todas as profissões. Um grande cirurgião, um grande médico, um ministro. É humano. Mas ainda se deve resistir."

Ela também pintou a infidelidade como um dos problemas normais num relacionamento de muitos anos. "A vida não é um longo rio tranquilo", ela diz. "Mesmo assim, quando alguém decide construir um lar juntos, acredito que o resultado é inabalável. Na minha opinião, esta é a beleza do casamento.

"A convenção diz que neste tipo de situação um deve sustentar uma fachada e um sofre os golpes... Como para minhas cunhadas, minha sogra me disse quando eu me casei: 'Acima de tudo, nenhum divórcio nesta família'."

Embora o *Conversa* tenha sido publicado quatro anos antes do caso Sarkozy, pareceu ajudar mulheres como Cécilia. "Ultimamente há algo que me arrepia. É o número de mulheres casadas que encontram outro homem em seu local de trabalho. De repente, o marido tem todos os defeitos do mundo e *voilá*, adeus, elas vão embora... Acho este um fenômeno extraordinário. Não estou fazendo um julgamento de valores, é apenas uma observação."

"Você precisa ter coragem de dizer: 'Há períodos ruins.' Que vida não os tem?... De qualquer modo, eu sempre avisei [Chirac]: 'O dia em que Napoleão abandonou Josephine, ele perdeu tudo'."

Apesar de seu apego aos valores tradicionais, o relato confessional de Bernadette obteve sucesso ao vencer o jogo da mídia moderna. *Conversa* vendeu 200 mil exemplares no primeiro mês. O editor do livro explicou ao *Le Monde* que "são interessantes os livros sobre círculos internos, dos corredores, os que vão nos bastidores". E o presidente Chirac, é claro, conquistou um segundo mandato.

Há algo verdadeiro sobre o clichê estrangeiro que diz que os homens franceses como Chirac veem com certa leveza o adultério, que eles o entendem como um dos prazeres da vida, como o *crème brûlée*. Quando os franceses têm casos, eles fazem um trabalho melhor do que os norte-americanos desfrutando-os. E eles não perseguem o ideal norte-americano de total sinceridade dentro do casamento.

Mas, num outro sentido, a maior parte do povo francês não vive seus estereótipos. Mostra-se que a vasta maioria deles — os que não são presidentes — acreditam em fidelidade. Eles não cometem adultério excessivamente. Porém, há um país não muito distante onde uma grande fatia da população faz exatamente isso e absolutamente não se sente culpada. Ele se chama Rússia.

SEIS

O CASO OBRIGATÓRIO

ESTOU TÃO ACOSTUMADA com o povo francês se esquivando quando menciono casos extraconjugais que, quando chego em Moscou, fico relutante em investigar o assunto diretamente. Em vez disso, durante uma entrevista com uma psicóloga de família em um de meus primeiros dias lá, começo dizendo que estou pesquisando o "casamento" e aos poucos admito que estou mais interessada em casos amorosos.

Percebo rapidamente que minha timidez era um desperdício. A psicóloga se anima com a simples menção de infidelidade.

"Hoje em dia é uma necessidade este tipo de relacionamento. É obrigatório", ela diz com um ar repentino de autoridade.

Ela está brincando? Tenho certeza que devemos ter entendido mal uma à outra, então pela intérprete pergunto se ela quer dizer que os *casos extraconjugais* são obrigatórios?

A psicóloga não vacila. "Eu acho que é sábio", ela diz. Para provar seu ponto de vista, ela me conta que ela mesma teve vários casos extraconjugais durante seu casamento de 15 anos, embora ultimamente as obrigações de trabalho a tenham feito reduzi-los. Ela pede que eu, por favor, cite seu nome inteiro — Svetlana Artemova — que ela escreve em meu bloco de anotações para garantir que eu reproduza corretamente.

Já tinha ouvido terapeutas afirmarem que casos podem fortalecer um relacionamento, mas nunca ouvi um deles insistir que o sexo extraconjugal é um ingrediente essencial de um casamento feliz; que casos são *obrigatórios*. Poderia ser a visão radical de uma terapeuta russa? Minha intérprete, Anna, insiste que Artemova é uma psicóloga respeitada com uma grande prática. Anna, que é divorciada e tem um filho crescido, acrescenta que ela concorda com a avaliação de Artemova e não acha isso surpreendente.

***

Moscou parece um cenário para todos os tipos de transgressões. Primeiro há a iluminação de filme *noir*. Em novembro, já está tão escuro que o flash de minha câmera dispara no meio do dia. A noite é ainda mais tímida: quiosques vendendo todo tipo de bebida fornecem a única iluminação às ruas residenciais.

Depois de apenas um dia ou dois viajando por ali para fazer as entrevistas, tenho o sentimento horripilante de que muitas pessoas estão na busca de um parceiro sexual, até mesmo por pequenas quantias em dinheiro. Não duvido que, como estrangeira, eu seja um alvo fácil. Mas nunca vi um oportunismo tão sem remorso. As mulheres que vendem bilhetes no metrô sempre me dão troco de menos e então simplesmente encolhem os ombros e me dão a diferença quando eu faço um rebuliço. Um motorista de táxi oficial me diz que vai custar 15 dólares para ir até o hotel, depois se recusa a renegociar e sabota minha bagagem em seu porta-malas quando vemos que o hotel é quatro quarteirões mais longe.

Todo mundo é um empresário. Para chamar um táxi não oficial, eu simplesmente levanto o braço e motoristas comuns param para negociar um preço. É melhor pôr o cinto de segurança, porém. O trânsito é tão ameaçador que os pedestres correm pelos grandes cruzamentos mesmo quando o sinal indica que é a vez deles. As calçadas não são muito seguras. Grupos de jovens bêbados perambulam pela noite e de manhã passo por homens com ferimentos recentes no rosto, provavelmente de rixas ou quedas embriagadas na noite anterior. Eu olho, mas ninguém mais olha duas vezes.

Há uma boa razão para o humor desesperado. A maioria dos moscovitas ganha o equivalente a apenas poucas centenas de dólares por mês, e Moscou é tão cara que eu mesma opto por ficar num albergue da juventude. A bebida é uma grande assassina e grande é a insalubridade. Um amigo que trabalhou para uma empresa legal em Moscou me diz que a recepcionista mantém um kit para ataque cardíaco em sua mesa. E então há os perigos externos: um inglês me conta que logo depois que ele chegou, o proprietário parou para lhe oferecer "proteção".

Moscou tem uma nova classe média, mas apenas uma lasca da população faz parte dela. Os médicos e professores universitários me dizem que eles não são "classe média", já que não têm dinheiro para comprar um carro ou frequentar restaurantes e vivem em apartamentos pequenos com suas esposas, filhos e parentes da esposa. E eles não esperam que suas situações melhorem da forma como poderiam nos Estados Unidos. Como em tempos soviéticos, a maioria das pessoas na "nova Rússia" vive no mesmo apartamento durante toda a sua vida adulta.

Contra este fundo deserto, não é surpreendente que os russos tenham mais casos extraconjugais para alegrá-los. Mas eu ainda estou chocada que eles tenham tantos. Nunca houve um estudo sexual confiável da nação inteira, mas a pesquisa de opinião de 1996 em São Petersburgo concluiu que cerca da metade dos homens e um quarto das mulheres tinha tido um caso durante seu casamento atual. Isto significa que o tempo de duração dos casos amorosos — o que incluiria os casamentos passados, também — é até mais alto. Os russos urbanos parecem ser mais adúlteros que as pessoas de qualquer outro lugar do mundo industrializado.

Ou pelo menos eles alegam ser. A sanção social sobre casos é tão fraca na Rússia que eu tenho um palpite de que os homens que não traem poderiam dizer que o fazem, para melhorar sua reputação. Numa pesquisa de atitudes feita em 1994, quase 40% dos russos disseram que os casos "não eram absolutamente" errados nem "às vezes" errados — comparados com os 6% dos norte-americanos que responderam da mesma forma. De fato, os russos aprovaram a infidelidade mais do que as pessoas em qualquer um dos 12 países no estudo feito. É o primeiro lugar que visitei onde as pessoas se vangloriam de serem infiéis.

Será que tanta traição, real ou imaginária, é um problema para os russos? Eles estariam melhor se não pulassem a cerca com a mulher do vizinho? Cheguei ao presumido epicentro do sexo extraconjugal do mundo industrial para descobrir por que os russos cometem tanto adultério e se isso funciona para eles.

***

Quando pergunto sobre sexo em tempos soviéticos, os russos quase sempre recitam a piada nacional: "Não havia sexo na União Soviética." Na década de 1930 e de 1940 o governo de Stalin baniu a educação sexual e tornou praticamente impossível para qualquer um, mesmo para ginecologistas, conseguir livros sobre o tema. Nos órgãos públicos não se cogitava qualquer discussão aberta sobre sexo e os cientistas não precisavam nem pensar em propor pesquisas nessa área. As escolas ensinavam as virtudes da amizade pura e incitavam os cidadãos a canalizar sua energia sexual na construção do Estado. O sexólogo Igor Kon diz que o governo se sentia ameaçado pelo sexo porque era um dos poucos domínios fora de seu controle. "O que acarreta perigo para o totalitarismo não é tanto o sexo fisiológico elementar quanto o amor apaixonado individual", Kon escreve em seu livro *The Sexual Revolution in Russia* [Revolução sexual na Rússia].

É claro, havia um grande hiato entre a retórica oficial e o modo de as pessoas realmente se comportarem. Comunistas de alto nível gastavam fundos do Estado mantendo suas amantes, procurando pornografia ocidental proibida e promovendo orgias ocasionais. Um ministro da Cultura que serviu sob Nikita Kruchev foi pego mantendo um harém de jovens atrizes. Quando o futuro líder soviético Leonid Brejnev foi designado para ocupar um posto no Cazaquistão, no início de sua carreira, ele aparentemente levou várias amantes com ele.

Por volta de 1960, ninguém que desconfiasse da traição de um cônjuge poderia levá-lo ou levá-la para uma festa do partido comunista local. O partido convocava uma reunião, e qualquer um considerado "culpado" de adultério poderia ser expulso e perder qualquer possibilidade de até mesmo conseguir um emprego melhor. Funcionários do partido toleravam algumas discussões científicas sobre sexo, dependendo de seu humor. Kon se lembra de uma ocasião em que um de seus estudantes universitários buscava aprovação para fazer uma pesquisa de opinião sobre comportamento sexual da juventude. O chefe local do partido o proibia de incluir a pergunta "Quantos parceiros sexuais você já teve?". O chefe perguntou: "O que isso significa? Pessoalmente, eu estou vivendo com minha mulher." Mas Kon diz que todo mundo sabia que o homem também estava vivendo com inúmeras dançarinas de balé do Teatro Kirov.

Há muitos impedimentos práticos para a traição. As mulheres adúlteras arriscam ficar grávidas e ter de sofrer por causa de um aborto, que era a principal forma de controle de natalidade. Mas as pessoas mais velhas me dizem que o problema maior era simplesmente achar um lugar para encontrar seus amantes. Não era permitido a pessoas solteiras alugar quartos em um hotel, principalmente não em suas próprias cidades, e a polícia patrulhava os parques públicos. O lar estava fora de questão: além das crianças e da família do cônjuge, várias pessoas viviam em apartamentos comunitários onde partilhavam a cozinha e os banheiros com outras famílias. "Nascemos no corredor, fazemos amor no corredor e morremos no corredor", um escultor de Moscou contou ao escritor Mark Popovsky na década de 1970.

E ainda, os russos percorriam grandes extensões para desfrutar um pouco de liberdade do controle quase total do partido e da maçada da vida diária. O trem expresso Moscou–São Petersburgo era apelidado de "hotel sobre rodas" porque os casais podiam alugar cabines privativas. Amigos trocavam entre si a chave dos apartamentos. Marian, uma dentista de 64 anos que mora em Moscou, não parece muito com uma dissidente. Ela ainda anseia pela segurança no emprego que teve nos tempos soviéticos. Mas na década de 1980 ela teve um caso de muitos anos com um agente do KGB, arriscando tanto seu emprego como seu casamento. Eles se encontravam geralmente no apartamento de uma das melhores amigas de Marian, que costumava estar fora durante o dia.

Por que ela se arriscava assim?

"Talvez porque isso era uma ofensa tão grande", ela me diz. Outras pessoas que ela conheceu também estavam fazendo a mesma coisa. Ela tinha se encontrado com eles e com seus amantes nos lugares informais onde os artistas se reúnem, que eram considerados locais seguros. "Eu sabia de muitas pessoas realmente, mas não se falava sobre isso", ela diz. "Veja bem, a palavra 'sexo' soava como prostituição. Mas a ideia de sexo era muito difundida."

Artyom Troitsky, editor da edição russa da *Playboy*, coloca essa ideia com mais precisão. "Sexo era a última coisa que eles não podiam tirar de nós e esta é a razão pela qual nós fazíamos tanto. Todo mundo tinha casos com todo mundo. Moscou era a cidade mais erótica do mundo", ele disse a Derk Sauer, um magnata da mídia holandesa e colunista que mora em Moscou.

Os cidadãos soviéticos também estavam acostumados a mentir. "Nós fingimos que trabalhamos e eles fingem que nos pagam", era o slogan não oficial. As mentiras eram tão importantes para a sobrevivência que eles acabavam achando que eram uma coisa boa, sem nenhum peso moral. O sexólogo Sergei Agarkov, também citado por Sauer, explica: "Nós na Rússia estamos acostumados a trair uns aos outros. O sistema comunista cuidou disso. O Estado enganava o cidadão. Não me admira que os homens e as mulheres enganassem uns aos outros." Como o governo soviético reprimia a religião, as igrejas não podiam oferecer uma visão oposta.

Muitas pessoas realmente seguiam as ordens puritanas do governo. Em meados dos anos 1970, o sexólogo Lev Sheglov viajou por toda a União Soviética em um circuito de palestras patrocinado pelo governo. Ele falou sobre sexo sob o disfarce de programas com títulos como "Os problemas e o potencial da família contemporânea" e "Harmonia entre esposos". Encontro Sheglov em seu confortável apartamento de São Petersburgo, onde ele agora é diretor do respeitado Instituto de Sexologia e Psicologia. "Nos anos 1960 não teria sido possível, mas em meados dos anos 1970 o regime estava calcificando. Eu não tinha mais vontade nenhuma", ele me diz. Os auditórios, fábricas e "centros de cultura" locais, ele diz, ficavam lotados. "Esta era a única maneira de obter informação sobre sexo. Era um assunto exótico na época", ele lembra.

Sheglov sempre teve o cuidado de não comparar a Rússia com o Ocidente em suas palestras, ou se referir ao sexo fora da unidade da família. Às vezes, havia informantes do governo na multidão. Mesmo assim, eram noites divertidas. Umas poucas pessoas idosas de vez em quando se levantavam e gritavam com ele por ser moralmente depravado. O resto do tempo, em geral metade da plateia dava risada como crianças de escola enquanto os outros olhavam extasiados, esperando para ver o que ele diria em seguida. Sheglov lembra de uma mulher numa cidade provinciana que contou ter levado o namorado para a polícia depois que ele pediu a ela felação. Ela queria saber se Sheglov pensava que ela havia feito a coisa certa.

"Tentei explicar que ela poderia arruinar a vida daquele homem", ele lembra, acrescentando: "Eu compreendo que a sociedade na qual eles cresceram os fizera desta forma. Você não pode simplesmente menosprezar esta mulher e considerá-la tola."

***

Quando a União Soviética caiu em 1991, o sexo saiu do armário ruidosamente. A Rússia mudou de um lugar onde os cidadãos mal podiam falar sobre sexo para um onde sexo era uma mercadoria. De repente os russos podiam ver toda a pornografia que queriam, alugar quartos em hotéis impunemente, e achar prostitutas nos anúncios de jornais. Não havia nenhuma discussão nacional inteligente sobre sexualidade, nem havia educação sexual nas escolas. Mas as possibilidades para o sexo estavam em todo lugar.

Muitas pessoas tiveram problemas para se adaptar. Em 1992, quando uma das primeira novelas russas foi ao ar, a atriz principal se recusou a dizer a frase "Quero ir para a cama com você". A cena teve de ser reescrita. No mesmo programa, um ator ficou tão enfurecido porque seu personagem precisava ter um caso extraconjugal que ele mesmo quis eliminar seu personagem por meio de um acidente de carro. No último minuto, porém, ele considerou seu salário e decidiu ficar no programa.

As regras sociais mudaram rapidamente. Os relacionamentos sexuais, que eram um modo de escapar da vida real, se tornaram um dos modos mais rápidos para as jovens mulheres ganharem mobilidade ascendente. As pessoas que viveram este período me contam que em questão de poucos anos, ou talvez de apenas alguns meses, tornou-se aceitável que as de 19 anos de idade fossem vistas nos braços de homens muitas décadas mais velhos. Talvez nem todos os russos quisessem que suas próprias filhas fizessem isso, mas era difícil lutar com a nova lógica capitalista. A porcentagem de divórcios elevou-se às alturas pois as pessoas saíam dos casamentos aos quais tinham estado presas desde seus vinte e poucos anos.

Com as russas de repente livres para emigrar, os homens estrangeiros ofereciam outra rota para a prosperidade. O amor era opcional. Um norte-americano que ensinava inglês em Moscou me conta que durante uma apresentação na classe uma jovem contou como sua amiga, Maria, casou-se com um homem norte-americano, teve um filho com ele, e acabou se divorciando. Maria agora vive nos Estados Unidos, recebendo pensão e apoio à criança, pagos por seu ex-marido. No debate que se seguiu, as colegas da moça que contou a história elogiaram Maria por sua "coragem" e criticaram o marido norte-americano por se deixar enganar.

Nesta sociedade renascida, juntar-se à nova classe média ou ser deixado para trás dependia em parte da sorte. As pessoas que viviam no centro de Moscou de repente se tornaram proprietárias de um grande patrimônio. Outros arrebataram os espólios de empresas privadas e de indústrias estatais. Aqueles que abocanhavam mais, muitas vezes por meio de transações ilegais, davam o exemplo para todos os outros. Estes "oligarcas", que estavam ressentidos mas admirados, abandonaram suas esposas da era soviética e pegaram moças mais jovens ou formaram haréns de lindas prostitutas. Seus bacanais nos balneários rapidamente passaram a lenda urbana.

Nem todo mundo podia ir para a cama com um oligarca, mas abaixo na hierarquia havia donos de restaurantes, executivos da propaganda, construtores e empregados de empresas de telefonia celular que ofereciam um atalho para uma boa vida às jovens mulheres de rostos viçosos. Encontrei algumas destas mulheres, umas com traços mais perfeitos que as outras. Muitas começavam como secretárias (os anúncios de busca por secretárias muitas vezes especificam que as candidatas devem ser atraentes). A mais bonita de todas é Elena, uma graciosa moça de 28 anos com pele lisa e felinos olhos azuis. Em 1992, quando ela tinha 16, partiu da cidade provinciana onde cresceu e foi morar com sua tia que vivia nos arredores de São Petersburgo. Logo arrumou trabalho como secretária em uma empresa de equipamentos de informática e não demorou muito para que o dono, que tinha 40 anos, lhe desse viagens de trabalho e se oferecesse para alugar para ela o apartamento que ele tinha na cidade.

Quando ele propôs que morassem juntos, a única pequena falha no projeto era a esposa dele e um filho de 16 anos. Sua esposa tinha ficado paralisada da cintura para baixo num acidente, então, naturalmente, explica Elena, ele estava planejando deixá-la finalmente. Mas Elena insistiu que ele acelerasse o processo, já que ela não era o tipo de moça que moraria com um homem casado. Além disso, Elena estava grávida.

"Foi uma situação muito trágica", ela me diz agora, parecendo magnificamente saudosa. "Não quero parecer uma má pessoa... Obviamente eu fiquei muito chateada. Eu sentia por aquela mulher. Tenho senso de solidariedade feminina." Seus impulsos feministas não combinavam com a economia da nova Rússia. O proprietário largou sua esposa deficiente e se casou com Elena.

O dinheiro é o grande divisor de águas na nova Rússia. Como Emil Draitser observa em seu livro *Making War, Not Love* [Faça guerra, não amor], as piadas sobre adultério na década de 1990 mostram maridos infelizes que se sentiam impotentes para impedir as esposas de enganá-los com homens ricos.

Um homem vai ao médico:
— Doutor, sabe, toda vez que eu pego minha mulher com um amante eu tomo uma xícara de café.
— Então qual é a pergunta que você quer me fazer?
— Acho que eu estou tomando muita cafeína.

Em outra, o marido está infeliz da mesma forma:

— Você imagina? Volto para casa do trabalho à noite e pego minha mulher na cama com algum sueco.
— E o que você diz a ele?
— O que eu posso dizer a ele? Eu não falo sueco.

A obsessão dos russos com sexo e dinheiro, combinada com a escassez de dados seguros sobre sexo, talvez tenha levado inevitavelmente à criação do Institute of Soitology, dedicado aos aspectos culturais da sexualidade, em São Petersburgo. Material promocional afirma que a pesquisa sexual realizada pela instituição é baseada no "conhecimento patrimonial do *coitis* eslovaco" (o nome é derivado da palavra russa para coito). Por e-mail, a diretora, uma antiga filósofa chamada Neonilla Samukhina, me assegura que os casos amorosos são uma área na qual ela é especialista.

Foram necessárias muitas semanas e muitos e-mails para marcar um encontro, mas, quando eu chego, toda a operação parece estar contida numa sala com luz fluorescente. Samukhina, uma mulher atarracada com muita maquiagem, e o sexólogo residente, um homem de aparência dura, magro, com um terno preto, estão sentados atrás de uma longa mesa decorada com pequenas estátuas da fertilidade. Na parede está o que parece ser uma pintura a óleo abstrata, mas, olhando mais de perto, parece se tornar uma figura tridimensional da vagina.

Depois de quase duas horas de conversa, eu ainda não tenho ideia do que o instituto faz. Sua missão geral parece ser fazer os russos levarem o sexo mais a sério, sem "risinhos contidos" e "vendo o sexo como um fenômeno cultural". Samukhina descreve os vários departamentos do instituto, a maioria dos quais ela chefia. A divisão de publicações é particularmente curiosa: ela me dá um enorme livro de capa dura que eles publicaram, com fotos de casais nus bronzeados fazendo sexo em vários cenários naturais. (Os títulos dos capítulos incluem "No chão", "Na floresta" e "Na praia".) As legendas descrevem a ação em termos de tirar o fôlego.

A atividade mais promissora do instituto é na área de "aconselhamento". Samukhina pretende que a instituição preste consultoria para as empresas, tratando do tema do assédio sexual. Mas não se trata de treinar gerentes para que não molestem suas funcionárias — é para alertar as secretárias para o fato de que elas podem, eventualmente, ser chamadas para oferecer "serviços sexuais". Seu conselho é que, se não quiserem dormir com o patrão, elas deveriam deixar a empresa, porque não têm nenhuma proteção legal.

A expertise de Samukhina em casos amorosos revela-se ser bem superficial. Sua hipótese principal é que trair não diz respeito apenas a sexo mas aponta para problemas mais profundos num relacionamento. "Em russo há uma expressão: 'Quando as coisas estão boas, você não procura algo melhor'", ela diz.

***

Uma razão para o elevado índice de adultério na Rússia é o número reduzido de homens. Desde a década de 1980, a expectativa de vida média para os homens russos caiu de 65 anos para 58. Eles morrem em decorrência de problemas com o alcoolismo, fumo, acidentes de trabalho e no trânsito. Na época em que homens e mulheres atingem os 65 há apenas 46 russos para cada 100 mulheres (comparados com os 72 homens para cada 100 mulheres da mesma idade nos Estados Unidos).

Esta tendência demográfica contagia o romance. Em Moscou almocei com uma mulher abastada e solteira nos seus 40 anos, que me diz que se não saísse com homens casados, não teria com quem namorar. De fato, ela não conhece nenhuma mulher solteira que não namore homens casados. E nenhuma delas tenta esconder isso. Para as mulheres russas nos seus 30 e 40 anos, sem falar nas mais velhas, um homem que não é casado ou bêbado é tão raro quanto um ovo Fabergé.[15]

Os homens se aproveitam dessa vantagem demográfica. Um psicólogo chamado Alexei Zinger explica como funciona: "Num sábado à noite ele não pode vir para casa. Ele diz para a esposa: 'Não me telefone, vou sair com os amigos. Se você telefonar, vai nos atrapalhar.'" Nos Estados Unidos isto seria razão para ligações obsessivas para o celular do marido ou para se contratar um detetive para localizá-lo. De acordo com Zinger, porém, as mulheres russas "precisam aceitar este comportamento, porque ele as alimenta, alimenta seus filhos, todo mundo. Ela precisa de um homem forte, mas um homem forte pode sair uma ou duas noites".

A realidade disto me atinge numa ocasião em que tenho uma entrevista com uma socióloga em seu apartamento em Moscou, mas acabo passando mais tempo conversando com sua encanta-

[15] Peter Carl Fabergé (1846-1920): ourives e joalheiro russo, que criou uma série de joias, principalmente uma série de ovos de Páscoa enfeitados com pedras preciosas e esmaltados, para a realeza europeia. (*N. da T.*)

dora filha de 18 anos, Katya. Katya é alta e magra, com um corte de cabelo Chanel e um precoce domínio do inglês. Ela é animada e segura, especialmente ao descrever o que ela quer em um marido: alguém que não beba e não bata nela. Ela diz que terá sorte se encontrar alguém assim. Ela tem poucos anos menos do que a idade de casar. Embora ela tenha "ficado" ocasionalmente, não há nenhuma perspectiva significativa no horizonte. Os garotos da mesma idade são "muito cruéis e eles bebem". Os poucos sérios estão mais concentrados em suas carreiras do que em relacionamentos e há muita competição por eles.

Katya é tão agradável que quero assegurar a ela que o cara certo vai aparecer. Mas, considerando os números, é pouco provável. Mesmo se conseguir encontrar alguém que ela possa tolerar, não dá para esperar fidelidade. "Para mim, é claro que eu gostaria que meu marido fosse fiel e eu farei o mesmo, mas eu não sei, depende da situação. Mas se tivermos um bom relacionamento como parceiros familiares, teremos filhos e, então, se ele tiver alguém fora, eu tiver alguém fora, está tudo bem, porque assim o filho crescerá numa família com o pai e a mãe."

Na outra ponta desta divisa demográfica estão os homens como Sasha, 54 anos. Em um outro contexto Sasha poderia estar em desvantagem competitiva. Ele é baixo, com pernas curtas e empurra uma pança. Como ator com uma empresa teatral em Moscou, ele em geral desempenha o sujeito que anseia pela beleza mas perde a dianteira para os bonitos.

Na vida real, porém, Sasha afirma ser um Lothario.[16] Eu o encontro em seu acanhado camarim duas horas antes de a

---

[16] Lothario, personagem da peça *The Fair Penitent* de Nichola Rowe: um homem que seduz as mulheres. (*N. da T.*)

cortina se abrir. É a noite de estreia de uma peça sobre uma tripulação naufragada numa ilha de mulheres nuas. Quando eu pergunto a ele sobre casos amorosos, seus olhos imediatamente se dirigem ao sofá de couro vermelho no canto. "É estranho, todos aconteceram aqui", ele diz. Devo parecer cética, porque ele se levanta para demonstrar. "Veja, você pode tirar essas almofadas e estender isso..."

A esposa de Sasha trabalhava no departamento de figurino, mas isso não o impediu. Ele me conta que uma vez, chegando a uma reunião, percebeu que tinha dormido com todas as três mulheres que lá estavam. "E então uma quarta entrou!", ele exclama, fazendo grandes gestos teatrais. "É um sentimento maravilhoso, realização — todo mundo é parente!" Seu casamento não era tão maravilhoso. Depois que seu filho nasceu, Sasha queria muito jogar tênis. "Ela dizia: 'Onde você está indo com esta raquete? Eu tenho de ficar aqui com o bebê!'" O casal se divorciou.

Sasha se casou outra vez recentemente. Sua nova esposa é uma dançarina de balé de 20 anos de idade, quase a mesma idade de seu filho. Até agora ele foi fiel a ela, mas isso pode acabar. "Continuo pensando nisso, porque é a natureza masculina", ele me diz. "Pensamos como se a outra fosse diferente, mas é a mesma coisa, realmente." Ele cita o poeta icônico da Rússia, Aleksander Pushkin. Meu intérprete traduz a última frase grosseiramente como "Tudo o que nós queremos é a fruta proibida, sem a qual o paraíso não é paraíso para nós". Sasha sorri travessamente e cita um ditado popular russo, também, que essencialmente reconhece que por causa de sua densidade demográfica extrema, ele nunca tem de crescer. "Um cachorrinho é um filhote até quando fica velho", ele diz.

***

Razões de gênero e economia não são suficientes para explicar a prevalência da infidelidade aqui. Também ajuda que, tal como os franceses, os russos não se sentem mal por mentir. Ainda em Moscou, vejo nas bancas a edição russa da *Cosmopolitan*, a revista mais vendida da Rússia, que publica um manual orientando as mulheres sobre como esconder seus amantes de seus maridos. Um dos conselhos é inventar um passatempo fictício (ele sugere associar-se à não-existente "Sociedade pelo Aquecimento Global"); outro, recomenda mudar para uma lingerie sexy aos poucos, de forma que o marido não fique desconfiado; e "tentar não parecer muito feliz. Se você nunca cantou no chuveiro, não comece agora". Não há menção a nenhuma questão ética. O artigo diz que ter um amante torna as esposas mais magras, mais felizes e mais autoconfiantes.

Hoje em dia os russos têm novas oportunidades de trair. Os casais tiram férias com grupos de amigos em vez de viajar um com o outro. Estes intervalos criam a oportunidade perfeita para os assim chamados casos romanos, onde não se pergunta nada e não se comenta nada dessas escapadas que começam e terminam nas praias egípcias e nas estações de veraneio do mar Negro. Os casos romanos não são escandalosos ou uma indicação de um casamento problemático. Eles são apenas uma forma de descarregar a tensão.

Mas o fator crucial parece ser a crença partilhada de que os homens não conseguem controlar sua libido. Ouvi pessoas em todo o mundo afirmando que os homens (e algumas vezes as mulheres) não são naturalmente monogâmicos. Mas na América do Norte e na Europa, espera-se que haja domínio sobre o impulso. Na Rússia, porém, o instinto poligâmico toma a direção selvagem. As mulheres me dizem que embora prefiram que seus maridos sejam fiéis, elas realmente não esperam fidelidade. E o fato de haver tanta traição parece alimentar a crença de que isso seja incontrolável.

Fico sabendo que fora das grandes cidades da Rússia alguns maridos nem mesmo se preocupam em esconder seus casos. Minha única chance de investigar isto é quando encontro Vladimir, que vem de uma aldeia do interior. Vladimir parece com um idoso homem Marlboro, com ombros largos, bochechas enrugadas e um bigode grisalho. Ele e seus dois filhos passaram as últimas semanas consertando a casa de campo de minha intérprete, Anna. Suas unhas ainda estão sujas quando eu os encontro na estação de trem de Moscou, onde eles aguardam a hora de voltar para casa.

Foi muito por acaso que consegui esta entrevista, e me surpreende como é improvável duas pessoas de mundos tão diferentes se encontrarem para discutir sexo. A conversa começa de maneira desajeitada. Vladimir está bestificado com minhas perguntas. Pego os detalhes básicos: Ele está casado há 37 anos e tem cinco filhos. Então vou direto ao ponto.

"Você tem namorada?"

"Não."

Pausa.

"Você *teve* namorada?"

Outra pausa.

"Sim."

Há um longo silêncio enquanto Vladimir mastiga uma linguiça (Anna havia me dito que ele queria uma garrafa de licor, mas ele simplesmente queria jantar). Eu e ela esperamos até que ele continue a falar.

"Foi na minha aldeia, dez anos atrás. Todo mundo lá sabe. Ela ainda está lá."

Vou resumir: a amante era uma divorciada que fazia a contabilidade da fazenda estatal onde Vladimir era gerente. Eles se encontraram numa festa. Ela era "muito temperamental", uma qualidade que ele admira. Ele afirma que eles faziam sexo na casa dela todo dia. Depois de dois ou três anos ele terminou "calmamente" dizendo a ela para começar a procurar outra pessoa. Ah, e sua esposa supostamente ficou sabendo do caso desde o início.

Os russos, assim como os norte-americanos, parecem acreditar que as pessoas casadas não devem manter segredos uma da outra. Mas enquanto nos Estados Unidos se pressupõe uma abertura emocional inofensiva e intimidade, na Rússia isso muitas vezes significa expor verdades desagradáveis. "Eu disse a ela imediatamente que eu tinha uma mulher, e ela não disse nada. Ela não gostava disso, mas não dizia nada", ele diz. "Por que esconder? Depois ela ficaria sabendo por alguém, o que não é bom. Os problemas seriam maiores."

De acordo com Vladimir, a contadora não foi a primeira. "Eu tive uma amante no Cazaquistão, tive uma amante na Ucrânia", ele diz, agora um pouco mais relaxado. Na verdade, havia muitas mulheres no Cazaquistão, onde ele trabalhou na década de 1980. E pelo jeito, ele não tem apenas cinco filhos. Há também os filhos gêmeos que ele gerou com uma mulher casada lá. Sua mulher sabe disso, mas seus outros filhos, inclusive o filho que está jantando na cafeteria da estação de trem, não têm a menor ideia.

Sua esposa teve um amante também. Vladimir diz que ele a pegou no pulo. "O que está predito pelo destino tem de acontecer", ele explica.

Vladimir chegou mais perto de mim e estamos sorrindo um para o outro. Para minha surpresa, percebo que estamos flertando. Quando ele não mostra seus dentes tortos, ele tem um charme rústico. Os casos são sua forma de relaxar, ele diz. E há uma outra razão para isso: "Quando uma mulher pede, você tem de seguir em frente. Você não pode dizer não." Aparentemente esta é uma citação de uma famosa canção russa. Como ele resumiria seu casamento? "Trinta e sete anos e nenhum problema. Porque uma amante é uma amante e uma esposa é para sempre."

Estou surpresa que Vladimir queira que sua amante seja "temperamental". Quando menciono isto para um homem russo que conheço, ele ri em reconhecimento e diz que ele também gosta de mulheres com "sal". Mulheres agradáveis são muito insípidas. Michele Berdy, uma norte-americana que viveu em Moscou por quase três décadas e escreve uma coluna sobre linguagem para o *Moscou Times*, me diz que ela se divorciou de seu marido russo em parte porque ela não conseguia atender a suas exigências de confrontações dramáticas. "A vida emocional com muitos altos e baixos é considerada uma coisa boa... Eles gostam de se sentir loucos", ela diz. "Eles querem que você fique furiosa e diga: 'Saia do meu apartamento!' Eles querem que você dê ultimatos. Eles querem drama. E eles querem que você os mantenha na linha."

Nenhum russo me disse que eles traem para criar drama. Eles dizem que anseiam por romances de disparar o coração e do tipo "rasgue minhas roupas". Contaram-me sobre um homem que deixou uma árvore inteira de lilases na porta da casa de uma mulher que ele estava cortejando. Dada a cruel realidade da vida na Rússia, esta paixão de conto de fadas poderia se sustentar apenas em casos extraconjugais. "Na Rússia eles dizem: 'Um bom caso de amor torna uma família mais sólida'", ensina Nicolas, um vendedor de pinturas de Saransk que está com vinte e tantos anos. "Quer dizer que novos relacionamentos dissolvem todos os problemas dentro de uma família. Depois que passa um tempo com outra mulher, você se sente culpado diante de sua esposa e começa a tratá-la melhor. Às vezes eu sinto falta dela e quero voltar para casa, para minha mulher."

Diferente do povo francês com quem conversei, os russos não ficavam imaginando que estavam autorizados a um reino particular onde poderiam fazer o que quisessem enquanto seus maridos ou esposas não descobrissem. Na Rússia, faz parte do *script* ser descoberto e todo o drama resultante. Somente lá e nos Estados Unidos os homens me disseram que confessavam sua infidelidade para as esposas porque eles não conseguiam suportar mais. Isto tinha o benefício adicional de levar o *script* ao ponto da confrontação. Mas ao contrário dos confessores nos Estados Unidos, os da Rússia normalmente não arriscam perder seus casamentos ou passar anos nas terríveis "conversas chorosas". Na verdade, ao incitar o drama, eles poderiam apimentar seus casamentos. Quaisquer promessas de se tornar monogâmico são provavelmente apenas efeito dramático. Depois que Nicolas confessou à sua esposa, ele quis ver suas namoradas de vez em quando. "A maior traição é a traição da alma, não do corpo", ele explica. Imagine toda uma nação de pessoas entoando este tipo de tumulto emocional. É o bastante para querer uma bebida.

***

A única pessoa na Rússia que expressa escrúpulos morais até moderados sobre infidelidade é Lev Sheglov, o sexólogo de São Petersburgo. Ele diz que aconselha seus clientes a praticar a infidelidade com moderação, como qualquer outro vício. "As pessoas me perguntam o que fazer sobre isso, eu respondo o seguinte: a humanidade inventou o álcool e o tabaco para seu prazer, mas para alguns isso se tornou um terrível problema. Os casos extraconjugais não são nada realmente terrível ou horrível, mas uma pessoa saudável não deveria ficar viciada neste tipo de relacionamento."

Sheglov diz que o ideal seria não ter casos amorosos de jeito nenhum. "Mas, na vida, a realidade mostra que isto é muito, muito raro. Provavelmente você poderia se esforçar para isso. Mas não é muito realista."

Ou é? Se as pesquisas falam em 50% de homens que traem, então presumivelmente a outra metade de homens não o faz. Mas onde estão estes outros homens? Não consigo encontrá-los. Todo o tempo que estive em Moscou, não encontrei uma única pessoa solteira que admita ser monogâmica. Admito, eu estava à procura de pessoas para falar sobre sexo extraconjugal. Mas encontrei outras pessoas e nenhuma delas "confessou" ser monogâmica.

Bem, houve uma. É um homem de 24 anos chamado Dolf, que trabalha para uma universidade em Moscou. Ele está casado há um ano com uma mulher de sua cidade. Estamos jantando há cinco minutos quando ele declara que é fiel a ela. "Eu não traio, porque eu amo muito minha mulher e a respeito. Se o fizesse, seria difícil acordar de manhã." É uma fala impressionante. Dolf viveu nos Estados Unidos e se considera um republicano. Diferentemente da maioria das outras pessoas que entrevistei, ele sabe o quanto os norte-americanos desaprovam a infidelidade. Tenho a sensação de que ele está querendo me agradar.

Este sentimento fica mais forte quando a garçonete leva nosso prato principal e Dolf está em seu terceiro drinque. Ele descreve a série de casos amorosos que teve com mulheres casadas, antes de ele próprio ter se casado. Houve a mulher siberiana que trabalhava num quiosque de beira de estrada; ela o convidou para tomar uma vodca numa noite gelada e eles fizeram sexo perto do aquecedor. Então houve a obesa norte-americana que se apaixonou por ele; ele poderia vê-la de novo logo. Ele menciona que sexo oral com uma prostituta russa custa cerca de 7 dólares e relação sexual cerca de 18.

Entre uma e outra observação, Dolf para e proclama sua fidelidade outra vez. "Mas eu posso enganar a qualquer hora", ele diz desta vez, tentando atrair meu olhar. Há uma grande comoção sobre qual de nós deveria pagar o jantar; ele diz que os homens russos nunca permitem que uma mulher pague, mas de alguma forma eu acabo dando à garçonete meu cartão de crédito. Dolf me pergunta onde é meu hotel e insiste que faz sentido que partilhemos um táxi. Eu concordo, mas apenas porque estou relutante de andar por Moscou sozinha à noite. No banco de trás do carro, ele proclama sua fidelidade à sua mulher uma última vez, caindo por cima de mim. Quando nos aproximamos do meu albergue da juventude, eu pulo para fora do carro e entro, sozinha.

***

Depois de duas longas semanas na Rússia, percebo que provavelmente sou a única pessoa no país que está pensando sobre infidelidade ou que pensa que isso poderia ser um problema social. Há tantas coisas horríveis acontecendo: um número enorme de mortes por crimes violentos e acidentes de carro, a espreita de uma explosão de AIDS, um perigoso declínio da população e alcoolismo endêmico. Perto de problemas como este, o adultério parece quase doce. Afinal de contas, é sobre prazer e mesmo amor. A maioria dos russos que eu encontrei se sentia tão estressada com sua situação financeira e péssima condição de moradia que os casos amorosos eram um descanso bem-vindo. No máximo eles viam a infidelidade como um vício, como fumar. Longe de mim negar a eles este pequeno prazer.

É claro que o adultério causa problemas nos casamentos. Como as pessoas em todos os outros lugares, os russos ficam doidos quando suas esposas os traem e especialmente quando seus parceiros os abandonam por outra pessoa. Mas como as mulheres esperam que seus maridos tenham pelo menos umas escapadinhas, as pequenas rusgas causadas por estes casos amorosos são mais fáceis de curar. Uma mulher em Moscou me disse que um marido que trai faz penitência por ter uma namorada levando sua esposa numa viagem, preferencialmente para o exterior. Enquanto os norte-americanos levariam anos para se recuperar, na Rússia pode ser consertado durante uma viagem de férias.

Os russos são tão românticos quanto os norte-americanos. Mas seus romances envolvem muitos problemas ao longo do caminho e eles não têm finais felizes. Os russos esperam que a felicidade romântica seja passageira. O ideal norte-americano de um casal vivendo alegre e fielmente até a velhice simplesmente não se sustenta aqui, uma vez que a maioria dos homens russos morre antes dos "anos dourados".

Estou para mudar para um país muito diferente, onde os homens vivem mais do que na Rússia, umas duas décadas pelo menos, mas onde muitos deles eliminaram o romance de suas vidas completamente. Muitas vezes os casais nem mesmo partilham a mesma cama. A próxima parada de minha turnê mundial da infidelidade é o Japão, onde pretendo descobrir se há algum sexo, afinal.

Sete

O MISTÉRIO DO FUTON DE SOLTEIRO

ESTOU NO DEPARTAMENTO de roupas de cama da tosca loja de departamentos Tokyu, ou *depaato* em japonês, que fica em cima da ainda mais grosseira estação de trem Shibuya, no centro de Tóquio. Imagine a Bloomingdale's em cima da Grand Central Station.

Enquanto me enrosco em volta das pilhas de sofás em tons pastel, um roliço vendedor se aproxima. Ele está usando um avental preto bordado com as palavras inglesas HOME SHOW. Para minha alegria, ele está estudando na Nova Zelândia e fala um inglês alegre, mas meio vacilante.

Faço-o notar algo que é óbvio para o vendedor de camas, que a esta altura já sei que se chama Toru: há apenas futons de solteiro. A loja também tem camas no estilo ocidental no estoque, ele me diz, mas também apenas em tamanho de solteiro (se refere ao que chamamos de "bicamas" e que se usa geralmente para crianças).

Mas eles não teriam futons para casal? Ninguém gosta de dormir aconchegado neste país?

Toru franze a testa e abaixa a cabeça, naquele distinto gesto japonês que sugere: "Sinto muito, estou pronto a dizer algo que vai te desagradar." Camas para dois são feitas apenas por encomenda, ele diz, mas, até onde ele sabe, nenhuma pessoa japonesa jamais encomendou uma. Os únicos compradores foram estrangeiros, como eu. "Eles estão todos trabalhando na embaixada ou algo assim", ele se aventura.

O Japão é a terra das camas de solteiro. Talvez os casais japoneses juntem seus futons. Talvez eles rastejem um para a cama de solteiro do outro, como meus avós faziam. Mas o que eles não fazem, obviamente, é partilhar o colchão.

Isso é significativo? Sou cautelosa com os hábitos sexuais fetichistas do Japão, como os estrangeiros geralmente são. Eu vi isto quando estudei japonês por três anos e passei um semestre na faculdade em Osaka. Na época, tive até um namorado japonês chamado Yuji, que usava um chapéu de *cowboy* e amava o fato de meu nome rimar com "câmera". Infelizmente para os propósitos de minha atual pesquisa, Yuji não era casado na época. E não acredito que exista qualquer estatística sexual nacional.

Montei uma agenda ininterrupta de entrevistas no Japão, programando-me para falar com muitas pessoas comuns, com especialistas do governo e com importantes sociólogos e acadêmicos. Marquei compromissos com advogados especializados em divórcio e psicólogos e contratei assistentes de pesquisa para o levantamento de estatísticas e artigos sobre casos amorosos.

Pretendia chegar ao fundo do mistério do futon de solteiro, mesmo se tivesse de invadir os quartos japoneses. Será que os casais ali estavam tendo sexo regularmente um com o outro?

São celibatários? Ou estão, como eu desconfiava, fora se agarrando com outras pessoas?

***

Começo com uma intérprete novata chamada Maiko, que, apesar do fato de dar risadinhas a qualquer menção de sexo, cobra a enorme taxa de 20 dólares por hora. Nosso primeiro encontro é com um "conselheiro conjugal", cujo consultório fica nos arredores de Tóquio numa vizinhança onde as árvores se inclinam sobre cercas baixas de madeira. Imagino as crianças dentro dessas casas esparramadas, correndo para a porta quando seus pais chegam em casa segurando pastas e gritando "*Tadaima!*" — a saudação que significa literalmente "Voltei!".

Quando chegamos ao local do nosso encontro, Maiko e eu calçamos chinelos e entramos numa sala higienicamente limpa, para encontrar Hiromi Ikeuchi. Ikeuchi é uma pequena mulher alegre com seus quarenta e poucos anos e com o cabelo curto intencionalmente despenteado e uma recente camada de batom vermelho. Em poucos minutos ela me conta que é divorciada. Isto é, de fato, seu cartão de visitas. "Eu gosto do divórcio! Eu adoro o divórcio!", ela diz. Acontece que sua especialidade é o divórcio, não o casamento. O folheto que ela nos dá explica que seu escritório se chama Laboratório de Família Tóquio — Seção de Pesquisa, o que explica a atmosfera quase cirúrgica.

Num quadro de avisos branco, ela desenha um diagrama mostrando os ideogramas japoneses para "esposa" e "marido" separados por uma linha vermelha. O marido é o cabeça do lar japonês, chamado *ie* (rima com "eBay"). Quando uma mulher se casa, ela é anexada ao *ie* do marido, e seu status muda de "mulher" para "esposa". Ikeuchi desenha mais flechas vermelhas mostrando que os filhos do casal nascem no *ie* do pai, enquanto a mãe deles sempre permanece do outro lado da linha vermelha.

Ninguém escreve canções de amor sobre o *ie*. Tem mais a ver com propriedade e responsabilidade do que com amor. O *ie* é o oposto do casamento norte-americano, no qual os casais aspiram se comunicar e trabalhar "o relacionamento". Ikeuchi diz que alguns maridos mais velhos nem mesmo pronunciam o nome de suas esposas e se dirigem a elas com uma forma rude de "você". Mesmo os casais mais jovens começam a chamar um ao outro do equivalente japonês de "Mãe" e "Pai" (ou o marginalmente mais moderno *Mamãe* e *Papai*) depois que um filho nasce.

E então há as camas de solteiro: a "Mãe" tipicamente muda seu futon para o quarto do bebê e dorme lá até ele ter cinco ou seis anos (conforme a tradição, seu marido a substitui no quarto principal por um grande sistema estéreo e uma tela de TV). Mesmo os casais mais jovens, que pensam que o formal sistema *ie* é antiquado, retêm algumas de suas práticas, se aconchegar seria condenado.

Conto a Ikeuchi que nada disso soa muito sexy para mim. Ela concorda. Esta é a razão pela qual se chama "casamento sem sexo", ela diz.

Casamento sem sexo? Isso não é uma contradição em termos?

Não no Japão, ela diz. "Casamento sem sexo" (ou a forma abreviada "sem sexo") descreve os casais japoneses que têm pouco ou nenhum sexo, principalmente depois de seu primeiro filho. É um tipo de síndrome que aflige os casais jovens de 20 e 30 anos e que pode durar anos ou mesmo para sempre, em geral sem que o casal mencione o "problema". Hiromi não tem certeza sobre a quantidade de casamentos japoneses *sem sexo*, mas ela desconfia que o problema seja endêmico. Ela culpa os cabeças do *ie*, alguns dos quais têm um estranho tipo de orgulho de ter um casamento casto. "Há certos homens que acreditam que você não traz sexo e trabalho para casa", ela diz.

Isto resolve a primeira parte do mistério. Não há muito sexo em casa. Mas está acontecendo em algum outro lugar? Ou eu achei uma cultura sexual sem sexo?

***

Minha busca pelo sexo que falta no "casamento sem sexo" me leva à sala de conferências de uma empresa de construção de médio porte de Tóquio. Através de um contato meu na empresa, apresentei um pedido para conversar com alguns homens lá. De repente eu me encontrei com muito material: cinco homens nos seus 30 e 40 anos, todos dispostos a discutir seus casamentos, embora todos ao mesmo tempo.

Como Ikeuchi, eles gostavam mais de falar sobre divórcio do que sobre casamento. À medida que vão se apresentando, percebo que são todos divorciados e em todos os casos as esposas é que acabaram o casamento. (As mulheres japonesas iniciam a maioria dos divórcios.) Quando pergunto o que aconteceu, os homens lançam explicações fáceis — suas esposas brigavam com as pessoas da família deles ou se tornaram mais interessadas nos filhos. Eu me pergunto o que eles não estão me contando.

Finalmente um dos homens, um especialista em controle de qualidade de 40 anos de idade chamado Mamoru, confessa que ele ficou confuso quando, depois de dois anos do que ele pensava ser um casamento feliz, sua esposa entregou a ele um "papel verde" do divórcio.

"Ela disse: 'Seu nome, por favor, assine, por favor'", lembra Mamoru, que está vestindo um uniforme composto de terno azul, camisa branca e gravata azul de listras. Durante todo o ano seguinte, ele reteve o papel verde sem assiná-lo, mas não perguntou à esposa por que ela queria se divorciar. De fato, eles nem sequer se falaram naquele ano, apesar de viverem juntos.

É ainda mais difícil para mim imaginar esse rompimento sem conversa do que um casamento sem sexo. Mas Mamoru diz que ele temia que discutir a relação com sua esposa fosse mais desagradável do que se separar dela. "Eu tinha medo de perguntar a razão. Eu tinha medo de que minha personalidade pudesse ser destruída", ele diz.

Quaisquer que fossem suas lutas internas, pessoas como Mamoru não costumam ser considerados sensíveis ou sexy. Na imaginação popular, eles têm hálito de cerveja, barrigas prematuras e usam ternos ásperos de poliéster. Os funcionários de empresas gigantes, como Mitsubishi e Nomura, obtêm prestígio com seus empregos. Mas, pelo menos de acordo com o estereótipo, a maioria dos "trabalhadores assalariados" não passa de zangões da corporação que não tiveram tempo de desenvolver interesses fora do trabalho ou aprender a encantar as mulheres.

Os "trabalhadores assalariados" que encontrei em Tóquio têm uma das mais facilitadoras estruturas para casos amorosos que eu já vi em qualquer outro lugar. Eles gastam muito de seu tempo livre se divertindo uns com os outros. James Farrer, um sociólogo da Universidade Sophia de Tóquio, me conta: "Se você vai a uma festa nos Estados Unidos e não leva sua esposa, te perguntam: 'Por que sua esposa não está aqui?' Deixá-la em casa é um tipo de insulto e um insulto a seu casamento. Enquanto que aqui, trazer sua esposa muitas vezes para eventos sociais é visto como impróprio e inadequado."

A intimidade e abertura que se supõe serem o elo para casais norte-americanos não é algo pelo qual os casais japoneses lutam. Alguns homens me dizem que se sentem orgulhosos por não terem nunca partilhado até mesmo sérios problemas de trabalho com suas esposas. "Sou perfeito para minha esposa. Dou meu amor a ela mas nunca falo sobre meus problemas. Sou forte com ela, sou um homem perfeito", um marido de Tóquio se vangloria.

Yoko Itamoto, um casamenteiro que dirige um projeto de pesquisa sobre casamento com financiamento do governo, diz que os maridos e esposas muitas vezes se distanciam tanto que ficam inibidos para o sexo. "Começamos a ter uma sensação de sexo como um ato sujo — a fisicalidade disto, o líquido, pessoas tocando umas às outras. Tanto homens como mulheres têm essa ideia", Itamoto diz.

***

E no entanto, estes maridos e esposas devem ansiar por intimidade com *alguém*. Mas com quem? Os cinco homens divorciados logo mencionam "bares de cortesãs", onde homens de negócios pagam por hora para conversar com mulheres jovens. Grandes cidades como Tóquio são repletas de bares de cortesãs e em geral há pelo menos um próximo da estação de trem numa cidade pequena. As empresas pagam a conta em clubes onde seus executivos levam os clientes para se distrair.

"Eu prefiro conversar com uma cortesã do que com minha esposa", diz o gerente de projetos, 42, que foi casado por dez anos. "Entre os casais japoneses nós não temos boas conversas. Eles não fazem brincadeiras. Mas as moças [cortesãs] sabem como ser divertidas e ter uma boa conversa."

Sentir-se encantador não sai barato. No topo dos preços altos, um cliente poderia também pagar a "taxa de escolha" (se ele quiser a mesma cortesã que teve da última vez), uma "taxa de karaokê", uma "taxa de assento", uma "taxa de bebida" e uma "taxa de lanche". (Uma razão pela qual homens estrangeiros são mantidos fora desses clubes é que eles reclamam quando estas taxas extras aparecem em suas contas.) Quando a conversa inevitavelmente míngua, as cortesãs pegam seus telefones celulares e mostram aos clientes fotografias de seus animais de estimação. Depois que os clientes saem, as mulheres programam o aniversário dos homens e outros detalhes, para se lembrar da próxima vez.

As cortesãs parecem ser um misto de garota de programa e terapeuta. Seu objetivo é fazer crescer um vínculo emocional. O Japão não tem muito de uma cultura psicanalítica, mas nos bares de cortesãs os homens se abrem sobre suas esposas e famílias. Uma queixa padrão é a falta de sexo em casa. Há também um refrão legal, que é o principal tema de conversa em clubes de cortesãs: sexo. À medida que a noite transcorre e que as "taxas de bebidas" crescem, as insinuações sobre sexo enveredam para conversas mais profundas sobre o assunto. O truque preferido é ensinar às cortesãs novas expressões para o ato sexual.

Mas o sexo que falta nos casamentos sem sexo não está ali. Quase não há sexo real nos bares de cortesãs. Poucos têm uma política de "tempo de toque", que significa que, quando as luzes se apagam, os clientes podem afagar os seios das cortesãs. Mas, em geral, o sexo é ruim para o negócio Os lucros dependem de adquirir clientes fiéis e as cortesãs acham que os clientes perdem o interesse depois que dormiram com elas, diz Joan Sinclair, que fotografou os clubes de fetiche japoneses para o excelente livro *Pink Box: Inside Japan's Sex Clubs* [Caixa Rosa: O interior dos clubes de sexo no Japão].

Para ter um intercurso confiável, os clientes, que visitam os clubes em grupos, têm de subir a escada até o clube sexual. Eles têm muitas alternativas. Em Kabuki-cho, nos arredores de Tóquio, diferentes tipos de clubes sexuais estão empilhados como peças brilhantes de Lego em altos edifícios e vão até onde a vista alcança (entre eles há as lojas de talharim, onde, imagino eu, os clientes vão para reabastecer as forças depois). Perto ficam os famosos "hotéis do amor" onde os casais podem alugar quartos sem ficar cara a cara com um balconista. Os hotéis têm diferentes preços para um "descanso" de três horas e por uma "permanência" de noite inteira e eles anunciam serviços de quarto que incluem videogames, karaokê e canais pornôs via satélite.

Como os bares de cortesãs, os clubes de sexo oferecem vários níveis de "serviço" que vão muito além das danças no colo e das salas de champanhe dos bares de topless norte-americanos. Uma variedade conhecida como "saúde da moda" é especializada em massagens que culminam em sexo oral. A "terra do sabão" permite intercurso. Há taxas extras para engolir esperma, ser permitido ter ejaculações múltiplas (os preços padrão cobrem apenas uma ejaculação) e algo chamado *soku-shaku* — no qual o cliente não toma banho antes de receber sexo oral (isto aparentemente aumenta a intimidade). Se os clientes não estão certos de que tipo de clube um lugar é, eles podem perguntar a um segurança de smoking se é *nuki ari*, um eufemismo que pode ser traduzido literalmente como "ser desarrolhado" mas que neste contexto significa "Posso ejacular aqui?". (Para os homens estrangeiros quase sempre se diz não.)

Uma variedade especial de clubes *nuki ari* é destinada a assalariados, cujas fantasias sexuais têm como cenário o transporte coletivo. Imagine sair de um metrô apinhado de gente e entrar num clube de sexo apenas para descobrir... o arremedo de um vagão de trem apinhado. Nestes vagões, porém, é permitido apalpar as mulheres bonitas. Dez clientes e dez mulheres entram no *chikan-densha*, ou "trem pervertido", ao mesmo tempo. (Espera-se que as mulheres gritem "*Chikan!*" para envergonhar o culpado como se estivessem num metrô de verdade.) Há também cenários para quem fantasia com sexo em parques, salas de aula e restaurantes onde os frequentadores podem sentir a emoção de encontros que nunca tiveram em lugares onde nunca estiveram. Quando as coisas ficam realmente quentes nesses palcos falsos, os clientes e suas "namoradas" se retiram para uma sala privada onde um cardápio na parede lista os "serviços" disponíveis. Sinclair descobriu cerimônias de chá eróticas, um lugar chamado Clube Mammoth que é especializado em moças gordas e nuas; e um clube onde as mulheres fingem ser "a esposa de outra pessoa".

É difícil saber quantos maridos *sem sexo* encontram consolo na indústria sexual do Japão. Um economista estima que essa indústria movimente cerca de 20 bilhões de dólares no país, um número que não inclui DVDs, revistas e pornografia na internet. A indústria cresceu tanto que os funcionários do sexo até têm seu próprio sindicato. O que fica claro é que todo o discurso sobre sexo é diferente no Japão. A maioria dos homens norte-americanos provavelmente não falaria a seus colegas de trabalho que fizeram sexo com prostitutas vestidas com uniformes de colegial. No Japão, porém, muitas vezes não há necessidade de fingir que seu casamento é o centro de sua vida sexual. Mesmo os homens que frequentam até os mais bizarros clubes sexuais não são considerados pervertidos ou transviados sexuais. Eles são apenas rapazes que saíram para se divertir. O fato de estarem todos bêbados ao mesmo tempo lhes dá cobertura extra. "É um jogo", diz Masahiro Yamada, um professor de sociologia da Universidade Gakugei, em Tóquio.

O jogo dá aos maridos uma folga do homem "forte" que chefia o *ie* e carrega nos ombros os fardos do trabalho. "O japonês leva a dependência muito a sério", me conta um professor na Universidade Kyoto. "O relacionamento adúltero aqui é sem responsabilidade — por isso é tão atraente."

***

Os homens japoneses estão continuando uma tradição histórica. No século XVII, os xóguns do Japão isolavam prostitutas em bairros especiais, em parte para taxá-las mais efetivamente. O governo Meiji, que no final do século XIX começou a abrir o Japão ao Ocidente, tornou estes bairros de prostituição zonas de negócios bem reguladas. Durante quase meio século depois disso, as visitas aos clubes de sexo essencialmente tinham o *imprimatur* do Estado.

Não foi senão em 1947 que o governo do Japão proscreveu certos aspectos da prostituição, tal como casa de tolerância ou de lenocínio. Mas a nova lei ainda permitia que um homem e uma mulher dentro de um bordel fizessem um acordo para ter sexo. Esta saída continua sendo amplamente usada. Apenas o intercurso vaginal realmente conta como prostituição; clubes com a licença certa podem vender sexo oral e anal e qualquer outra coisa que não envolva intercurso. Quando um clube de "saúde em domicílio" despacha uma mulher para a casa de um cliente, tecnicamente falando, os dois decidem o que fazer somente quando ela está dentro.

Se tais encontros contam como infidelidade depende de quem você convida. Nunca ouvi falar de casamentos japoneses que terminaram por causa dos encontros de um marido com "garotas de programa". Um advogado divorciado me conta que sexo pago não tem nem mesmo o padrão legal de adultério, ou *furin*. Os clientes destes clubes aparentemente também não consideram isso *furin*. Várias pessoas me disseram que há um ditado: "Se você paga por isso, não é traição."

É claro, é melhor não contar à esposa que você só estava recebendo sexo oral de uma "enfermeira" seminua ou que passou a tarde conversando com uma cortesã sobre os seios dela. Mas os homens dizem que suas esposas não perguntam a eles onde eles estavam. As esposas aparentemente têm um ditado, também: "Contanto que ele esteja em segurança, é bom que fique fora."

Uma estudante graduada em Tóquio que está pesquisando casos extraconjugais me conta que as esposas acreditam que "mesmo o melhor marido, o mais leal, confiável, fiel, é promíscuo". Isto não significa que a mulher goste disso. Ela diz que as donas de casa ficam com o coração partido com a infidelidade de seus maridos, mas a prática é tão arraigada que muitas não pensam que tenham o direito de reclamar.

A política não-pergunte e não-conte está desaparecendo entre algumas classes médias urbanas. Um dos homens divorciados na mesa de conferências da empresa de construção, um careca de 39 anos chamado Satoshi, me conta que, depois que ele voltou de uma viagem de negócios, sua mulher, com quem estava casado havia dez anos, pesquisou sua mala e achou um folheto de uma garota de programa em Sendai, uma cidade costeira duas horas ao norte de Tóquio. Ele disse que a esposa fez uma ideia errada. A garota de programa não era ninguém especial, ele tinha tido muitas moças exatamente como ela! Sua mulher não entendeu que isto fosse apenas, bem, brincadeira. "Não tenho sentimento algum por estas moças que eu pago. É uma relação seca — como um negócio", ele me diz.

Mais do que se aborrecer com a infidelidade, sua esposa parecia invejar a liberdade do marido. Depois de encontrar o folheto ela organizou um novo grupo de amigas em seu clube esportivo e foi fazer mergulho. Pouco tempo depois, Satoshi recebeu o papel verde, também. "Quando as mulheres pensam e têm sua própria vida e iniciativas, fica difícil se dar bem todo o tempo", ele explica.

Satoshi tem uma nova esposa e diz que aprendeu a dar prioridade à sua família sobre seu trabalho. Ele não procuraria uma garota de programa agora, procuraria?

"Não!", ele diz enfaticamente. Então, com seus colegas de trabalho olhando, ele focaliza um ponto distante. "Mas estou indo para Hokkaido amanhã... jogar."

***

E as mulheres? Elas estão fazendo sexo fora do casamento também? Midori, uma linda mulher de 40 anos, pele de alabastro e cabelo *à la* Farrah Fawcett parece uma candidata ao divórcio. Ela não faz sexo com seu marido desde que tinha 27. Eles não conversam muito. ("Ele é o tipo de beber e ir dormir", ela diz.) Como seu marido é o primogênito, eles vivem com os pais dele. O marido é um vendedor e não é particularmente forte ou diligente. ("Se meu marido e eu fôssemos deixados numa ilha sem nada, eu é que sairia para pescar.") Principalmente, ela se sente a mãe dele, uma descrição que ouvi de várias mulheres japonesas.

E Midori ainda diz que está contente com seu casamento. Quando nos sentamos em um café bem mobiliado perto da estação de trem de Tóquio, ela explica por que: ela tem um amante. "Você pode ter diferentes tipos de amor ao mesmo tempo. Com meu marido é amor familiar. Com ele é o outro tipo de amor", ela diz.

Ela não espera afeto romântico de seu marido. "Mães e filhos não fazem sexo", ela diz.

O marido de Midori pensa que ela é celibatária. Na verdade, uma vez por mês Midori e seu namorado vão para um hotel do amor. Esta não é nem mesmo a melhor parte do caso. Eles *conversam*. Seu amante conta a ela sobre fabricação de bonecos, sua segunda carreira. Isto fascina Midori. Ele é uma das poucas pessoas que ela conhece que foi corajoso o bastante para desistir de uma carreira empresarial para seguir sua paixão. Na ilha deserta, "ele seria aquele [que iria pescar]... Ele é um sobrevivente e meu marido seria a criança rica mimada".

Midori tem as unhas feitas e uma jaqueta de bom corte que estaria fora das possibilidades do salário de um fabricante artesanal de bonecos. Quando ela se casou aos 23 anos, estava pensando principalmente em encontrar alguém que um dia cuidaria de sua mãe, que é divorciada. Seu marido disse: "Você pode confiar em mim." "Eu estava pedindo sua garantia de que ele não estava apenas se casando comigo mas cuidando de minha mãe também."

O fato de seu amante discutir seus sentimentos ajudou Midori a entender como o mundo interno de seu marido deve ser. "É meio estranho, mas porque comecei este caso, comecei a respeitar mais meu marido", ela diz.

Entre os japoneses não se encontra esse sentido de pecado judaico-cristão. (Menos de 1% dos japoneses são cristãos; a maioria pratica uma mistura de xintoísmo e budismo.) Não havia comprado essa ideia até o momento em que perguntei a Midori se ela sentia culpa por ter sexo fora do casamento. Por sua expressão confusa, vi que ela não tinha entendido a pergunta. Quando a repeti, ela ainda pareceu confusa. Ela nunca associou infidelidade com culpa.

As bases emocionais mudam se uma mulher abandona seu marido por outra pessoa. Um homem que eu entrevistei disse que sua esposa estava tão envergonhada por ter abandonado seu marido anterior por ele que ela punia a si mesma recusando-se a ver a própria filha de novo. Meu entrevistado me contou isso enquanto me relatava seus próprios casos amorosos.

Midori, que não tem nenhuma intenção de deixar o marido, tem um forte senso de propriedade. Ela permanece fiel, escondendo o caso e não deixando que isso interfira com seus deveres em casa. Seu marido tem sido tão discreto quanto ela. Oito anos atrás, Midori estava no carro dele e encontrou uma bolsa de homem que ele recebeu de presente. Ele confessou que tinha sido de sua amante. Midori ficou furiosa, não porque ele a tinha traído, mas porque deixou que ela descobrisse. "Ele quebrou as regras. Porque, se você tem um caso, supõe-se que você deve mantê-lo escondido. Não importa o que aconteça, você não deveria deixar a outra pessoa descobrir", ela diz.

O arranjo de Midori começa a fazer mais sentido depois que eu assisti à *Sonata de inverno*, uma novela coreana que era um dos programas de televisão mais populares no Japão, enquanto eu estava lá. Quando o astro de *Sonata de inverno*, com seus 31 anos e os cabelos tingidos de um infeliz tom laranja, chega ao aeroporto internacional Narita, em Tóquio, é cercado por uma multidão de suas maiores fãs: mulheres japonesas de meia-idade. Mais tarde, no ajuntamento que se produz em frente ao seu hotel, nove mulheres saíram machucadas.

O programa é sobre uma mulher com seus vinte e tantos que reencontra sua paixão da escola secundária, que ela pensava que estivesse morto. Há algumas reviravoltas: o antigo namorado (conhecido como "Yon-sama") perdeu a memória, ele pode ser o meio-irmão da mulher e ela está noiva de seu melhor amigo. Mas o enredo emocional principal é que o amor deles tinha sido perfeitamente preservado durante a década em que ela pensou que ele estivesse morto e mesmo agora isso poderia nunca ser consumado. Para piorar isso, todos os atores posam em seus *close-ups* com uma expressão de dor de barriga. Tem tanta sutileza quanto um videoclipe de canção de amor ruim.

Sonata de inverno retrata a geração de mulheres que, nas magras décadas do pós-guerra no Japão, casava-se com os trabalhadores que se empenhavam para produzir um renascimento econômico. Elas se dirigiam ao *ie* do marido e não faziam perguntas quando ele chegava em casa exausto às onze horas da noite e saía de novo às sete. Elas também tiveram suas paixões do tempo da escola secundária, mas sacrificaram o amor por acordos resistentes, ou, pelo menos, por casamentos "apropriados".

Estes não eram considerados casamentos sem sexo, porque ninguém esperava ter muito sexo prazeroso. Para a maior parte, os casamentos não se destinavam a ser românticos. *Sonata de inverno* toca um ponto nevrálgico porque as mulheres desta idade ainda sonham com romance (e sexo), mas aparentemente não com seus maridos (quando finalmente se aposentam, às vezes se referem a eles como *sodai-gomi*, ou "grande pedaço de lixo". Os homens da fantasia delas — como Yon-sama — não só não passariam seus dias latindo seus pedidos de bebida do sofá, eles poderiam nem mesmo estar em casa. E tudo bem. Para estas mulheres o prazer de um amante ideal não vem por tê-lo, mas por ansiar por ele.

"Você nunca sabe se eles vão ficar juntos", explica Tamako, uma divorciada de 58 anos que mora no Japão. Tamako é atarracada, tem cabelo curto e um sorriso contagiante. Ela tem curso superior e, para uma mulher da sua idade, tem um bom emprego como consultora de fazendeiros japoneses.

Tamako acha a moda Yon-sama um pouco boba e insiste que ela possivelmente não poderia sentir desejo por um ator que tem a mesma idade que seu filho. Ela acrescenta que tem mais o que fazer do que embarcar numa turnê temática para a ilha coreana para percorrer como uma adolescente os locais onde as cenas são filmadas. (De acordo com o site: "As cenas de ciclismo de *Sonata de inverno* são tão populares que os turistas podem alugar bicicletas para percorrer os mesmos lugares mostrados no programa.")

Mas domingo à tarde no café em Tóquio, Tamako admite que ela gravou o episódio da noite anterior e assistiu a ele esta manhã antes de me encontrar. Eu também vi o episódio no hotel, e não consigo deixar de reclamar sobre a monoexpressão de Yon-sama e sobre os enredos implausíveis. (Numa virada, a mãe de Yon-sama faz com que implantem no filho um novo conjunto de recordações que não inclui sua namorada do colegial.)

Tamako não se preocupa com estes detalhes. "É apenas aquele sentimento que eu entendo, não a história em si", ela diz. "As mulheres com 78 anos lembram como eram quando jovens e apaixonadas." De fato, a própria Tamako está desfrutando uma versão vida real da *Sonata de inverno*, com o detalhe de que o objeto de seu anseio tem a mesma idade que ela e é casado. Ela o descreve como "um *ojisan* regular" — ou homem de meia-idade. Eles trabalham na mesma indústria e se encontraram pela primeira vez vinte anos atrás, mas começaram um romance há cinco anos.

O homem não é propriamente bonito, e provavelmente será mais um "grande pedaço de lixo" algum dia. O que o torna especial para Tamako é que ele é virtualmente inacessível. Os dois anseiam muito mais do que se encontram. Como ele mora a uma hora e pouco de Tóquio e viaja muito, eles se encontram apenas duas vezes por ano. Entre os dois encontros eles flertam por e-mails e mensagens de texto. (Tamako espera três dias antes de responder suas mensagens, mas, ela diz orgulhosa, ele responde as dela no mesmo dia.) Ela parece mais excitada com as trocas de correspondência do que com os ocasionais encontros em hotéis.

Ela não se importa que seu namorado provavelmente tenha mais algumas pessoas especiais. (Uma vez ele agradeceu a ela pelos *cookies* que ela não havia mandado.) Ela ainda não pode entender ter tido um marido como o que ela teve e de quem se divorciou dez anos atrás. "Gosto de ter este sentimento de estar apaixonada", ela diz. "Muitas das minhas amigas, especialmente colegas de faculdade, são solteiras. Mas todas elas têm relacionamentos, namorados. Eu não sei os detalhes dos relacionamentos delas. Elas só me dizem: 'Tenho um homem em minha vida.' Eu digo a mesma coisa."

O estilo apaixonado da *Sonata de inverno* com um objeto de amor provavelmente inalcançável tem raízes profundas na cultura sexual do Japão. O escritor anglo-holandês Ian Buruma diz que "tristeza" e "nostalgia" são as palavras que aparecem com mais frequência tanto na literatura clássica japonesa como nas canções pop modernas do país. Ele também encontra isso na versão "fotonovela" do Japão. "Lágrimas chorosas de nostalgia não são algo que se encontra com frequência na literatura ocidental. Não que a emoção não exista, mas usualmente não é tão histrionicamente expressada; ou, talvez, o que soe histriônico em inglês seja perfeitamente comum em japonês."

Ainda mais "perfeito" do que um caso amoroso congelado no passado é um que acaba tragicamente antes de começar (*Sonata de inverno* tem elementos de ambos). A versão extrema disto é quando os amantes cometem suicídio duplo. Hoje em dia no Japão o divórcio é muito mais comum. Mas o romance de duplo suicídio aparece nas artes. As peças japonesas do período Edo (século XVII até meados do século XIX), que ainda são apresentadas, eram obcecadas pelo duplo suicídio. Como Buruma escreve, este era o tempo quando "o amor com frequência acabava em tragédia porque não havia espaço na sociedade japonesa para o amor. O casamento não tinha nada a ver com o amor romântico".

É difícil imaginar um casamento em qualquer cultura vivendo nesse extremo de padrão romântico. Quando se pede às personagens deste período para escolherem entre amores extraconjugais e suas obrigações familiares, elas optam por morrer com seus amantes. O momento de seu duplo suicídio é o ápice romântico das histórias. Em *Sonezaki Shinju*, uma das peças de bonecos mais famosas da era Edo, uma cortesã sugere que ela e seu amante se amarrem com sua faixa de quimono antes de cometerem suicídio numa floresta de forma que estarão "bonitos na morte".

Esta fábula ainda tem ressonância entre escritores contemporâneos. Um dos romances japoneses mais vendidos de 1997 foi *Paraíso perdido*, sobre amantes adúlteros que se desesperam não só de estarem sempre juntos como pelo fato de, mesmo se estiverem sempre juntos, o amor deles fatalmente ficará menos puro. Para evitar isto, eles cometem duplo suicídio enquanto estão fazendo sexo (no momento de "pico" de seu relacionamento, por assim dizer). Como planejado, os policiais encontram seus corpos apenas depois que o *rigor mortis* se instalou. O casal liricamente não pode ser separado.

***

Os tempos estão mudando no Japão. Não muitos anos atrás, havia uma avalanche na imprensa sobre "divórcios Narita". As mulheres em sua lua-de-mel descobriam que ficavam tão entediadas com seus novos maridos que se livravam deles assim que chegavam ao aeroporto de Tóquio.

As noivas de hoje estão menos satisfeitas com anseios românticos. Elas preferem encontrar e casar com o Cara-Certo-San. E elas querem que sejam casamentos com sexo exclusivo, sem traições. Quando eu experimento a versão "Se você pagar por isso não é traição" com Ayako, uma inteligente jovem de 26 anos que mora com seu namorado, ela responde num e-mail: "Quem te disse isso? Devem ter sido os homens, que, na minha opinião, não conhecem o sentimento das mulheres!"

Os sentimentos são muito importantes para a geração de mulheres como Ayako. Quando pergunto às de vinte e poucos anos o que elas procuram num possível companheiro, sua lista quase sempre inclui *tayori ni naru* — alguém com quem contar. Um homem para ser *tayori ni naru* deve trabalhar para a Mitsubishi. Ele definitivamente tem uma boa renda e lidera o lar. Mas ele é um "trabalhador assalariado" com alma — um tipo de confiança emocional e abertura. As mulheres ainda imaginam que os casamentos consistem em um relacionamento quase mãe-filho, mas nesta nova concepção elas são a filha. Elas vislumbram seus companheiros *tayori ni naru* como alguém que ouve pacientemente seus problemas e oferece seu conselho inteligente. "Alguém que possa te dar apoio, não apenas financeiramente, mas que possa guiar você quando você estiver deprimida, confusa ou com problemas", Ayako explica "Isto é realmente difícil de encontrar", ela acrescenta.

O problema é que enquanto as mulheres japonesas estão se tornando mais exigentes, a maioria dos homens não evoluiu para ir ao encontro destas exigências. Emi, 30 anos, uma assistente executiva de uma casa de moda francesa em Tóquio, é cética em relação a homens que alegam dividir as tarefas domésticas. "Antes de casar, sim. Mas depois de casar ele espera que a mulher o apoie", ela diz. "Eu já ouvi algumas reclamações de minhas amigas sobre seus maridos." Casamento com amor é o ideal, mas quando uma revista japonesa pesquisou as pessoas divorciadas na faixa dos 20 e 30 anos sobre a razão pela qual elas se casaram, um terço disse que era *nantonaku* — por nenhuma razão especial.

Mais do que resolver, muitas mulheres japonesas estão escolhendo adiar o casamento. No ano 2000, 25% das mulheres japonesas com idade entre 30 e 34 anos nunca tinham se casado, comparados com os 7% de 1975, diz Makoto Atoh, diretor-geral do Instituto Nacional de Pesquisa de População e Previdência Social do Japão (que se queixa comigo que sua própria filha de 30 anos acaba de se livrar de seu namorado). As mulheres hoje em dia estão muito mais independentes financeiramente do que aquelas que vinham da época do pós-guerra. E elas foram influenciadas pelo Ocidente: elas se formam nas universidades inglesas e têm todas as seis temporadas do DVD

Sex and the City. Elas não querem maridos como os que estão disponíveis no Japão.

Outras mulheres estão tentando revigorar seu casamento. Atsuko Okano é uma empresária de Tóquio que dirige um tipo charmoso de escola para "trabalhadores assalariados" e suas esposas. Ela é o mais próximo possível do que viria a ser uma guru de adultério no estilo norte-americano em algum lugar fora dos Estados Unidos. Autora de livros de autoajuda como *Another Person Called "My Husband"* [Uma outra pessoa chamada "meu marido"], Okano afirma que já tratou de cerca de 4 mil pessoas em cerca de trinta anos de prática particular. Metade de seus clientes é de casamentos sem sexo e quase todos, ela diz, estão tentando reconquistar um cônjuge que engana.

Okano, que tem 49 anos e é divorciada, diz espontaneamente que ela está enganando três namorados ao mesmo tempo: um rapaz solteiro em Kyoto, que lhe faz longas massagens a pedidos; um tipo *playboy*, 12 anos mais novo do que ela, que uma vez ela aconselhou a se divorciar; e um de 53 anos, de quem ela diz angustiadamente: "Ele é bonito, ele é forte, ele é inteligente, ele tem dinheiro. Mas, infelizmente, ele tem esposa."

Okano calcula que tanto maridos como esposas têm seus casos porque anseiam por intimidade, diversão sem compromisso, apoio mútuo e sexo. Seu truque é ensinar a eles como conseguir essas coisas um do outro. Está fora de questão que marido e mulher discutam seu relacionamento um com o outro ou com um terapeuta. Okano apresenta então um outro tipo de especialidade: mulheres da indústria sexual do Japão. Okano tem um time de garotas de programa consultoras que ela compara a uma equipe da McKinsey & Company. Quem melhor para saber como agradar os homens e ensinar a eles o que suas esposas querem?

Quando os homens se inscrevem para treinamento, as "garotas de programa" ensinam a eles que, de fato, suas esposas não gostam do tipo de encontros rápidos que os homens têm em clubes de sexo. As meninas os apresentam à atmosfera de penumbra, velas e elogios. "As mulheres em geral gostam que se crie um ambiente e de preliminares. Elas não querem ter sexo imediatamente. Os homens não sabem disso", Okano explica.

As esposas passam por uma transformação ao estilo Eliza Doolittle,[17] começando com a eliminação sumária do uso de camisetas enormes e lingerie do tempo da vovó. As garotas de programa ensinam exercícios de visualização enquanto vão descrevendo o que acontece dentro dos clubes de sexo. Elas mostram às esposas como cruzar as pernas e se comportar de maneira coquete para seus maridos. É uma mudança de paradigma: em vez de gritar um olá do forno quando o marido chega em casa, ela aprende a cumprimentá-lo com um abraço de corpo inteiro (talvez incitando-o a apalpar sua bunda, Okano diz).

"As profissionais não ensinam a elas técnicas sexuais, mas o processo para chegar ao sexo." O programa de três meses de Okano (que custa cerca de 2.500 dólares) é para os casos mais comuns. Nos casos em que a esposa "não é bonita", ela indica o programa de seis meses (cerca de 4.200 dólares). Ela suplementa as sessões semanais com aconselhamento por telefone. Quando uma esposa frenética telefona para dizer que o mari-

---

[17] Personagem da peça *Pigmaleão* (*My Fair Lady* em sua versão para o cinema), de George Bernard Shaw: uma moça que vende flores e é transformada em uma *lady* depois de receber aulas de seu professor, Henry Higgins. (*N. da T.*)

do saiu para ver a amante, Okano a tranquiliza: "Fique calma. Você vai conseguir a revanche mais tarde. Sorria. Não fique brava com ele; ou ele vai desgostar de você ainda mais." Durante todo este processo, marido e mulher não discutem o caso.

Uma lingerie nova não é suficiente se o marido tem uma amante séria. Neste caso, Okano diz, uma esposa deve eliminar a competição. A arma de escolha de Okano para isto é vergonha. Ela treina a esposa para conseguir fazer com que o patrão do marido fique do seu lado, marcando um encontro com ele para discutir um "assunto de negócios". Ela deve levar um presente caro. ("Os japoneses são fracos quando recebem presentes", ela diz.) Quando ela fala com o patrão sobre a amante de seu marido, ela se concentra não na imoralidade da traição mas em como seu marido está negligenciando suas obrigações para com a família. Se o patrão é simpático, ou quer impedir que a situação fique mais suja, ele pressionará o marido a deixar a namorada.

Se isto falhar, Okano vai ao extremo da vergonha. Ela manda uma carta anônima aos pais da amante de seu marido, revelando que sua filha está dormindo com um homem casado. Depois que seus pais tiveram tempo de digerir o conteúdo da carta, Okano organiza uma emboscada. Ela, a esposa e algumas de suas associadas se escondem do lado de fora da casa dos pais, muitas vezes esperando horas até que eles cheguem em casa. Elas se aproximam da porta, explicam seu objetivo e pedem para entrar. Em geral há uma reunião na sala de estar dos pais, durante a qual a esposa faz um pedido sem paixão pelo casamento e pelos filhos. Os pais quase sempre concordam em ter uma conversa com a filha sobre terminar o relacionamento.

***

Minha última parada no rastro do casamento sem sexo é, num certo sentido, o começo: uma festa japonesa para promover encontros. É o evento social mais desajeitado que eu já vi. Oitenta pessoas, mais ou menos o mesmo número de homens e de mulheres, estão zanzando por um grande salão de baile. Quase todas as mulheres usam vestidos de verão e os homens estão de terno, com paletós deselegantes. Uma faixa aberta sobre suas cabeças diz FESTA ESPECIAL DE VERÃO. Eles pagaram cerca de 63 dólares cada um para estar ali e a maioria parece já ter se arrependido. Um alegre mestre-de-cerimônias recomenda que eles se entrosem, mas em vez disso eles estão na fila da cerveja.

É quase impossível imaginar estas pessoas controlando o nervosismo para fazer sexo. Eles mal olham uns para os outros. O organizador do evento imagina que um casamento poderia resultar do evento, mas então sua estimativa diminui.

Aproximo-me de algumas pessoas, em parte para entrevistálas e em parte porque elas parecem tão desesperadas. Fumiko, 38 anos, é magra, com cabelo preto e dentes grandes. Ela trabalha como secretária de um hospital, e embora goste vai se demitir quando se casar. Pergunto o que ela procura num homem, esperando que ela diga "senso de humor", ou "entradas para a temporada no time de beisebol do Yomiuri Giants". Em vez disso: "Alguém de quem depender."

"É verdade que nos Estados Unidos as pessoas se apaixonam à primeira vista?", ela pergunta. Então ela se inclina e pergunta: "Você já procurou por alguém na Internet?"

Vou até Sato, 36, porque ele tem um rosto suave e porque é um dos poucos homens que não está usando gravata. Ele explica que passa a maior parte do tempo em sua loja de eletrônicos, de forma que tem poucas oportunidades de encontrar mulheres. O que espera de uma esposa parece bem fácil: ele quer alguém que "não seja nervosa". Nesta multidão, porém, deve ser um pedido alto.

Esperando ajudar a juntar as peças, me aproximo de Junko, uma bibliotecária de 33 anos com um vestido florido. Ela está de pé sozinha nas bordas do evento, não muito longe de nós e parece bem relaxada. De fato, ela acaba de rejeitar um homem que lhe trouxe uma cerveja, porque ele parecia fraco. "Os homens japoneses não são agressivos o bastante", ela diz. Ela também tem problemas para encontrar parceiros potenciais. Apenas dois homens trabalham na biblioteca e ambos são tão velhos quanto seu pai. Apesar das opções à sua escolha no momento, Junko examina atentamente o salão, carrancuda. "Hoje eu estou olhando, mas não vejo. Eles não são maus, mas eu preciso de algo mais." Sou tentada a dizer a ela para se animar. Simplesmente escolha um e se case. Seu caso pode estar na próxima esquina.

***

Se há "casamentos sem sexo", não é fácil encontrar os que sentem falta de sexo. É possível que os japoneses façam menos sexo do que os outros povos deste livro. Eles não tem muito disso no casamento, os homens raramente o têm nos clubes de sexo e mesmo muitos casos amorosos japoneses parecem ser virtuais, uma questão principalmente de anseio romântico em vez de sexo real.

Suspeito que os homens japoneses sintam falta de sexo. Certamente as mulheres japonesas sentem. As mulheres não estão preocupadas com fidelidade. Mas, como as mulheres em todo o mundo, elas buscam por casamentos sexualmente satisfatórios e românticos. Como nem todos os homens japoneses partilham deste ponto de vista, cada vez mais mulheres estão escolhendo ficar solteiras.

É difícil culpar estes infelizes "trabalhadores assalariados". Quando o sexo é levado para o reino da pura fantasia e recreação, fica difícil para mulheres reais — com seus hálitos matinais e demandas emocionais — competir. Imagine passar a tarde com seus colegas de escritório comendo *sushi* no corpo de uma jovem mulher nua, depois voltando para casa, para sua esposa, que pode ter algumas empanadas de frango requentadas no forno. O *sushi* ganha toda vez. Mas hoje em dia no Japão, a esposa poderia decidir que já reaqueceu a última empanada e pedir o divórcio.

Há outro país inteiramente diferente, onde os homens rotineiramente brincam com outras mulheres também como uma forma de relaxamento e recreação. Mas, na África do Sul, enganar tem um preço mais alto do que até mesmo o mais refinado clube de sexo do Japão. Por causa da AIDS, o custo da traição muitas vezes é a morte.

Oito

TEMOS DE TER PELO MENOS UMA PESSOA DE RESERVA

DESDE QUANDO PODE SE lembrar, a funcionária da área médica de um distrito municipal da África do Sul, chamada Alexandra, notou um fenômeno que eles chamam de "Síndrome Alex". Homens negros pobres, alguns com 65 anos, chegam à clínica reclamando de "impotência". Mas descobre-se que a impotência significa que os homens tiveram força suficiente para fazer sexo uma ou duas vezes por noite, todas as noites. "Eles são frenéticos e fora de si", me diz um psicólogo que trabalha na clínica. "Porque eles têm uma esposa e uma namorada. Então eles estiveram com a namorada e têm de voltar para casa, para a esposa, e talvez só consigam fazer uma vez."

O problema obviamente não é limitado a uma cidade. Os homens na África subsaariana alcançam taxas de sexo extraconjugal que fazem até mesmo os russos parecerem recatados. Em Moçambique, cuja capital, Maputo, fica a 400 quilômetros de

Johannesburgo, 29% dos habitantes masculinos em uma pesquisa de 2003 disseram que tiveram múltiplas parceiras no último ano, sete vezes mais do que os homens casados nos Estados Unidos ou na França.

Sob o que eu chamarei de circunstâncias comuns, uma pessoa poderia debater moralmente o fato de se trair a confiança de um parceiro com frequência, engravidando uma mulher além de sua esposa e trocar sexo por dinheiro ou por favores. Mas não há nada de comum na África do Sul. Um em cada cinco adultos tem HIV, o vírus que causa a AIDS. Mais de um milhão de sul-africanos morreram de doenças decorrentes da AIDS. Enquanto escrevo isto, o vírus é uma lenta sentença de morte. Apenas uma fração de pessoas com HIV tem acesso às drogas antirretrovirais, que poderiam salvá-las.

Estes fatos transformaram a traição, que era um passatempo maroto, em uma prática letal. A infidelidade age como uma rodovia expressa extremamente eficiente, que carrega o HIV para a população. Quando as pessoas têm relações sexuais simultâneas, o vírus pode passar para muitos parceiros diferentes quando está no seu ponto mais virulento. (As pessoas são mais contagiosas quando são infectadas pela primeira vez.) Em 1990, menos de uma em cada cem mulheres que apareciam nas clínicas que cuidam de pré-natais da África do Sul era soropositiva. No ano 2000, uma em cada quatro era soropositiva.

"Se você tem alta prevalência em uma comunidade, a infidelidade é uma bomba-relógio", diz Allison Russell, diretora da equipe de cuidados paliativos do Hospital de Chris Hani Baragwanath de Soweto, o maior da África do Sul.

Uma ocorrência comum é aquela na qual um marido é infectado por sua amante, então vai para casa e o transmite à mulher. Os filhos nascidos depois disso também correm risco de ser infectados. Se os pais tiverem sorte, eles viverão mais uma década. Mas a morte muitas vezes chega mais depressa.

Dado este cenário macabro, por que os sul-africanos ainda se arriscam a trair? Será que o instinto de viver e de proteger suas famílias não é muito mais primordial e poderoso do que o desejo de ter sexo com muitas pessoas diferentes?

***

Se você nunca viajou pelo mundo tentando falar com pessoas sobre adultério, você não pode apreciar o alívio que é receber o seguinte e-mail de Isak "Sakkie" Niehaus, um antropólogo da Universidade de Pretória. Eu o recebi poucas semanas antes de voar para a África do Sul:

"Olá, Pamela, você veio ao lugar certo. Esta é minha especialidade. Casos extraconjugais e AIDS. Escrevi muito sobre isso... Entre em contato assim que chegar."

Nem precisava dizer, quando cheguei a Johannesburgo, fui direto para o escritório de Sakkie. Pretória fica a cerca de uma hora de carro de Johannesburgo. Sob o *apartheid* o corpo de estudantes da universidade era bastante branco, mas agora há 40% de negros e quase surrealmente integrados. Num dia de verão e céu azul, os estudantes se reúnem em grupos multirraciais ao longo dos canteiros de grama na praça principal, conversando e sorrindo como se estivessem posando para um catálogo de fotos.

Sakkie tem uma barba ruiva e uma voz profunda que muitas vezes estoura em uma risada que faz tremer sua barriga. Quando digo a ele que o preço de meu táxi foi cerca de 60 dólares, ele ri e diz que é o que o homem da África do Sul tipicamente paga aos pais da futura noiva. Considerando minhas limitadas habilidades culinárias, me pergunto se deveria ter renunciado à entrevista e comprado uma esposa para mim?

As estatísticas sobre infidelidade não capturam realmente o ritmo quase peripatético dos relacionamentos na África do Sul. Mas Sakkie capturou isso numa "biografia sexual" de seu antigo assistente de pesquisa, um amável homem negro de 38 anos que mora num distrito rural ao norte de Pretória, chamado Bushbuckridge. Se o homem, Ace, tentasse o mesmo comportamento em Boston ou em Estocolmo, ele seria considerado um grosseirão de primeira classe — e provavelmente teria alguns problemas legais. Mas na África do Sul sua história é típica de alguém que tem um pouco de dinheiro e muito charme.

Vale seguir os pontos principais para mostrar como mudar o comportamento sexual das pessoas tem reflexos em tudo em suas vidas. Ace realmente movimenta as coisas quando aos 19 anos abandona a escola secundária. Ele mantém relacionamentos com cinco mulheres diferentes. Quando uma delas fica grávida, ele nega a paternidade e foge para sua cidade natal. De volta ao lar, Ace pega mais duas mulheres: Helen e Iris. Iris fica grávida. Ace entrega aos pais dela 37 dólares como pagamento pela noiva. Um breve período de fidelidade se segue, provavelmente o único de sua vida em que Ace chegará perto de ser monogâmico. Mas depois de poucos meses, ele é despedido do emprego numa mina fora da cidade. Seu relacionamento desanda rapidamente. Enquanto Ace está fora, Iris fica grávida do pastor de sua igreja. Ela faz um aborto. Ace descobre e bate nela. Iris foge de Ace e volta para seus pais, levando o filho deles com ela.

A história continua como uma novela mexicana. Pouco tempos depois de voltar a ser solteiro, Ace se junta com Helen, que atualmente está casada com um médico nigeriano. Então ele volta para seu trabalho na mina e dorme com prostitutas até que ele encontra uma divorciada relativamente bem de vida chamada Lindiwe, que está grávida de seu terceiro filho. Ace perde o emprego na mina e admite que apenas finge amar Lindiwe a fim de conseguir dinheiro e cerveja grátis dela. Neste ponto, amigos do ex-marido de Lindiwe dão uma surra em Ace. Nesta altura, Ace está com 23 anos (o que, pelo fato de a expectativa de vida para os homens sul-africanos ser de 43 anos, o coloca na meia-idade).

Ace então encontra uma mulher que ocasionalmente trabalha como prostituta, gera mais três filhos com ela (ele duvida da paternidade de dois deles), mas bate nela e a abandona quando (nenhuma grande surpresa aqui) ele a encontra com outro homem. Ace se junta a outra mulher que trabalha numa loja de roupas, mas ele logo descobre que ela também é amante de um homem próspero com duas esposas. Isto aborrece Ace.

Mesmo para um rapaz dedicado só à diversão como Ace, toda essa agitação é excessiva. Ele diz que realmente sente falta de Iris, a mãe de seu segundo filho, já que — exceto pequeno incidente da gravidez com o pastor — ela sempre foi fiel a ele. Mas quando ele encontra Iris outra vez, ela está em seu leito de morte. Depois de fugir de Ace, ela se casou com um homem rico que pegou HIV de uma de suas namoradas. Ele morreu também.

***

Não é difícil imaginar as pessoas contendo seu comportamento sexual quando são confrontadas com uma doença fatal. Os gays o fazem. Em julho de 1981, médicos de Nova York e de Los

Angeles diagnosticaram 41 homens gays com um tipo raro e mortal de câncer. Todos os casos envolviam "homens homossexuais que tiveram múltiplos e frequentes encontros sexuais, com diferentes parceiros, como dez encontros sexuais por noite, quatro vezes por semana". Dos nove homens diagnosticados em Los Angeles, vários disseram que tinham estado em Nova York recentemente. Estes homens estiveram vivendo o ideal gay urbano. Como John-Manuel Andriote explica em *Victory Deferred: How AIDS changed gay life in America* [Vitória adiada: Como a AIDS mudou a vida dos gays na América do Norte]: "Ser gay nos anos setenta significava homens atraentes, muita droga, discotecas barulhentas e muito sexo."

De 1981 a 1984, foram formados grupos da comunidade gay que passaram a buscar o protocolo reunido de informação médica sobre a doença para elaborar recomendações sobre como evitar contraí-la. Em 1984, o *Gay Men's Health Crisis* [Crise de saúde dos homens gays], um grupo de advocacia popular na cidade de Nova York, divulgou as primeiras diretrizes do sexo seguro. As organizações gays nos países ocidentais instavam os homens a ter menos parceiros sexuais e a usar camisinha e lubrificantes durante o sexo anal. Na cidade de Nova York em 1985, o Ministério da Saúde começou a fechar balneários gays, que eram lugares onde se praticava muito sexo casual. Como as comunidades gays são relativamente concentradas nas áreas urbanas, muitos gays acompanharam de perto enquanto seus amigos definhavam com a AIDS.

As regras sexuais nas comunidades gays ocidentais mudaram. Homens gays formadores de opinião criticaram o comportamento promíscuo. Pessoas que desconsideravam as novas regras de sexo seguro se arriscavam a ser marginalizadas da única comunidade que, para alguns, já os havia aceitado. De fato, os homens gays policiavam uns aos outros. "Mudar o comportamento é menos um processo de indivíduos decidindo mudar do que um processo em que a comunidade muda seus padrões de comportamento e valores", escreveu o ativista australiano contra a AIDS, Adam Carr. Ele faz referência a um estudo australiano de 1990 mostrando que quanto mais ligadas as pessoas se sentem à "comunidade gay", mais provável se torna que elas façam sexo seguro. Os que ficam à margem ou no armário — e, portanto, longe da pressão dos semelhantes — eram os que sofriam mais risco.

O resultado foi que entre 1984 e 1988, os homens gays nos Estados Unidos reduziram o número de parceiros casuais em 30%, de acordo com os cálculos da economista da Universidade de Chicago, Emily Oster. Isto não deteve o HIV, é claro, mas diminuiu sua propagação entre os homens gays.

Algo parecido aconteceu entre os heterossexuais de Uganda. De acordo com a pesquisa feita pelo Programa Global de AIDS, entre 1989 e 1995 a proporção de homens ugandenses que diziam que tinham tido pelo menos um parceiro de sexo casual nos 12 meses anteriores caiu de 35% para 15%. Entre as mulheres a proporção caiu de 16% para 6%. Como com gays norte-americanos na década de 1980, "evitar o sexo arriscado se tornou uma norma da comunidade" em Uganda, explicam os autores de um relatório.

Os ugandenses tinham as mesmas informações sobre AIDS que as pessoas tinham em qualquer outro lugar na África. O que pareceu mudar seu comportamento foi como eles obtiveram esta informação. Os ugandenses aprenderam sobre a doença principalmente a partir de "canais pessoais" — amigos, pastores de igreja e colegas. Isto é, como os homens gays no Ocidente, os ugandenses passaram a mensagem do sexo seguro uns aos outros. "Uma comunicação confiável de alarme e recomendação havia formado raízes nas discussões em grande extensão da rede social em Uganda", escreveram os pesquisadores Rand Stoneburner e Daniel Low-Beer.

"Principalmente na África do Sul, há um silêncio perturbador sobre isso. É vergonhoso ou inaceitável ou atiça sentimentos paranóides", diz Brent Wolff, um epidemiologista baseado em Entebbe, Uganda. "Em Uganda não se está livre do estigma por qualquer meio. Mas é permitido mencionar o HIV sem as pessoas pensarem que você faz parte de uma conspiração internacional ou está querendo denegrir a imagem do país."

Em Uganda, o ministro da Saúde anunciou logo no início que o país enfrentava uma crise de saúde grave. No final da década de 1980, o presidente de Uganda apoiou uma franca campanha incitando os cidadãos a "fazer amor com segurança" e praticar "caça zero" — códigos para evitar o sexo casual. (Isto não significava necessariamente ser monogâmico, uma vez que Uganda permite a poligamia.) Cartazes advertiam AIDS É MORTE CERTA! CUIDE-SE. Igrejas locais assumiram essa mensagem e a espalhavam também.

Uganda até tinha sua própria versão de Rock Hudson, o astro de cinema norte-americano que ajudou a derrubar o tabu nos Estados Unidos ao anunciar em 1985 que tinha AIDS. Antes de morrer em 1989, o cantor ugandense Philly Lutaaya escreveu canções sobre sua batalha contra a AIDS e excursionou pelo país falando nas escolas e igrejas. Sua canção "Sozinho e amedrontado" ainda toca na rádio de Uganda.

***

Os sul-africanos não sofrem por falta de informação sobre o HIV. Mensagens sobre sexo seguro são propagadas todo o tempo na televisão e no rádio. Há distribuição gratuita de preservativos em banheiros de universidades. As pessoas que eu encontro de todos os níveis sabem repetir todas as regras como as passagens da Bíblia: sempre use preservativo ou tenha sexo exclusivamente com um parceiro que seja fiel a você. Em Johannesburgo, os anúncios de utilidade pública imploram às pessoas para dirigirem com cuidado, uma vez que se eles atropelarem um pedestre HIV positivo, o sangue deles poderia se misturar com o da pessoa acidentada na cena do acidente.

Apesar de todos os avisos, os sul-africanos não parecem ter se tornado mais fiéis. As pessoas continuam enganando seus parceiros mesmo sabendo que podem matá-los. Isto vai contra tudo o que pensamos que sabemos sobre a lógica e o instinto de preservação. No ano 2000, pesquisadores descobriram que os residentes de uma cidade eram quase que exatamente tão propensos a se envolver em um "relacionamento casual atual" tanto antes quanto depois de um programa de dois anos de educação sobre o HIV. Apesar de serem praticamente especialistas em AIDS, apenas um terço dos homens e um quarto das mulheres na cidade disseram que usavam preservativo com seus parceiros casuais. (Um ensaio sobre um distrito na mesma área, publicado em um jornal acadêmico, recebeu o título: "Acho que os preservativos são bons, mas ai, eu odeio aquelas coisas!")

A economista Emily Oster analisou os dados de nove outros países africanos entre 1997 e 2002, um período em que a informação sobre o HIV estava se propagando rapidamente. Ela concluiu que a porcentagem de homens que tinham sexo extraconjugal caiu apenas ligeiramente, enquanto a porcentagem de mulheres aumentou um pouco. Entre todos os adultos, os homens eram tão propensos a ter mais do que um parceiro sexual no ano anterior, e as mulheres eram apenas ligeiramente menos propensas.

Embora todo mundo saiba quais são as regras, não chega a ser um segredo que muitas pessoas as burlem. O antropólogo Jonathan Stadler me conta que na região onde ele fez sua pesquisa de campo, a brincadeira sobre o modelo "AFC" ocidental de luta contra a AIDS ("Abstinência", "Fidelidade" e "Camisinha") é de que lá deveria incluir um M, para "Morte". Ele diz que ninguém ficou muito escandalizado quando se descobriu que o "homem do ano" de um grupo de conscientização dos jovens contra a AIDS tinha engravidado meia dúzia de mulheres durante seu reinado.

Embora tudo isso faça sentido para os sul-africanos, ainda acho incompreensível. Como podem as pessoas trocar alguns minutos de prazer por uma morte agonizante? Parti para a exploração desta questão numa fazenda familiar na província de Mpumalnaga, cerca de duas horas e meia a leste de Johannesburgo. Pego carona com um dos motoristas de caminhão. Leva uns 25 minutos do ponto em que ele diz que estamos oficialmente na fazenda até chegarmos ao escritório, que está em algum lugar no meio do caminho. Em volta de nós, campos de milho e de batatas. Parece ser um longo caminho para qualquer lugar. Cerca de 120 famílias vivem na fazenda, mas suas casas e uma escola para seus filhos ficam tão afastadas umas das outras que eles têm de pegar carona com caminhões que passam como o nosso ou andar longas distâncias na beira da estrada. Poucas vezes por ano, trabalhadores temporários chegam para ajudar com a colheita e isto é provavelmente o que trouxe a AIDS para cá.

Embora ninguém tenha mantido os registros dos mortos, a AIDS parece ter tocado todo mundo. A primeira pessoa que encontro é Peter, 45, que foi trabalhador na fazenda durante a última década e mora com sua esposa e filhos. Peter é magro. Uma longa cicatriz divide seu rosto, e um colete quadriculado e roto lhe dá uma aparência de vagabundo esmerado. Ele me conta que perdeu um filho há dois anos, com 21 anos, e uma namorada sua morreu um ano antes disso. No total, ele sabe de 25 pessoas na fazenda que morreram de AIDS, a maioria delas nos últimos cinco anos. Contaram-me que alguns homens tratam seus sintomas consumindo um remédio feito de café, alho, azeite de oliva e óleo de freio.

E mesmo assim a AIDS ainda não havia atingido o status de fato. "Muita gente não acredita nisso", ele diz. Atestados de óbito listam a causa da morte como algo moralmente neutro, como tuberculose, embora seja claro que todo mundo sabe que isto em geral é um código para a AIDS.

Peter insiste em que ele mudou seu comportamento como resultado do que viu a seu redor, mas as mudanças estão mais de acordo com o saber local do que com as regras de sexo seguro difundidas no rádio. Ele não tinha, por exemplo, se tornado fiel à sua esposa. Mas ele não tem de fazer isso, ele diz. As prostitutas na fazenda agora insistem que os homens usem camisinha. E "as namoradas, você realmente não pega AIDS delas, porque elas são monogâmicas. Onde um cara pega AIDS é mais das putas", ele diz. Quando eu argumento que uma de suas namoradas morreu de AIDS, ele me garante que não será enganado outra vez. "Você julga o comportamento dela quando ela está com outros homens. Se você vai e a visita e ela está em casa, você saberá logo."

Mas Peter tem dificuldade até de seguir estas regras caseiras. Ele diz que há noites no *shebeen*, um bar informal, em que ele faz sexo sem proteção com prostitutas também. “Se a gente está chateado, a gente não se importa com isso [camisinha]”, ele diz. “Há tantas prostitutas, quando um cara não está pensando direito, elas se jogam em cima dele.” Os preços atuais são de cerca de 7 dólares por uma “volta” e 36 dólares por uma noite inteira. Há também um preço mensal de 72 dólares (um preço alto!) que dá direito ao cliente de visitas todas as noites.

A linha entre “namorada” e “prostituta” não é clara também. Peter diz que sua última namorada o deixou por um sujeito que ofereceu a ela mais dinheiro. Ele diz que algumas mulheres que trabalham na fazenda são freelancers que se tornam prostitutas no final do mês, quando todo mundo recebe salário. No resto do mês elas podem ser a namorada de alguém.

Quando dou uma olhada na fazenda, é difícil dizer que o *apartheid* acabou. Os proprietários são brancos e os trabalhadores são negros. Jahbi, um homem jovem animado que me conta que é o “representante da saúde” da fazenda, diz que há um funeral naquele dia, embora ele não saiba quem morreu ou por quê. Até onde sei, ninguém na fazenda admite ter AIDS. Eu menciono que ouvi que uma clínica pública na vizinhança da cidade começou a oferecer drogas antirretrovirais. Jahbi não ouviu isso; ele quer saber mais.

Estou curiosa sobre as prostitutas free-lance, então Jahbi se oferece para me levar para encontrar algumas delas. É meio-dia e o sol está batendo. Depois de cerca de 15 minutos dirigindo em linha reta pelo campo de milho vazio, eu olho nervosamente para Jahbi. Para onde ele está me levando? De repente uma carroceria atrelada a um trator aparece no meio dos campos. Nela estão cerca de vinte mulheres jovens que passaram a manhã na colheita. Elas parecem uma trupe de dança moderna, em um sortimento escandaloso de saias mal combinadas, meias-calças, luvas e chapéus, para protegê-las do sol e dos talos do milho. Algumas pintaram o rosto de bloqueador solar rosa e amarelo ou amarraram echarpes coloridas na cabeça. O efeito é deslumbrante. Elas estão lindas e praticamente todo mundo está sorrindo. Quando eu caminho para cima do caminhão, todas elas começam a gritar para mim ao mesmo tempo.

Jahbi e eu puxamos seis mulheres para fora do caminhão. Com ele fazendo a tradução do zulu elas começam a me contar sobre suas vidas amorosas. Elas têm vinte e poucos anos. Todas menos uma têm namorados e nenhuma usa camisinha com eles. "Eu confio no meu parceiro. Ele está comprometido comigo, continua me falando a verdade, ele nunca mente para mim", uma das mulheres, de 25 anos, me diz.

E sobre outros homens? "Se eu tenho um caso além do meu parceiro, uso camisinha", ela diz.

O que ela quer dizer com "um caso"? Pergunto às mulheres se elas já fizeram sexo por dinheiro. Há uma pausa coletiva, depois uma mulher com cachecol vermelho na cabeça diz pelo grupo: "Durante o mês, não. No fim do mês, sim!" Todas começam a dar risadinhas.

"Mas nós usamos preservativo!", outra fala alegremente.

"Estamos sofrendo!", outra das mulheres, também de 25 anos, me diz. "Quando precisamos de dinheiro, supõe-se que se use sexo e então você consegue dinheiro." Ela diz que ganha cerca de $115 por mês do trabalho na fazenda, mas elas precisam perto de $215 para suas despesas. Elas ganham cerca de $29 por uma farra de duas horas, coerente com os preços que

Peter tinha citado. Quando eu pergunto onde elas fazem isso, elas apontam para os campos de trigo. Percebo que elas não usam o dinheiro para tratamentos em spas, mas também não é para comida. As moças trabalham fora todo dia. Querem ter um pouco de diversão, um pouco mais do que a vida de subsistência. Uma mulher me diz que seu sonho é ter um marido e filhos. Outra exclama: "Quero estudar!" Elas são vigorosas e curiosas e querem se proteger. "Fale-nos sobre HIV!", elas dizem, e então "Fale-nos sobre o além-mar!".

Mas os homens que podem pagar para serem seus clientes de final de mês são os mais propensos a serem HIV positivos. (Os homens mais pobres não são os de maior risco, porque ninguém quer dormir com eles.) Em um estudo realizado na África do Sul com homens e mulheres com idade entre 15 e 24 anos, as mulheres foram consideradas quatro vezes mais propensas a ter HIV do que homens da mesma idade. Mulheres que dormiam com homens poucos anos mais velhos eram as de maior risco. É um enigma doloroso para uma mulher pobre: o homem com o carro e o emprego é exatamente aquele a evitar. É difícil imaginar que a lógica funcione com as mulheres de qualquer lugar.

Outra falha em sua estratégia está na frase que elas repetem enquanto Jahbi e eu saímos, como se fosse um artigo de fé: "Confio no meu namorado!"

***

Ainda não consigo conceber: as pessoas continuam a fazer sexo arriscado, embora isso possa matá-las e a seus familiares. Mas talvez eu tenha subestimado a importância das relações amorosas, num lugar em que, mesmo sem AIDS e *apartheid*, a vida é bem árida. O amor, seja no casamento, seja num relacionamento extraconjugal, oferece um dos poucos portos seguros para o desemprego e a violência que assombram a maioria das pessoas aqui.

Comparados com os sul-africanos, os homens gays ocidentais tiveram mais facilidade: eles decidiram renunciar a uma noite de sexo ou começar a usar camisinha com pessoas que eles quase não conheciam. Para relações de apenas uma noite com prostitutas, os sul-africanos também se tornam mais propensos a usar camisinha. Mas na África do Sul o comportamento mais perigoso ocorre dentro dos relacionamentos nos quais as pessoas têm sentimentos umas pelas outras, mesmo se não forem monogâmicas. Isto torna ainda mais difícil insistir no preservativo.

"Você poderia dizer que a dinâmica dos relacionamentos humanos é contrária ao uso do preservativo", diz Brent Wolff, o epidemiologista em Uganda. Pedir a alguém para usar preservativo implica que você não confia nele e você precisa confiar para sentir amor e paixão. Wolff diz que é quase impossível encontrar alguém que use preservativos coerentemente em qualquer país, mesmo entre pessoas que juram que o fazem.

Este conflito parece assombrar Khayelitsha, uma metrópole de cabanas de paredes de zinco ao largo da rodovia entre Cidade do Cabo e o aeroporto. A população do distrito surgiu depois que as principais leis do *apartheid* foram substituídas em junho de 1991 e foi permitido aos negros viajar livremente. Milhares de pessoas das áreas pobres do Cabo Oriental foram para a região em volta da Cidade do Cabo procurar emprego. Muitos nunca os encontraram, como ficou provado pelo fato de que muitos dos quase 750 mil residentes de Khayelitsha ainda usam latrinas externas e lamparinas a querosene.

Um dos edifícios de aparência mais moderna em Khayelitsha é uma maternidade. Na manhã que eu a visito, uma sala dentro da unidade vai lentamente se enchendo de mulheres e seus bebês. As mulheres estão conversando umas com as outras numa linguagem "estalada" chamada xhosa, que soa como os movimentos de relógio do vovô. Ninguém está amamentando. Todas elas estão em um programa de monitoramento chamado De Mães para Mães [*Mothers 2 Mothers*], cujo fundador, Mitchell Besser, um ginecologista norte-americano, queria ensinar a mulheres grávidas HIV positivo como conservar a si mesmas e seus bebês, saudáveis. Ele me fala no telefone: "Acho que reconhecemos a fidelidade e estamos começando a reconhecer a infidelidade segura."

O coordenador Pat Qolo diz que em média uma em cada quatro mulheres grávidas que vêm para a clínica é soropositiva. Mas é claro que nem todos os dias os números são estes. No início da semana, metade das trinta mulheres que foram testadas era soropositiva. Nos outros dias, "nunca menos de dez", ela diz.

Uma dessas mulheres é Zukiswa, 32 anos, que está sentada num canto carregando seu bebê de três meses de idade. Zukiswa é rechonchuda, com feições de menina e um olhar fixo, inteligente. Ela conheceu o marido quando era uma estudante de 16 anos no Cabo Oriental e ele um motorista de táxi de 36 anos que se ofereceu para ensiná-la a dirigir.

Ela disse que nunca "andou por aí" quando seu marido estava fora, então ela tem uma boa ideia de onde pegou o vírus. "Você sabe quando seu marido às vezes não dorme em casa", ela diz. Ele sabe que ela é soropositiva, mas se recusa a fazer o teste. E embora prometa não ir aos bares de sexo, ele ainda vai. Alguns são apenas cabanas de terra batida, onde a cerveja é feita numa grande banheira e onde as prostitutas circulam. Sakkie descreve os bares de sexo como lugares de realidade alternativa onde as regras comuns de comportamento não se aplicam. O marido de Zukiswa expressa isso da mesma forma. "Ele diz: 'Você sabe quando está bêbado, sua cabeça não está no que você está fazendo, então você pode fazer qualquer coisa'."

O novo bebê do casal será testado para o HIV na semana seguinte. Se o bebê for positivo, esta pode ser uma razão a mais para o marido dela não ser testado. Se sua própria situação permanecer ambígua, ele não pode realmente ser culpado por infectar a esposa e o filho. Mesmo não indo ao bar de sexo, ele pode permanecer numa realidade alternativa, na qual o vírus pode ter chegado até sua casa misteriosamente.

Embora seu marido a tenha decepcionado, aos olhos dos amigos dele ele não fez nada de errado. Se deixasse de ir ao bar de sexo, eles pensariam que ele estava sendo dominado. Zukiswa parece extremamente enérgica, mas não tem autoridade para acabar com o poder que este tipo de pensamento tem sobre ele. "Nossos maridos não querem que as mulheres lhes digam o que fazer. Esta é a razão", ela diz.

Pumza, que está sentada algumas cadeiras depois de Zukiswa, parece menos disposta a culpar seu namorado por tê-la contaminado com o HIV. Ela ainda suspira quando descreve o dia em que o conheceu, numa rua de Khayelitsha. "Ele estava apenas andando quando me viu e me perguntou: 'Para onde posso levar você?'", lembra ela, sorrindo de repente como uma garota de escola. "Oh, ele era um cara legal. Ele era bonito e de fala tranquila."

Pumza, 26 anos, tem cabelo curto, pele luminosa cor de chocolate e intensos olhos castanhos. Posso imaginar um homem louco para conseguir seu número de telefone. Mas dois anos depois de seu futuro namorado tê-la paquerado na rua, ele morreu de AIDS. No fim, ele estava tão magro que Pumza mal podia dizer que havia alguém em sua cama.

No princípio Pumza diz que não tinha certeza como havia contraído o HIV. Ela teve outro namorado antes. Quem sabe veio dele? Então ela conta que depois de uma das reuniões do grupo de apoio, uma mulher se aproximou dela dizendo que tinha namorado seu último parceiro, antes de Pumza o conhecer. Esta mulher descobriu que era soropositiva em 1995 e então contou isso ao namorado. Ela tinha visto Pumza perto de Khayelitsha e queria alertá-la. Ela falou com Pumza: "Eu não sabia nem mesmo se você tinha dormido com aquele sujeito sem preservativo. Mas eu queria saber de você. Eu sei que aquele cara estava infectado. Quero saber se ele lhe falou que era soropositivo."

Pumza realmente não consegue conciliar esta nova informação com aquele dia romântico na rua, quando um homem jovem e bonito pediu seu número de telefone. "Ele era soropositivo já naquela época, todo o tempo ele era positivo. A época em que veio falar comigo, ele estava sabendo que era soropositivo", ela diz, quase para si mesma. Mas Pumza não sabe como culpá-lo, principalmente porque ainda está de luto por ele. Tão rapidamente quanto veio, a nova informação a deixou. "Eu não o culpei", ela diz de repente. "Mas agora não posso mais fazer isso, porque ele morreu."

***

Quando converso com os homens sul-africanos sobre infidelidade, eles quase sempre mencionam o rei de Suazilândia. Suazilândia é um país minúsculo cercado pela África do Sul e por

Moçambique. Seu líder, o rei Mswati III, é o último monarca absoluto na África e os outros sul-africanos o veem como um *über*macho.[18] O rei, 38 anos, tem apetites sexuais legendários. Todos os anos ele escolhe uma nova esposa entre dezenas de milhares de mulheres jovens que desfilam em um festival gigantesco vestidas com pouco mais do que uma minissaia. Enquanto estou na África do Sul, os jornais locais revelam que Mswati gastou 820 mil dólares comprando dez BMW novos para suas atuais esposas.

Além de ser extremamente pobre, a Suazilândia tem a taxa mais alta do mundo de infecções por HIV. De acordo com *The World Factbook*, 39% dos adultos suázis estão infectados (comparados com os cerca de 22% de sul-africanos adultos). A expectativa de vida para os homens suázis é de 32 anos; para as mulheres é de 33. Pode-se imaginar as várias rotas que o vírus tomou. No ano 2000, o rei proibiu as alunas suázis de usarem minissaias, para desestimular as relações sexuais entre estudantes e professores. No ano seguinte, ele proibiu terminantemente moças com menos de 18 anos de fazerem sexo, mas logo desafiou a própria proibição ao escolher uma moça de 17 anos como sua nona esposa (ele multou a si mesmo em uma vaca).

O rei Mswati afirma — e muitos sul-africanos parecem acreditar — que ao ter múltiplas esposas ele está preservando do desaparecimento os valores culturais da região. O povo sul-africano comum me diz que os homens dos "velhos tempos" não "andavam por aí" porque tinham mulheres suficientes em casa para satisfazer seus desejos. Hoje em dia, porém, os ho-

[18] Supermacho; super, em alemão no original. (*N. da T.*)

mens têm amantes porque não podem pagar para ter mais de uma esposa.

Este relato parece basear-se num entendimento equivocado da história. Dois historiadores da Universidade de Witwatersrand em Johannesburgo dizem que a poligamia nunca foi difundida. Peter Delius e Clive Glaser escrevem que apenas uma minoria — principalmente os líderes e os homens ricos —, nas pré-colônias sul-africanas, tinham múltiplas esposas. E a poligamia não era suficiente para conter os desejos extraconjugais. "As relações sexuais extraconjugais eram tão 'tradicionais' quanto a própria poligamia", eles escrevem.

Delius e Glaser explicam que o sexo extraconjugal se tornou muito mais comum na década de 1930, quando os casais negros se separavam para que os homens pudessem trabalhar em minas distantes. Quando os maridos estavam fora, as esposas se voltavam para um tipo de permuta sexual que incluía romance e companhia, assim como dinheiro. Um observador da década de 1930 das favelas de Johannesburgo notou que "poucas mulheres admitiam que tivessem *nyatsi* (maridos clandestinos), mas todos os informantes testemunhavam pronta e enfaticamente que suas vizinhas tinham 'namorados'".

Esta prática ainda é tão comum, que os homens que pagam o aluguel das moças em troca de sexo são chamados de "ministros da habitação", os que pagam as taxas da escola e da universidade são chamados de "ministros da educação" e, é claro, os "ministros da comunicação" pagam os créditos de seus celulares. (Homens que compram comida são conhecidos simplesmente como "meninos do almoço".) Helen Epstein, que tem escrito bastante sobre a AIDS na África subsaariana, ressalta que estes presentes não são pagamento estrito do sexo. Eles também são uma prova tangível de amor.

Um dos que estão em posição de pagar é William, 47 anos, que opera uma caldeira em uma empresa na Cidade do Cabo chamada SA Metal Group, a qual possui um programa inovador para tratamento de empregados com AIDS em suas casas. O corpo musculoso de William, com maçãs do rosto salientes e dentes dianteiros proeminentes, lhe dá um aspecto de castor mirrado. Ele foi arrancado do trabalho e está estatelado diante de mim em um escritório com ar-condicionado, porque ele é um "colega educador" sobre o HIV. Isto significa que a empresa espera que ele dê o exemplo a seus colegas. Mas mesmo que William saiba tudo sobre preservativos, ele é um "faça o que eu digo mas não faça o que eu faço" em relação à fidelidade. "Em nossa cultura, espera-se que você tenha uma namorada fora. Às vezes filhos também. Isto não é problema para a nossa cultura", ele diz.

Porém, é um problema para a esposa dele. "Eu não contei a ela, estou com medo de contar a ela", ele admite. Ao contrário, duas vezes por semana, ele telefona por volta das oito da noite e diz que vai dormir na casa do "irmão". Sua esposa nunca descobriu a artimanha. Embora tenha de agir secretamente, William está confiante de que está fazendo a coisa certa. Afinal de contas, há noites em que sua esposa não quer sexo. E, como muitos homens, ele não terá relações com sua esposa enquanto ela estiver grávida ou amamentando. "Nós homens temos de ter pelo menos uma pessoa de reserva", ele diz.

Esta mesma mensagem vem do alto. Em 2006, o Tribunal Superior de Johannesburgo absolveu o ex-vice-presidente, Jacob Zuma, de estuprar uma mulher de 31 anos no quarto de casal da casa dele, em Johannesburgo. Embora o juiz tenha julgado que o sexo foi consensual, ele castigou Zuma por ter feito sexo sem proteção com a mulher, embora ela fosse uma ativista da AIDS que ele sabia ser HIV positiva. Zuma, 63 anos, é um ex-dirigente do Conselho Nacional de AIDS.

Em testemunho que manteve o país extasiado, Zuma, que é casado, explicou como aconteceu: "Eu a toquei e a beijei. Quando eu toquei suas partes íntimas, ela estava pronta." Eles discutiram o uso de um preservativo, mas nenhum dos dois tinha um. Zuma afirma que hesitou, mas a mulher insistiu dizendo que ele não podia "deixar uma mulher naquela situação", informou o jornal *Mail & Guardian*, da África do Sul. "E eu disse para mim mesmo, 'eu sei como aprendi na cultura zulu que você não deixa uma mulher naquela situação, porque se você faz isso, ela vai te manter preso e dizer que você é um estuprador'."

A mulher então "abriu bem as coxas, eles se beijaram e então começaram a ter uma relação sexual". Zuma testemunha que tomou uma ducha logo depois, na esperança de minorar as chances de contrair o vírus. No tribunal, seu advogado defendeu esta técnica.

***

No jornal de Soweto, os anúncios pessoais estão exatamente acima dos obituários. Parece uma metáfora deliberada pelo fato do amor ter se tornado tão próximo da morte. As pessoas de cada lado da página parecem conversar umas com as outras. "Douglas M." escreve que é "um homem solteiro de 25 anos sem filhos e que está procurando uma mulher entre 18 e 23 anos sem filhos que esteja pronta para firmar compromisso. Ela deve ser educada e respeitosa... Por favor responda em inglês, isiZulu ou xona e inclua uma fotografia". Uma mulher chamada Lydia combina com a descrição dele: ela tem 21 anos, aparentemente sem filhos e em sua fotografia parece bastante bonita. Se Lydia não estivesse para ser "enterrada no sábado, no Cemitério de Avalon". Próximo à nota de Lydia há 17 outras notas de falecimento de outras pessoas que estiveram do outro lado da página: a maioria com 30 anos ou menos. Um rapaz com rosto de bebê, chamado Modiko, tem apenas 19 anos. Nenhum detalhe sobre a causa da morte.

Como se pode aceitar isso? Emily Oster, a economista, decidiu desafiar a ideia de que as pessoas em todo lugar estão, do mesmo modo, ansiosas para preservar suas vidas. Ela postulou que os homens gays de classe média nos Estados Unidos dão mais valor a suas vidas do que os africanos pobres com menos dinheiro e anos a perder se forem infectados com o HIV. Para ambos os grupos, ela estudou o período antes das drogas antirretrovirais estarem disponíveis.

Para medir isso, Oster criou um modelo para o que ela chamou de "preço calibrado de um parceiro sexual". Isto representa os anos de vida e renda que alguém resiste a perder ao fazer sexo com mais de uma pessoa durante um período de 12 meses. Ela calcula que quando a taxa de contaminação por HIV aumenta em um ponto percentual em certos países da África, o "preço" de um novo parceiro sexual é de 1.569 dólares para mulheres e de 853 dólares para homens. Para a maioria dos homens gays de classe média em sua amostra, o "preço" de ter um parceiro sexual adicional é de cerca de 5.500 dólares.

Oster usou dados de Benin, Burkina Faso, Etiópia, Gana, Quênia, Malawi, Mali, Namíbia e Zimbábue. A África do Sul, que é mais rica do que a maioria dos outros países subsaarianos, não foi incluída em suas pesquisas de países.

Coerente com sua hipótese, Oster descobriu que o povo mais rico, com expectativa de vida mais longa, mudou seu comportamento mais do que as pessoas pobres com expectativa de vida mais curta, quer sejam africanos, quer sejam homens gays nos Estados Unidos. Estes resultados sugerem que um homem em um clube sexual num distrito da África do Sul pesa os riscos de seduzir a mulher bonita diante dele contra seu desemprego e o fato de que os homens à sua volta morrem por volta dos 40 anos. Dê a este mesmo homem um emprego mais bem remunerado e mais anos para viver e ele se sentirá menos propenso a convidá-la para sair.

Há pessimismo na África do Sul. A taxa de casamento despencou. Jonathan Stadler, o antropólogo, explica que os homens na região rural que ele estuda passavam anos economizando para se casar. Agora, alguns gastam o dinheiro da demissão permanecendo no bar por duas semanas. Eu esperava ver histórias sobre AIDS diariamente nas primeiras páginas dos jornais locais; imagine se 20% dos adultos norte-americanos tivessem uma doença mortal e não estivessem recebendo tratamento! Mas a maioria dos artigos sobre AIDS que vejo estão nas páginas internas do jornal.

Porém, nenhuma das pessoas que eu encontrei sugeriu que fosse indiferente a seu próprio destino. Muitos, como Lucy, 32 anos de idade, faxineira em Johannesburgo, ficam petrificados de medo de morrer e querem desesperadamente viver tempo bastante para criar os filhos. Mas a ubiquidade da morte também tem um efeito entorpecente. O marido de Lucy, o pai e a sobrinha morreram de AIDS. Quando ela soube que também era soropositiva, disse apenas: “Sim, eu sei, já esperava por isso.”

O marido dela a fez dormir no chão da sala com nove meses de gravidez, para que ele pudesse fazer amor com outra mulher no quarto deles. Quando Lucy avisou a uma das amantes dele que ele era HIV positivo, a mulher não acreditou e disse que Lucy estava com ciúme.

Lucy também se culpa por ter contraído o HIV. Ela diz que provavelmente seu marido não teria se tornado um "homem malandro" se ela estivesse disposta a fazer "aquilo", querendo dizer felação. De qualquer maneira, Lucy entende a necessidade dele de variar parceiras. Ela teve um relacionamento paralelo com um antigo namorado, que era casado. "Se você sempre come frango, vai ficando ruim. Você tem que variar a dieta", ela diz.

O período em que seu marido ficou doente também foi um dos melhores de seu casamento. Ele finalmente se tranquilizou e eles desfrutaram da companhia um do outro. Durante uns breves meses, não havia nenhuma outra mulher e "eu estava ocupando meu lugar no meu lar", Lucy diz. A paz terminou quando ele morreu e a família dele a acusou de tê-lo matado com uma poção do amor. "Minha sogra disse: 'Por que você não está doente? Esperava-se que você também ficasse doente'."

São tantos diferentes conjuntos de regras em torno de Lucy que no fim ela fica com a mais tranquilizadora: uma esposa deve amar seu marido, e as pessoas apaixonadas não matam uma à outra. Quando pensa em seu marido agora, tudo o que sente é saudade. Ela lembra que às quintas-feiras ele comprava um frango e um litro de Coca-cola e trazia para a mesa da cozinha. "Pode acreditar, eu sinto falta de tudo isso. Sinto falta até dos passos dele quando voltava do bar de sexo, quando ele caminhava como um velho. Sinto falta de tudo isso agora." Ela o perdoa por tê-la traído. Ela o perdoa por tê-la contaminado com o HIV. Ela o perdoa por ter morrido, deixando-a sozinha.

"Eu preciso perdoá-lo por tudo o que ele me fez, porque Deus está lhe perguntando sobre isso agora."

Quando os norte-americanos descobrem que seus cônjuges mentiram para eles e foram infiéis, entram em dissonância cognitiva. Como pôde uma pessoa que me ama mentir para mim? Eles ficam desorientados e pensam que nada mais na vida deles é o que parecia ser. A experiência é desorientadora e dolorosa. Mas pelo menos não é mortal.

Os sul-africanos também desejam confiar nas pessoas que amam. Mesmo em um país onde a infidelidade é excessiva, as esposas esperam que seu cantinho esteja protegido da traição e da doença. Quando não está — quando seus maridos as enganam e trazem o HIV para casa —, a reação delas não é racional, mas romântica. As mulheres não são jogadas numa dissonância cognitiva, imaginando que sempre "viveram uma mentira". Elas se agarram à visão sonhadora de seus relacionamentos. Quem quer desistir do amor? Principalmente se você acaba de descobrir que vai morrer.

Eu cheguei à África do Sul pensando que o que mais importa para a maioria das pessoas é a sobrevivência. Mas as doenças existem no reino dos doutores e da ciência. O medo de morrer muitas vezes não é suficiente para impedir as pessoas de trair. Ao contrário, o que mulheres como Lucy e homens como Ace querem é amor, sexo e a aceitação de seus semelhantes.

E o temor de Deus? Isso impede as pessoas de trair? Ou as pessoas religiosas também são mais influenciadas por seus amigos do que por seu Deus? Para responder a esta pergunta, acrescentei páginas ao meu passaporte (corri atrás de vistos e selos) e segui em frente, para encontrar os crentes em vários países.

Nove

DEUS NO QUARTO

QUANDO SHLOMO ENCONTROU sua futura esposa, os membros das duas famílias estavam esperando do lado de fora da porta. Eles já haviam pesquisado os antecedentes um do outro e só faltava os futuros noiva e noivo assinarem, concordando em passar a vida inteira juntos.

"Nós estávamos em um quarto. Nós apenas dissemos: 'Quantos irmãos? Quantas irmãs?' Depois de cinco minutos o pai dela chegou e disse: '*Nu?*' (...) Meu pai, eu pedi a ele mais cinco minutos. Então eu lhe disse: 'Está bem'."

Shlomo tinha 18 anos e meio e foi a primeira vez que ele ficou a sós com uma moça.

"Eu aprendi na *yeshiva* que você não pode nem mesmo pensar em moças. É pecado."

Depois da festa de casamento alguns meses mais tarde, os pais de ambos acompanham o jovem casal à sua casa. A mãe da noiva leva a filha para a cozinha e fala com ela sobre os pássaros e as abelhas, enquanto Shlomo tem uma conversa semelhante na sala de estar de um amigo da família. Shlomo diz que o homem lhe falou: "Eu não sei o que você sabe e o que você não sabe... Um homem tem um pênis entre as pernas. Ela tem aquilo." Ele deu a Shlomo várias folhas de papel com instruções sobre como proceder. Ele e sua nova esposa, que parecia estar em choque com o que tinha acabado de saber na cozinha, sentaram-se juntos para estudar as regras. Elas incluíam:

1. O casal deve despir-se completamente.
2. Quando Shlomo arremeter pela primeira vez dentro dela, ele romperá seu hímen e a fará sangrar. Isto a tornará impura. Assim, se ele retirar, ele não pode reentrar.
3. Considerando que a noiva estará impura, depois que Shlomo retirar, o casal não deve se tocar novamente por cinco a sete dias.

Levou muitas horas para os recém-casados revisarem todas as instruções. Quando foram para a cama, o sol já estava alto. A noiva estava tão assustada, que estava suando. Shlomo mergulhou dentro dela por alguns segundos, mas ele estava tão inibido que retirou, talvez antes de entrar o suficiente. Ninguém tinha certeza se eles tinham feito direito, então, mais tarde daquele mesmo dia Shlomo foi ver um rabino. O rabino escutou a história de Shlomo e então pôs dois dedos de uma mão num círculo da outra mão, tentando estabelecer a profundidade que Shlomo tinha entrado em sua esposa e se o pênis dele na ocasião estava "duro como um dedo". Shlomo assegurou a ele que sim. "Ele decidiu que foi o suficiente", Shlomo recorda, ainda visivelmente aliviado. "Mesmo que não tenha ido até o fim, você fez isto."

Judeus extremistas ortodoxos não são as únicas pessoas religiosas que recebem treinamento para o sexo. Um levantamento realizado mostra que 80% das leis islâmicas tratam do casamento e do comportamento das mulheres. Alguns relatos dizem que a ruptura que dividiu os muçulmanos em sunis e chiitas no século VII foi causada por uma disputa sobre se a esposa mais jovem do profeta Maomé, A'isha, o havia traído ou se somente compartilhou um passeio de camelo com um homem mais jovem e atraente.

O islamismo, o judaísmo e o cristianismo condenam o adultério nos mais severos termos. Os Dez Mandamentos o proíbem e então advertem a seus seguidores a não desejar a mulher do próximo. Jesus não queria que seus seguidores sequer pensassem em sexo extraconjugal. Ele disse que qualquer um que olhasse "luxuriosamente" para uma mulher "já teria cometido adultério em seu coração".

Mas nenhuma das principais religiões toma como certa a adesão à proibição do adultério. Um catecismo católico reconhece que o "autocontrole é um trabalho *longo e difícil.* A pessoa nunca pode ter garantia de o ter conquistado de uma vez por todas. Isso pressupõe esforço renovado em todas as fases da vida". O apóstolo São Paulo trata o adultério como rebelião da carne contra o espírito. Muçulmanos e judeus, para evitar a tentação, seguem o costume de manter as mulheres cobertas e mantêm a separação dos sexos.

Mas toda essa atenção ao sexo extraconjugal é capaz de manter essas pessoas na linha? As regras e os obstáculos conseguem canalizar o desejo sexual das pessoas seguramente para o casamento? O temor da ira de Deus é suficiente para tornar o fiel fiel — ou pelo menos mais fiel do que o não crente?

As estatísticas não conseguem responder a estas perguntas. Decido ir em busca das diferentes comunidades religiosas e procurar aqueles que estão lutando com a tensão entre o que as leis religiosas dizem e como as pessoas ao redor delas realmente se comportam. Não é, de modo algum, um olhar definitivo sobre qualquer religião, mas mostra as pressões e dificuldades que estão envolvidas.

***

Minha primeira parada é o Brooklyn, Nova York. O Brooklyn é um tipo de Terra Santa para os judeus ultraortodoxos conhecidos como hassidim, cujas seitas estão aglomeradas em bairros de todo o município. Um observador treinado pode distinguir entre os adeptos das diferentes seitas pelo tipo de chapéus que eles usam e pelo comprimento dos cachos na frente das orelhas, conhecidos como *payos*. A maioria dos hassidim fala o dialeto da aldeia nativa iídiche na Polônia ou na Hungria, de onde seus antepassados emigraram, gerações atrás. Diferentemente dos judeus que são simplesmente ultraortodoxos, os membros de uma seita hassídica recebem orientação de uma seita "rebbe", que é parte de uma dinastia rabínica, que remonta a um século ou dois atrás.

Satmar é uma das seitas hassídicas mais exóticas. Embora os milhares de partidários de Satmar vivam a poucas estações de metrô de Times Square, eles bem que poderiam estar em outro planeta. Alguns homens Satmar usam as meias brancas até o joelho e os chapéus redondos de pele que eram comumente usados pelos aristocratas húngaros. As mulheres casadas levam a injunção para serem modestas tão a sério que raspam a cabeça e depois a cobrem com uma peruca ou uma echarpe.

Muitos Satmar têm apenas uma noção rudimentar do inglês falado e escrito e um conhecimento de ciência, matemática e história correspondente ao de uma sexta série escolar. Poucos vão para a faculdade. As mães hassídicas querem que os filhos sejam especialistas religiosos, não doutores. Por volta dos 21 anos de idade, as mulheres são consideradas tão velhas, que não são mais casadouras.

Quando se casam, os casais hassídicos (assim como alguns outros judeus extremistas ortodoxos) não manipulam os objetos um do outro, nem usam termos carinhosos enquanto a esposa está menstruada, e uma semana além, por precaução. Fazer isso poderia incitar a luxúria do casal e levá-los a ter sexo enquanto a esposa é considerada impura. Alguns casais têm um cuidado extra e *nunca* dizem qualquer coisa íntima um ao outro, evitando até mesmo chamar o outro pelo primeiro nome. Um homem jovem me conta que seu pai chama a mãe por "*Herr nor*", expressão iídiche para "Escute". Isso me fez lembrar um casal japonês que dizia apenas: "Ei, você".

Eu ouvi rumores de que o mundo hassídico não é tão puro quanto parece — ou não tão puro quanto a noite de núpcias de Shlomo poderia sugerir. Contam que alguns homens hassídicos frequentam prostitutas e que eles até encontraram uma solução para as falhas religiosas, para torná-las limpas. Será que é apenas a fantasia de um estranho? Como conseguirei entrar neste mundo tão fechado para descobrir?

Por uma série de contatos, finalmente abro caminho até um tipo de clube hassídico, que os homens de várias seitas, mas principalmente Satmar, frequentam. Fica no segundo andar de um edifício de frente de uma loja, nos arredores do Parque Municipal, que é lar de uma das maiores populações ortodoxas do mundo. O clube é um refúgio para os inadaptados do mundo hassídico — homens que estão tão mergulhados na cultura hassídica que não conseguem deixá-la, mas que precisam de um lugar onde seja seguro criticá-la. Muitos têm longos *payos* e seguem a injunção de nem mesmo acender um interruptor aos sábados, o sabá judeu. Mas talvez eles duvidem da existência de Deus ou tenham adotado novas ideias assistindo a alguma série de televisão. Outros, como Shlomo, simplesmente precisam de uma pausa de suas esposas inexoravelmente piedosas. A sede do clube ganharia muito com uma bela limpeza (meu presente de despedida para o organizador é um abajur funcionando), mas a atmosfera é viva e agradável. *Pretzels* e pizzas *kosher* são servidos em abundância e homens inteligentes de casacos pretos contam piadas cuja graça só pode ser entendida quando contadas em iídiche.

Estes homens não representam todos os judeus religiosos nem todo o hassidismo. Mas como a maioria deles cresceu nas culturas peculiares do mundo hassídico, estão intimamente versados no que é aceitável e no que não é. Um homem jovem diz que costumava ir furtivamente à biblioteca pública para ler romances; ele se divorciou, embora seu pai o tenha avisado que ele estava manchando a reputação da família e que a tensão iria exacerbar o câncer de sua mãe. (Um homem divorciado pode se casar outra vez, mas é provável que tenha de se conformar com alguém "menos qualificado", como uma divorciada que tem um filho.) Outro homem na sede, extremamente bonito, com 22 anos, com *payos* pretos brilhantes, diz que sua verdadeira alegria é dançar; ele memorizou a coreografia de vários vídeos de Britney Spears. Mas o pai dele o está pressionando para casar e ele está escapando com desculpas. Ele teme que, se se afastar do rebanho — se começar a se vestir de forma diferente, por exemplo —, seus pais e a maioria de seus 13 irmãos deixarão de falar com ele.

Embora o hassidismo que encontrei tenha rompido com a maior parte da civilização moderna, eles são instruídos sobre sexo. Eles passam a maior parte da adolescência nas *yeshivas*, academias religiosas para homens, onde estudam o Talmude, às vezes durante 12 horas por dia.

As mais de 12 mil páginas de argumentos, histórias e ensinamentos do Talmude sobre a lei judaica contêm ricas discussões sobre sexo. Um livro inteiro é dedicado a *sotah*, uma mulher que se suspeita que seja adúltera, porque foi vista entrando num lugar recluso com um homem que não era o marido dela. (Adultérios confirmados são tratados em outra seção.) Os rabinos talmúdicos debatem, por exemplo, quanto tempo a mulher e o homem devem ficar isolados para presumir que tiveram sexo. O texto deles sugere que nos tempos antigos o encontro preferido era aquele "feito às pressas". Um rabino diz que é o tempo que se leva para circundar uma tamareira, enquanto outro diz que é o tempo que leva para uma mulher remover uma farpa que tem entre os dentes (há uma discussão extra sobre quão profundamente a farpa está encravada). Os estudantes pelo menos têm o bom senso de desconsiderar a posição de Ben Azzai, um comentarista do século II, que dizia que o coito dura o tempo que leva para cozinhar um ovo. Eles ressaltam que o próprio Ben Azzai nunca se casou e que, portanto, não estava (ou não deveria estar) familiarizado com estes assuntos.

Outra história no Talmude diz que um homem pode se divorciar de sua esposa se ela queimar sua sopa. A razão é que, se ele estiver disposto a se divorciar de sua esposa simplesmente porque ela queimou sua sopa, é porque o casal tem problemas maiores.

Um homem atarracado e com um forte sotaque iídiche que frequenta o clube me conta que, se uma mulher fizer sexo com um não judeu, nunca mais poderá voltar para casa, nem mesmo se o marido lhe perdoar. Uma interpretação disto é que a mulher gostou tanto do sexo com um homem não circuncidado, que seu marido vai sempre perder na comparação. O homem atarracado parece extremamente excitado por partilhar esta informação comigo. Ele começa a entrar em detalhes mais quentes sobre os diferentes atos que podem ser qualificados como adultério, inclusive uma gama inteira de possibilidades lésbicas. Quando me encontro com ele pela segunda vez, ele se oferece para me levar a uma "pesquisa de campo" num clube de *strip*, que é supostamente frequentado por homens hassídicos casados. Em vez disso, eu vou procurar alguns *pretzels*.

Outra pessoa no clube me manda por e-mail uma história que circula na Internet sobre um estudante da *yeshiva* casado, chamado "Ari", que admirou por muito tempo "Chani", esposa de seu colega de estudo do Talmude. Ari finalmente vai à luta, quando seu colega de estudo vai a Toronto para um casamento e Chani pede a ele para consertar uma porta no quarto do casal. Depois de um conserto de arrasar, a saia longa de Chani cai e os *payos* de Ari vão para os ares. Quando os seios "espetaculares" ficam à mostra, é o momento da revelação. "Ari suspirou lentamente. Uau! Pensar que alguém tinha aquela mulher como esposa, e podia olhar para aquelas belezas sempre que quisesse!... Ele se perguntava como seu colega de estudo conseguia cumprir a *yeshiva*." Até que ela telefona para cancelar seu trabalho como professora substituta, com "Ari acariciando reverentemente suas aréolas".

Não surpreende que o encontro culmine com Chani fazendo sexo oral em Ari — o santo graal das fantasias sexuais hassídicas. Quando a socióloga Hella Winston me fala sobre os homens hassídicos que está pesquisando, tenho uma súbita intuição. “Por que tenho a sensação que se trata sempre de sexo oral?”, pergunto a ela. “Sim, mas se trata de sexo oral!”, diz Winston, autora de um livro sobre rebeldes hassídicos chamado *Unchosen* [Os não escolhidos]. A felação até hoje faz parte do reino do prazer puro e não procriativo, que os homens hassídicos não ousam pedir às suas esposas. Embora envolva o ato proibido de “derramar sementes”, não é qualificado como adultério, pois parece menos malicioso do que o intercurso sexual.

Para a maioria dos homens é provável que isto seja apenas uma fantasia. Homens e mulheres hassídicos simplesmente não têm muitas chances de enganar seus cônjuges. Eles são mantidos sob escrutínio dentro das comunidades; e são como alienígenas fora delas. A forma mais efetiva do mundo hassídico desestimular os casos amorosos é advertir sobre o castigo divino; isso fecha questão sobre a possibilidade de adultério. Em algumas seitas, não é permitido a mulheres e homens solteiros tirar carteira de motorista, para que eles não caiam em tentação.

Mas talvez a atmosfera supervirtuosa chame ainda mais atenção para a falta de sexo. Uma oportunidade extraconjugal acontece no verão, quando as esposas e os filhos se retiram para bangalôs rurais no interior, enquanto os homens ficam trabalhando e fazem visitas de fim de semana. Contaram-me que um rabino insistia que seus seguidores fretassem um ônibus no meio da semana para ir aos bangalôs, mandando os maridos para lá terça-feira à noite depois do trabalho e trazendo-os de volta na manhã seguinte, bem cedo. Isto significava “basicamente um ônibus sexual — todo mundo ria disto", me conta um adepto Satmar. "Mas a verdadeira razão é que os homens ficam um pouco soltos na cidade e podem ir aos bares ou, Deus não permita, cometer adultério."

Se o adultério entre homens e mulheres hassídicos acontece, eu não consegui saber. Um homem me contou que se apaixonou por uma mulher religiosa solteira que trabalhava em seu escritório. Mas, então, ela se casou e deixou a empresa. Quando a encontrou na rua depois disso, ela "já estava grávida, usando uma peruca" e tinha perdido o fascínio. Conhecer alguém de fora do mundo religioso não é uma questão simples quando você tem *payos* de 30 centímetros e seu guarda-roupa consiste de ternos pretos com duas fileiras de botões, meias três quartos brancas e um chapéu de pele *shtreimel*. Enquanto estou matando o tempo no Brooklyn, uma fotografia "trote" circula por e-mail de dois homens hassídicos de meia-idade, no que parece ser uma discoteca comum. Fico surpresa principalmente por ver como os homens estão deslocados. Ambos são no mínimo dez anos mais velhos do que qualquer outro. E no meio da multidão de vinte e poucos anos e em boa forma, suas cinturas protuberantes refletem conspicuamente todos os pratos de talharim kugel consumidos.

Estes homens não estão à procura de nenhum amor extraconjugal. Eles são como adolescentes vigorosos que de repente se veem livre ou *assalariados* japoneses, que saíram para uma noite de diversão. Parecem estar vivendo uma versão compacta com dez anos de atraso, que eles passaram casados, tendo bebês. Talvez eles imaginem que a vida secular é sempre assim. Um dos homens, que está usando um colete preto e uma barba preta e cerrada, parece estar fazendo um passo de dança, com punhos cerrados ao lado do corpo. O outro, com roupa quase idêntica, está apertando as costas nuas de uma loira, com um vestido rosa de alças. Não fica claro se ela vai se virar e dar-lhe um tapa.

Com tanto traquejo social, a única chance de os homens hassídicos conseguirem sexo oral será pagando por isto. Algumas comunidades parecem dispostas a olhar para o outro lado, contanto que os homens não exponham suas fotos on-line. Há uma brecha muito tênue para isso na lei judaica. O adultério em si é quando uma mulher casada faz sexo com um homem que não é o seu marido; um homem casado que trai está cometendo um pecado menor. E a lei tecnicamente permite que um homem mantenha uma concubina, contanto que a concubina seja solteira e siga as regras de pureza, isto é, não faça sexo duas semanas por mês e tome o banho ritual de imersão chamado *mikvah*.

Estas brechas legais criam uma cortina de fumaça para as saídas aos bares, discotecas e casas de massagem. "Sempre foi proibido e tolerado ao mesmo tempo", me diz Hella Winston. "Ninguém diz: 'Oh, você deveria sair e fazer isto.' Mas é desculpado." Ela e outros mencionam que alguns homens hassídicos aliviam sua consciência procurando prostitutas negras, que, embora possam ser impuras, pelo menos não são judias. "Todas as mulheres afirmam que estão procurando um estudioso — elas dizem: 'Ele não vai me trair'", diz Winston.

O sociólogo William Helmreich, que estuda o hassidismo, diz que os judeus religiosos tendem a enfatizar os mandamentos que tratam das coisas que as pessoas fazem sozinhas — o que significa a relação delas com Deus. O adultério é algo feito entre duas pessoas e isso não é específico do judaísmo. "Penso que essa é a principal razão do adultério ser mais tolerado do que comer bistecas de porco", Helmreich diz.

Mesmo se uma relação segue todas as exigências legais, poucos rabinos estariam dispostos a assumir publicamente que mantêm uma concubina. Judeus praticantes não seguem simplesmente a lei ao pé da letra; e para todo argumento no Talmude há também um contra-argumento. Abraham, o mestre-de-cerimônias do clube, me puxa de lado e me conta outra história: "Havia dois sujeitos. Um sujeito sentiu desejo, então achou uma mulher solteira, assegurou-se de que ela não estava [impura] — de que havia tomado seu banho ritual — e então ele teve relações com ela. Então o outro sujeito também sentiu desejo e foi para a cama com a primeira mulher disponível." Como os dois homens foram julgados? "O rabino expulsou o primeiro da escola, porque ele havia planejado aquilo. A premeditação foi excessiva. O segundo foi apenas humano. O que se pode fazer?" A moral, ele diz: "Não é porque você não conseguiu achar o capítulo e o verso que dizem que aquilo *não* é certo, que significa que *é* certo."

Não fica claro quantos homens hassídicos realmente procuram prostitutas. Eles são tão conspícuos, que é provável que poucos homens de chapéu numa casa de massagem façam o fenômeno parecer maior do que é. Porém, há uma evidente demanda contida por ação extraconjugal. Em 1996, um homem que se identificou apenas como "Yossi" distribuiu folhetos nos bairros religiosos do Brooklyn, anunciando um discreto serviço casamenteiro. O serviço anunciava concubinas adequadas aos homens ortodoxos, que seguiam todos os rituais prescritos. É extremamente duvidoso se Yossi realmente tinha, como ele afirmava, uma fila de mulheres profissionais do sexo para ir para a cama sob as regras hassidim. Mas um jornalista do *Washington Post* confirmou que Yossi realmente recebeu centenas de chamadas de homens que estavam interessados no serviço.

Não admira que eles estejam curiosos. Shlomo, o noivo que recebeu aquelas instruções digitadas em sua noite de núpcias, diz que o sexo entre ele e sua esposa nunca engrenou para valer, apesar do fato de eles terem tido sete filhos. Com 40 anos hoje, Shlomo é magro e lânguido, com uma barba rala castanha e grisalha e olhos muito azuis. Quando balança um cigarro no ar com as pernas cruzadas, parece um poeta do rock prestes a dizer uns versos. Sua esposa, ao contrário, parece quadrada. Depois de sua noite de núpcias, ela se recusou a ficar nua novamente. Quando ele trouxe para casa alguns livros religiosos com conselhos para casais jovens, ela os estudou obsessivamente e tentou seguir todas as regras à risca.

"Vamos fazer isso!", Shlomo se lembra de ter lhe falado. "Embora sendo hassídica, você tem de ser como uma mulher!" Às vezes ele fingia o orgasmo antes de ter tido de fato, só para que ela relaxasse. Mas o truque só funcionou algumas vezes.

Todo o treinamento religioso de Shlomo falhou na tentativa de canalizar sua energia sexual para o casamento. Ele começou a ir a casas de massagem e finalmente se tornou um expert em prostitutas. Ele comprou calças jeans, escondeu seus *payos* na esperança de parecer um homem normal. Por fim alugou um apartamento secretamente. Não era só para sexo, diz ele. Também era um lugar para escapar da observação constante do mundo religioso. "Para mim era suficiente me sentar com uma moça e assistir a filmes", ele diz.

É possível que Shlomo tivesse se tornado um mulherengo mesmo que não fosse religioso. Mas se ver encalhado num casamento nada sexy e sem humor não ajudou muito. Shlomo não é um crente comum, mas não é um solitário. Ele é sociável e está à vontade consigo mesmo. Ele diz que seus amigos sabiam o que ele estava fazendo e se juntaram a ele. Mas começou a ficar muito público. As pessoas numa *yeshiva* perto do apartamento secreto o viram entrando com uma mulher usando blusa de mangas curtas e minissaia. A fofoca, assim como as fotografias dos homens na discoteca enviadas por e-mail, era irresistível. "Elas foram até os rabinos e disseram: 'Tem um cara hassídico com um *shiksa*", ele diz, querendo dizer uma mulher não-judia. "Eles chamaram minha família, como se dissessem: 'Cuidem disso'." Quando o pai e o irmão foram falar com ele, não o advertiram sobre as consequências espirituais do pecado. Eles o ameaçaram com o divórcio, o que poderia separar seus filhos dele e romper seu contato com o resto da família.

***

Os muçulmanos têm uma técnica diferente para impedir os crentes de se desencaminhar: a poligamia. Se um homem religioso não pode se prender a uma esposa, quem sabe pode se prender a quatro?

Resolvo conferir como isto funciona na Indonésia, que tem mais muçulmanos do que qualquer outro país. Menos de 24 horas depois de chegar, eu estou na cidade javanesa de Solo, sentada em frente ao autodeclarado rei polígamo da Indonésia, Puspo Wardoyo. Estou preparada para odiá-lo. Puspo, como todo o mundo o chama, é anfitrião da Competição Poligâmica do Ano e escreve livros sobre como os outros podem reproduzir seu sucesso administrando quatro esposas (suas idades variam dos 25 aos 40). Num programa de entrevistas, ele conta a feministas enfurecidas que realmente quer ajudar as mulheres a manterem seus maridos longe das prostitutas e aumentar o número de homens casadouros.

A poligamia é legal por aqui, mas ninguém é favorável a ela. Pessoas com menos de 40 anos me dizem que seus avôs, e até mesmo alguns pais, tiveram múltiplas esposas, mas eles não conhecem muitas pessoas de sua idade que as têm. Esta mudança é decorrente do empenho do general Suharto, que governou a Indonésia de 1967 a 1998. O governo de Suharto proibiu a poligamia para funcionários públicos e membros do Exército. A maioria das famílias de classe média hoje trata a decisão de um filho de tomar uma segunda esposa como um segredo vergonhoso, e mulheres cultas ficam envergonhadas de serem a segunda — embora sob certas circunstâncias algumas ainda o sejam.

Embora uma minoria de indonésios pratique a poligamia, o fato de ela ser legal torna a infidelidade mais fácil de se justificar. Uns 95% de indonésios dizem que a religião é "muito importante" para eles, tornando este o país mais religioso da Ásia e um dos mais religiosos do mundo. Escritórios em altos e modernos edifícios têm áreas especiais de oração para os funcionários, às vezes convenientemente localizadas perto da lanchonete. Uma estação de rádio de jovens que eu visitei estava decorada com pôsteres de estrelas da música pop ocidental, mas premia o melhor funcionário do ano com uma viagem de peregrinação a Meca, com tudo pago.

Ser muito religioso é uma forma de adquirir prestígio. Em pesquisas de opinião, mais da metade da população diz tipicamente que a Indonésia deveria substituir seu sistema legal secular pela lei sharia islâmica, embora o entusiasmo pela sharia mingue quando perguntamos às pessoas se aprovam leis específicas, como cortar as mãos de ladrões e apedrejar adúlteros condenados. O adultério é ilegal, mas é controlado por tribunais seculares. O castigo é relativamente moderado: até sete anos de prisão.

O improvável púlpito de Puspo para fazer reviver a poligamia é uma cadeia de restaurantes *fast-food* especializada em frango. Ele tem cerca de quarenta deles em toda a Indonésia. Não fica imediatamente claro se a campanha pela poligamia é um modo de vender mais frango, ou vice-versa. Poderia não ser a melhor estratégia de marketing. Minha amiga, que estava junto comigo como tradutora intérprete, me diz que suas amigas em Jacarta se recusam a comer nos restaurantes de Puspo.

Lição número um: a poligamia é deliciosa. No restaurante de Puspo, em Solo, onde nos encontramos para a entrevista, ele pede frango frito crocante e tofu com molho de amendoim apimentado, mais um suco especial chamado "poligami", porque tem quatro ingredientes (homens muçulmanos podem ter até quatro esposas).

Lição número dois: os polígamos são encantadores. Não sei exatamente por que isto me surpreende, porque por definição eles atraem muitas mulheres. Mas eu esperava que Puspo, 47 anos, parecesse ameaçador. Na realidade ele tem um rosto bronzeado e atraente e o hábito de sorrir olhando diretamente nos seus olhos. Em um país onde normalmente você precisa já ser rico para se tornar mais rico, ele representa um simpático conto de fadas do pobre que ficou rico. Ele apostou no negócio dos pais, um minúsculo entreposto de galinhas da rede Wong Solo (o próprio Puspo também é conhecido como "Wong Solo"). Ele diz que a empresa opera sob os princípios islâmicos e que ele doa parte dos lucros para caridade.

A razão de Puspo pregar a poligamia é o adultério. Ele diz que, se homens casados ricos como ele não tomarem esposas extras, eles irão para as prostitutas, ou terão casos, o que, segundo ele, é pecado e "asqueroso". "Eu recomendo que as pessoas tenham a consciência tranquila ao tomar uma mulher como esposa, em vez de cometer adultério", ele me diz. Puspo insiste, de forma nada plausível, que suas quatro esposas nunca brigam. Ele admite que a exigência islâmica de que as esposas atuais devem aprovar as adicionais é uma questão importante. Puspo também não menciona que a razão original de o Islã pregar a poligamia era ajudar as mulheres cujos maridos tinham morrido na guerra. O profeta Maomé se casou com 13 mulheres, a maior parte das quais era viúva. (Uma exceção foi A'isha, que tinha cerca de 10 anos quando eles consumaram o casamento.)

Puspo parece mais interessado em evitar a celulite do que em ajudar viúvas. Ele organizou um concurso para escolher sua quarta esposa e decretou que as concorrentes deviam ter menos de 25 anos e pesar menos de 54 quilos (mulheres magras têm vaginas menores e são mais fáceis de manobrar em certas posições sexuais, ele explica). Sem dúvida, Puspo está certo quando diz que os homens poderosos exercem uma atração especial em um país tão pobre quanto a Indonésia: 350 mulheres apareceram para concorrer da primeira vez. A abundância de mulheres jovens, pobres e bonitas na Indonésia parece ser mais significativa do que a proibição islâmica do sexo extraconjugal, conhecido em árabe como *zina*. "A maioria dos ricos e das pessoas bem-sucedidas está traindo", Puspo diz. "A maioria dos meus amigos é infiel. Eles traem com prostitutas só por diversão." As esposas não têm o poder de impedi-los, ele diz. "Quando elas ficam bravas, os homens traem ainda mais." Se uma esposa se divorcia do marido porque ele é infiel, o próximo trairá também, ele diz.

Mas quatro esposas serão suficientes, especialmente quando não são mais jovens ninfas? Para Puspo, ter quatro esposas aguçou seu apetite para ter mais. Ele me diz que quatro não é realmente o limite, já que o próprio profeta Maomé teve mais. Falando nisso, ele pergunta, será que eu conheço alguma mulher norte-americana que atenda às exigências dele? (Fico decepcionada ao perceber que ele me excluiu nos quesitos idade e peso.) Quando eu lhe digo que vou pensar a respeito, ele faz um gesto sedutor para minha magra intérprete. "Conheço o seu tipo", ele diz, olhando para ela. "Você é capaz de amar alguém mesmo se ele tiver duas ou três esposas. É preciso muito esforço para convencê-la de que alguém a ama." Ela está tão ruborizada, que demora um minuto para recobrar a compostura e me contar o que ele disse. Eu provoco o assunto com ciúmes, perguntando a ele que tipo de homem ele pensa que eu gostaria. Puspo me olha de alto a baixo. "Você gosta de um homem forte, másculo", ele diz. "Você gostaria de um sujeito assim como eu."

***

O saguão principal do tribunal religioso central de Jacarta está vazio de pessoas e praticamente sem móveis, com exceção de uma máquina de escrever, uma escrivaninha de madeira e um quadro na parede, que mostra os casos julgados este ano. Mas segundos depois que eu me apoio na escrivaninha, já que não há nenhuma cadeira, um escrevente se apressa em me dizer para eu me afastar.

A ideia de que os homens traem se não lhes for dada a chance de ter múltiplas esposas não é o ponto de vista apenas de um empresário buscando publicidade. Como eu percebi por aqui, esta é a concepção quase oficial, ou pelo menos a sabedoria convencional.

Os tribunais religiosos da Indonésia lidam com assuntos familiares como nascimentos, mortes e casamentos. Se alguém quiser ter uma segunda, terceira ou quarta esposa, presume-se que ele registre o casamento ali. Além da exigência islâmica padrão que os maridos tratem todas as suas esposas igualmente e que obtenham permissão da atual esposa para tomar outras, a lei indonésia acrescenta a severa restrição de que a esposa atual de um homem deve ser estéril, estar muito doente ou mostrar-se incapaz de satisfazer seu marido na cama.

Isso é o que diz a lei. Mas em uma audiência na sala dourada de tribunal, onde os casos são ouvidos, o escrevente me diz que às vezes uma esposa vem reclamar que seu marido tomou outra esposa sem sua permissão. Ele me diz que primeiro o tribunal vê o quanto o marido é rico; depois, investiga se a primeira esposa consegue satisfazê-lo sexualmente. O escrevente não é claro sobre como isto é determinado, mas só de estar beirando a meia-idade, já é uma desvantagem. "Uma mulher que está na menopausa não tem desejo sexual, ao mesmo tempo que seu marido ainda tem forte desejo sexual. Esta é a razão para a poligamia", ele me diz.

Eu estou confusa. Como o homem poderia ter se casado novamente sem a permissão da primeira esposa? Outro funcionário do tribunal diz que, na verdade, há apenas um ou dois casais por ano que vêm registrar casamentos polígamos, e de acordo com o quadro na parede, este ano nenhum foi feito. O segundo escrevente explica: "Há dois tipos de casos de poligamia: os saudáveis, que vêm aqui e pedem permissão ao tribunal. E os não saudáveis — que não se registram. Há muitos sem registro." No ano anterior houve um caso envolvendo um marido malásio que desapareceu no meio dos processos. Talvez alguém tenha lhe mostrado que ele entraria numa disputa desnecessária.

Essencialmente, um homem que quer tomar uma segunda, terceira ou quarta esposa, não se dá ao trabalho de registra estas uniões. Ele apenas monta uma casa para a mulher e começa a ter filhos. A outra esposa ou esposas são as últimas a saber. O tribunal é onde as esposas podem ir para reclamar, o que não parece muito promissor

O segundo escrevente me diz que mesmo que a primeira esposa prove que é fértil, saudável, e que pode satisfazer seu marido na cama, é provável que o juiz decida em favor do marido. “Porque se não for dada permissão ao marido, ele vai trair para satisfazer seus desejos”, diz ele.

***

Infelizmente, não há estatísticas de sexo confiáveis para a Indonésia, ou para a maioria dos países muçulmanos. Até os pesquisadores que fazem enquetes em vários países evitam perguntas sobre sexo nas pesquisas no mundo muçulmano. Isso significa que é impossível saber os níveis de infidelidade em lugares como o Irã, onde as adúlteras podem ser condenadas à morte por apedrejamento. No Cazaquistão, onde quase metade da população é muçulmana, 1,6% de homens casados e que moram junto e 0,9% das mulheres disseram que tinham tido mais de um parceiro no ano anterior, de acordo com um levantamento feito em 1999. Na Nigéria, que também é metade muçulmana, os números foram de 15,2% para os homens e 0,6% para as mulheres, de acordo com uma pesquisa de 2003.

Apesar da falta de dados seguros, estou começando a pensar que muitas traições acontecem em certos círculos na Indonésia, e que todo mundo sabe disso, mas não se fala sobre isso. As mulheres e os homens de classe média que eu encontro me falam todo o tempo que o adultério é absolutamente errado, porque o Alcorão o proíbe. Mas num piscar de olhos, muitos dizem que realmente é bastante comum e que muitos de seus amigos estão envolvidos em relações extraconjugais.

"O islamismo não é permissivo", diz Paulus Wirutomo, que chefia o departamento de sociologia na Universidade da Indonésia. "Mas há uma ênfase na formalidade." Enquanto um ethos não parece capaz de impedir os casos, ainda assim, ele modela a cultura sexual. Várias pessoas me dizem que são discretas sobre a traição, porque não querem fazer algo que seja uma afronta direta ao Islã.

A poligamia legitima a ideia de que uma mulher não é suficiente e efetivamente dá permissão aos homens casados para namorar, às vezes até mesmo quando eles não têm nenhum plano de transformar as amantes em esposas. "A poligamia é algo que induz ao adultério, já que antes de se casarem pela segunda vez há um período de adultério", Wirutomo me diz. Mesmo mulheres cultas dão risadinhas nervosas quando eu menciono a poligamia. Elas estão sempre assombradas pela possibilidade de seus maridos tocarem no assunto.

Os indonésios estão acostumados com a grande lacuna existente entre as regras estabelecidas e a forma como as coisas realmente funcionam. A Transparência Internacional, uma organização que mede a corrupção em todo o mundo, classifica a Indonésia como um dos países mais corruptos. Dos 158 países que ela cobre, apenas 21 são mais corruptos.

Em relação aos casos sem vínculos, os indonésios até já criaram um vocabulário próprio na linguagem local. Um *bobok bobok siang*, ou BBS, é a gíria meio balbuciante para um "cochilo à tarde". "Um caso de amor breve é um *selingkuh*, que se traduz por um 'intervalo maravilhoso'." Nestas relações, as duas partes sabem que seus casamentos não serão afetados.

As mulheres também podem desfrutar deles. Uma delas é Ria, uma mulher de 24 anos, de Jacarta, que usa um véu de seda branco sobre a pele dourada. Ria tem um filho de 3 anos, um marido que lhe dá uma vida agradável e um amante com quem ela dorme uma vez por semana e com quem troca mensagens de texto dez vezes por dia.

"Olhe para mim! Eu sou uma muçulmana, eu uso este véu. Mas eu tenho uma outra vida", ela diz, enquanto aperta a cabeça. Ela abre as mãos e me mostra seus anéis: o de diamante é de seu marido e (embora o marido não saiba) o de ouro é do amante. Os pais de Ria são devotos e telefonam para ela todos os dias. Eles ficariam furiosos se descobrissem que ela estava traindo. Mas com o amante, que não é casado e mora perto, ela tem a intimidade que seu marido nunca lhe daria. O casamento deles é mais formal. O marido dela está disposto a pagar para que ela volte a estudar, mas é o amante que lhe diz que ela é "inteligente e que terá sucesso em uma nova carreira". "Eu ainda amo meu marido, mas preciso de outra pessoa para me manter viva", ela diz.

Ria também diz que muitas de suas amigas têm um ma rido respeitável e paralelamente um amante mais jovem e muitas vezes solteiro. Ela arranja um encontro meu com uma delas, Dian, na manhã seguinte, num shopping center quase deserto. Dian, 29 anos, diz que arranjou um amante depois que soube que seu marido estava se encontrando com uma antiga namorada. Ele garantiu que era inofensivo e que era "só por diversão".

Dian é formada em Direito, mas seu marido a proíbe de trabalhar para que ela esteja em casa quando ele volta do trabalho. Ela prepara a pasta dele toda manhã e quando esquece alguma coisa, ele telefona do escritório e a repreende. "Eu me sinto culpada e sinto que este tipo de relação é errado, mas não posso mudar a realidade de que eu preciso de outra pessoa. Eu me sinto muito, muito só", ela diz. "Meu amante pode me dar muita atenção enquanto meu marido está ocupado. Ele me pergunta se eu já almocei ou não. Meu marido nunca faz isso."

Estas donas de casa inquietas são escolhas fáceis para homens estrangeiros que não têm ligações dentro das redes sociais das mulheres e exercem uma atração exótica. Mike, um americano de vinte e poucos anos, está em Jacarta fazendo pesquisa acadêmica e tornou seu esporte ir para a cama com mulheres casadas. Ele abandonou a ideia de sair com mulheres solteiras depois de uma delas lhe enviar mensagens de texto, no dia seguinte do que ele pensava ser um relacionamento de apenas uma noite, para dizer que ela queria ter um bebê dele.

"Nos Estados Unidos, eu era um namorador normal, que dormia com garotas, mas não muito", Mike diz. "Aqui é tão básico, não há nenhum jogo. Você diz: '*Mau kenal.*' O que significa que você quer conhecê-la melhor. Quer dizer, só isso já é lisonjeiro o bastante." Sua maior reclamação é que em geral as mulheres casadas esperam até o quinto encontro para fazer sexo com ele, que é a concessão delas às "aparências". Depois da relação sexual elas dizem "obrigada pelo orgasmo", e desaparecem, diz Mike. Um amigo de Mike, um neozelandês que esteve na Indonésia durante anos, me conta que casos com mulheres casadas muito raramente levam a relacionamentos sérios. “Mudar a ordem das coisas na Indonésia não é uma boa coisa”, ele explicou.

Mostro-me cética de que seja realmente tão fácil, então Mike me deixa acompanhá-lo ao seu lugar de paquera preferido. É perto do balcão de cosméticos, na parte da frente de um centro comercial chamado Blok M Plaza, onde as mulheres ricas acompanham o movimento da rua pelo vidro para ver se seus motoristas chegaram para buscá-las. Quando chegamos, eu sugiro algumas mulheres, mas Mike imediatamente as descarta como muito jovens e, portanto, potenciais sanguessugas. Leva apenas alguns minutos para ele escolher o alvo certo. Ela é uma mulher magra com cabelo preto até a cintura, jeans apertados e uma camiseta de um time de futebol brasileiro. Não tem mais de 25 anos e usa um enorme anel de noivado no dedo. Mike se aproxima dela enquanto eu fico atrás tirando fotografias. Literalmente minutos depois dele ter começado a falar com ela, os dois tiram seus celulares e estão programando os números de telefone um do outro.

Talvez ela tivesse algo mais inocente em mente?, penso eu.

Mike sorri pacientemente para mim. “Quando um cara como eu chega perto de uma garota e pede seu número de telefone, é só para uma coisa.”

Alguns homens estrangeiros vão mais fundo do que haviam planejado. Em Solo, encontrei um italiano de 33 anos chamado Roman que tinha quatro esposas e 12 filhos, dois dos quais tinham nascido nas últimas duas semanas. Como Puspo, ele é um sedutor; tem olhos castanhos de filhotinho e a cabeça cheia de cachinhos castanhos. Diferente de Puspo, ele não está no negócio de publicidade e não insiste que tudo vai bem entre as esposas. “Elas se odeiam. Minha vida é um inferno”, ele me diz enquanto bebemos um uísque no bar perto da casa de uma de suas quatro esposas. "Eu não entendo por que elas não podem viver juntas."

As esposas de Roman têm entre 20 e 22 anos. Duas são formadas na universidade e as outras duas terminaram o colegial. "Depois da terceira, eu não queria me casar de novo", ele me diz. "Aqui você casa com a namorada e com a família inteira. Você simplesmente dá a elas [todo o] dinheiro." Ele se converteu ao islamismo no ano anterior, para fazer tudo da melhor maneira. Cada vez que ele acrescenta uma nova esposa, as anteriores ameaçam se matar. Ele ganha o suficiente fabricando e exportando móveis de madeira para garantir os quase 600 dólares por mês que cada casa custa. Ele mora sozinho mas mesmo assim recebe telefonemas às quatro da manhã de uma esposa que exige saber onde ele está e com quem. Pelo menos seus pais estão orgulhosos dele.

Roman busca consolo desta vida caótica com uma série de namoradas, uma das quais lhe envia uma mensagem de texto enquanto estamos conversando, que diz: "Eu estou lhe dizendo, alguém está sentindo muito a sua falta." A mensagem está em inglês, porque Roman não fala indonésio.

"Eu não sou muito forte. Eu sou muito fraco. Eu não consigo resistir à tentação", ele diz. Ele me olha com tanta doçura, que eu quase fico com dó.

***

Há uma piada sobre a transmissão dos Dez Mandamentos no monte Sinai. Moisés desce a montanha e conta aos israelitas: "Tenho boas e más notícias. A boa é que eu consegui d'Ele que fossem só dez. A má é que o adultério ainda está lá." Toda religião monoteísta, assim que se estabelece, imediatamente proíbe o adultério. Mas eu não vi nenhuma evidência de que ser religioso impeça as pessoas de ser infiel. Um estudo norte-americano feito em 2001 descobriu que mesmo pessoas que classificaram seu casamento como "muito feliz" ou "não muito feliz" e mesmo comparecendo aos serviços religiosos duas ou mais vezes por semana, foram pouco afetadas em relação ao sexo extraconjugal. Para que todas aquelas horas na igreja fizessem diferença, eles tiveram de já estar em um casamento "muito feliz".

Outro estudo publicado em 2000 mostrou que homens que iam à igreja regularmente tinham menos casos do que os homens que não o faziam. Mas entre as mulheres, a frequência na igreja não fez nenhuma diferença. Os próprios pastores têm uma excelente estrutura de oportunidades para casos, desde que estão todo o tempo aconselhando membros de suas congregações. Dave Carder, um pastor evangélico baseado em Fullerton, Califórnia, decidiu escrever um livro de autoajuda sobre adultério, depois que dois pastores com quem ele trabalhou fugiram com pessoas da congregação. Quatro pessoas de um grupo de apoio que eu visitei em Memphis, para pessoas com cônjuges adúlteros, se casaram com pastores.

Ser religiosa certamente pode fazer uma pessoa se sentir mais culpada pelo adultério. Isso põe o poder de sua fé em questão. Alguns cristãos dos Estados Unidos criaram um modo conveniente de explicar seus deslizes extraconjugais. Eles não podem evitá-los porque são viciados em sexo. O LIFE Ministrius,[19] baseados em Lake Mary, Flórida, afirma ter mais de cem grupos de apoio em toda a América do Norte para viciados em sexo e seus cônjuges. O grupo, cujo nome é for-

[19] Vida. (*N. da T.*)

mado pelas iniciais de "*living in freedom everyday*",[20] diz que os viciados começam com um "ato aparentemente inofensivo" de masturbação, depois vão para o sexo de internet, fantasias e visitas a clubes de *strip* e prostitutas. Nas reuniões, os sócios rezam e fazem exercícios do livro preparado especialmente pela instituição. O diretor do grupo LIFE, na Flórida, me conta que uma das mensagens sempre repetidas é: "Meu corpo pertence à minha esposa e a ninguém mais."

Nos tópicos em relação aos quais a Bíblia não é clara, ele diz que os sócios usam seu próprio teste de tornassol. "Nós perguntamos: Jesus faria isso? Ele se autoestimularia? Acho que não."

Internacionalmente, é difícil achar qualquer correlação entre a religiosidade e o adultério. Os franceses e os britânicos são muito menos religiosos do que os americanos, mas os três têm níveis parecidos de infidelidade. Os africanos subsaarianos estão entre as pessoas mais religiosas do mundo; em muitos países daquela região, cerca de 80% das pessoas dizem que a religião é "muito importante" para elas. E ainda assim a África é provavelmente o continente com a porcentagem mais elevada de homens infiéis. Os latino-americanos também tendem a ser religiosos e também traem muito.

O islamismo e o judaísmo, cujas tradições legais fazem o código de impostos norte-americano parecer simples, também têm o benefício das brechas para justificar o sexo extraconjugal. Na Indonésia, o simples fato de a poligamia ser possível dá a alguns homens autorização para terem namoradas. Alguns homens judeus religiosos acham leis enigmáticas que lhes autorizam a manter concubinas. Ironicamente, ter muitas leis —

---

[20] Vivendo em liberdade todos os dias. (*N. da T.*)

em vez de um código moral amplo — pode tornar mais fácil cometer adultério e ainda sentir que você não está pecando.

No final das contas, o local forja a religião. Cristãos religiosos nos Estados Unidos se comportam muito mais como outros norte-americanos do que como cristãos de outros países. Da mesma forma, a cultura sexual da Indonésia é, em parte, moldada pelo fato de se tratar de um país pobre tanto quanto pelo fato de ser altamente religioso. Se os brasileiros traem ou não, depende muito se eles vivem no Sul, que é mais rico e menos adúltero, ou no Norte, que é mais pobre e sexualmente desenfreado; assim como o quanto eles são piedosos. Os hassidim do Brooklyn percebem intuitivamente o risco de desaparecerem em meio aos costumes do país em que vivem. Esta é a razão de eles proibirem a televisão. Mas montar sua minúscula comunidade, como uma ilha de pureza em um mar de decadência, é uma coisa perigosa. As pessoas ficam curiosas. E como têm de rastejar furtivamente no mundo secular, elas acabam indo parar nos lugares de mau gosto.

Nem uma única pessoa religiosa de qualquer país me disse temer o castigo divino por trair. Alguns nem pareciam se sentir culpados por isso. Mas todos os que se sentiam culpados disseram que temiam a opinião dos cônjuges, pais, pastores ou amigos. Da mesma maneira que a doença na África do Sul é um espectro distante e teórico, assim também é Deus. Se quiser saber se é provável que uma pessoa seja infiel, não se dê ao trabalho de perguntar sua afiliação religiosa; peça o passaporte dela e encontre seus amigos.

A próxima e última parada em minha excursão mundial é a China. Dizem sempre que o boom econômico da China trouxe uma revolução sexual. Quero ver se isso significa uma explosão do adultério.

Dez

UMA REVOLUÇÃO SEXUAL

OS SUL-AFRICANOS prefeririam morrer a ser monogâmicos. E muitos devotos muçulmanos, cristãos e judeus preferem arriscar a ira de Deus a aderir a um único parceiro. Em resumo, nem o medo da morte, nem o temor a Deus são suficientes para mudar uma cultura sexual.

E o dinheiro? O que acontece quando, em um curto período de tempo, um país deixa de ser um lugar pobre e isolado e passa a ter uma próspera economia de mercado? As pessoas mudam seu comportamento sexual? E se mudam, como justificam isso para si mesmas? E o que dizer dos que são deixados para trás?

Estou ponderando estas questões ao cruzar a fronteira Lo Wu, entre Hong Kong e o continente da China, às oito horas de uma noite de quarta-feira. Ao meu redor há uma multidão de homens que também estão esperando para entrar em Shenzhen, a metrópole chinesa do outro lado da fronteira. Muitos habitantes de Hong Kong trabalham em Shenzhen, mas a maioria desses homens, esta noite, está viajando por prazer. Eles trocaram suas roupas de trabalho por bermudas e sandálias e muitos estão com amigos. A cada cinco minutos, a plataforma recebe um trem repleto de homens.

Estes escreventes, encanadores e motoristas de ônibus estão dispostos a enfrentar o calor e as filas — sem mencionar a ira de suas esposas e possivelmente da lei — porque logo depois da fronteira em Shenzhen há uma ilha tentadora de mulheres jovens. Para cada homem que está na fila, há mulheres em Shenzhen esperando para fazer tudo o que ele quiser, e mais algumas coisinhas que ele nem poderia imaginar.

Shenzhen é uma utopia do adultério. Qualquer um que quiser apenas uma noite de diversão pode escolher entre uma profusão de prostitutas. Mas a cidade também é temperada com o que a mídia local chama de "aldeia das segundas esposas". São bairros onde as mulheres mantidas por seus "maridos" de Hong Kong supostamente passam seus dias jogando *mah-jongg*, carregando cãezinhos e "bolsas Louis Vuitton verdadeiras". (Shenzhen também é famosa por suas imitações.) Uma mulher de Hong Kong, ela mesma uma ex-amante, me falou com inveja das segundas esposas de Shenzhen, conhecidas como *yi lai* — todas têm aparência de ampulheta. Os filhos ilegítimos de ligações entre homens de Hong Kong e mulheres de Shenzhen chegam, no mínimo, a um milhão.

Esperando atrair a consciência dos homens, um legislador chinês sugeriu revestir o lado de Hong Kong com *outdoors* dizendo SEUS FILHOS ESTÃO ESPERANDO POR VOCÊ EM CASA. Porém, se os maridos de Hong Kong estão tendo dúvidas, não é imediatamente óbvio. "As mulheres de Shenzhen são baratas, bonitas e jovens comparadas com as moças de Hong

Kong", diz Martin, 41 anos, um biscateiro de Hong Kong que tem uma esposa, mas que fica quatro ou cinco noites por semana com sua *yi lai*. "Mas o ponto principal é que elas são baratas." (Como muitos chineses de Hong Kong, Martin tem um nome inglês e um nome chinês.)

Não é por acaso que Shenzhen é a fonte para segundas esposas. Na década de 1980, esta se tornou uma das primeiras cidades chinesas a dar boas-vindas ao investimento estrangeiro. Na ocasião, Shenzhen era uma aldeia de pesca com 30 mil habitantes. À medida que as empresas estrangeiras começaram a abrir fábricas e os operários a afluir do interior pobre da China à procura de trabalho, a população aumentou muito rapidamente. Em 2005, a cidade era lar de 4,5 milhões de pessoas, a maioria das quais havia nascido em outro lugar. Recém-chegadas, especialmente as bonitas, logo perceberam que poderiam ganhar muito mais em casas de massagem e bares de karaokê do que montando computadores. Antes que elas se dessem conta, seus protetores de Hong Kong e da China continental já estavam montando apartamentos para elas e pagando sua comida.

***

Para avaliar o quanto é radical este novo panorama sexual, é bom saber como as coisas eram. No recente período imperial da China, que durou até o início do século XX, era permitido a um homem ter apenas uma esposa, mas não se esperava de forma alguma que ele fosse sexualmente fiel a ela. Ele poderia manter concubinas e visitar prostitutas sempre que quisesse. A esposa, porém, tinha apenas um parceiro sexual por toda a vida: seu marido. De acordo com a historiadora Lisa Tran, a esposa que fizesse sexo com outro homem poderia ser banida ou até morta.

As coisas se modificaram no início do século XX, quando a China mudou para o governo representativo, que professava a igualdade entre homens e mulheres. Na mesma época, a opinião pública tendia a adotar a ideia de que os homens também deveriam ser sexualmente fiéis. Os legisladores e o público debateram o assunto durante décadas. Apesar dos argumentos legais (as concubinas não eram na verdade apenas esposas?), os homens estavam relutantes em desistir deste privilégio.

Quando o comunista Mao Tse-tung tomou o poder em 1949, decidiu que o concubinato era bigamia e, portanto, ilegal. (As concubinas permaneceram legais em Hong Kong, que foi governado pela Inglaterra até 1997.) A prostituição estava fora também. Mao depreciou a promiscuidade como comportamento "burguês", associado aos homens ricos, que se deliciavam com prazeres egoístas. Ele quis começar do zero, pondo todo mundo em pé de igualdade.

A preocupação de Mao com fidelidade era tanto emocional quanto prática. Regimes autoritários como o dele acreditam que, se puderem penetrar o reino privado do sexo, terão o controle absoluto. A infidelidade — o tipo mais secreto de sexo — era seu santo graal. Na União Soviética, o sexo extraconjugal oferecia uma das poucas possibilidades de fuga. Em *1984*, de George Orwell, que se passa numa Londres fictícia totalitária, as personagens principais tentam "fugir" do Partido tendo um caso amoroso extraconjugal (mas depois percebem que o governo os estava vigiando desde o início).

Na China maoista o adultério não era oficialmente ilegal, mas era desaconselhado. Os comitês de bairro — encabeçados por mulheres idosas com olhos de falcão — mantinham vigilância em todos os prédios e delatavam aos funcionários do Partido qualquer um que fosse suspeito de ter "problemas de estilo de vida". Líderes de grupos de trabalho podiam rebaixar ou até despedir alguém suspeito de infidelidade; ou fazer os acusados passarem por uma humilhante "autocrítica". As mulheres adúlteras, conhecidas como "sapatos estragados", eram destacadas por ofensa. Os casos eram tão arriscados, que as pessoas que eram mandadas embora para trabalhar, podendo voltar para casa, de folga, apenas um mês por ano, frequentemente preferiam sofrer o que passou a ser conhecido como "inatividade sexual".

Como na Rússia soviética, achar um lugar para trair era a barreira principal. Em 1988, os sociólogos Zha Bo e Geng Wenxiu descobriram que "o apinhado mercado de habitações é muito desfavorável aos casos amorosos. Torna-se difícil se envolver sexualmente fora do casamento sem que cônjuges, amigos, colegas ou vizinhos saibam disso". De acordo com sua pesquisa feita com os moradores da cidade, os cônjuges descobriram os casos de cerca de 80% dos homens infiéis e de 87% das mulheres infiéis.

O romance era outra vítima do comunismo chinês. Durante a Revolução Cultural, que durou de 1966 até a morte de Mao em 1976, os habitantes jovens da cidade eram arrancados de suas casas e mandados para longe, para trabalhar como camponeses por anos. Os campos de trabalho mais terríveis no interior proibiam explicitamente "fumar e amar". Algumas pessoas se casavam apenas para obter permissão para voltar para a cidade e era comum casar por motivos "políticos, econômicos e familiares" e não por amor, explicam Zha e Geng. As escolhas muitas vezes exigiam a aprovação dos líderes do Partido.

"Discutir qualquer aspecto da vida pessoal, relacionamentos românticos ou sexo era considerado burguês e, portanto, um tabu", escreveu Emily Honig em *Socialist Sex* [Sexo socialista]. Ela cita a juventude "jubilada" que lembra que "todos os livros sobre amor eram rotulados de pornográficos, todas as canções sobre amor eram rotuladas de inferiores. Os homens e mulheres apaixonados eram considerados arruaceiros". Uma diretriz proibia os chineses de contar piadas sujas. Pessoas faziam circular clandestinamente histórias românticas copiadas à mão; o autor de uma dessas histórias foi perseguido e preso em 1975, por fazer propaganda do "amor burguês", diz Honig.

Os funcionários expurgavam qualquer sugestão de atração sexual, até mesmo de óperas aprovadas pelo Estado durante aquele período. Quando personagens masculinos e femininos apareciam juntos no palco, "eles só falavam de trabalho, da revolução ou da luta de classes e referiam-se uns aos outros como 'os camaradas'", diz Honig. Não ficava claro para muitas pessoas se a cúmplice de Mao na incitação da Revolução Cultural, Jiang Qing, também era esposa dele.

Mao não aplicou estas críticas severas a si mesmo. Em uma exposição de fatos de 1994, o médico pessoal de longa data, Zhisui Li, escreve que os assessores de Mao constantemente procuravam mulheres "jovens, atraentes e politicamente seguras" para satisfazer os apetites sexuais do presidente. Li diz que Mao preferia as virgens e se comparava aos imperadores chineses que mantinham milhares de concubinas. Depois de um jantar em uma vila rural, Mao refugiou-se com sua amante atual e a irmã dela por três dias, deixando-as apenas para ir a uma reunião com o prefeito de Xangai.

"O ascetismo era a senha pública da Revolução Cultural, mas o mais ascético e moralista nas pregações do Partido, o próprio presidente, caía no hedonismo", escreve o médico. "Ele era constantemente esperado por um harém de moças jovens.

Foi nessa época, no auge da Revolução Cultural, que Mao às vezes ia para a cama com três, quatro ou até mesmo cinco mulheres ao mesmo tempo." Entre estas mulheres era uma marca de status pegar a doença venérea particular de Mao.

Quando Mao morreu, em 1976, deixou para trás uma economia centralizada. Os reformadores de seu Partido assumiram o controle, mas para abrir a economia da China eles tiveram de abandonar alguns dos mecanismos que tinham usado para patrulhar a vida particular das pessoas. Parte disto aconteceu por atrito: as velhas mulheres com olhos de falcão foram deixadas para trás quando seus vizinhos empreendedores progrediram para altos edifícios de luxo. Grupos de trabalho do governo se tornaram irrelevantes para os *yuppies*.

Mais privacidade e mais dinheiro também criaram inúmeros espaços pequenos, onde os casos amorosos podiam florescer. A *yi lai* é apenas uma variedade. A nova classe de gerentes medianos e profissionais que não estavam interessados em se chacoalhar com camponesas sem instrução se descobriram em escritórios e em pistas de dança, que prosperaram em cidades grandes como Xangai. Restaurantes e quartos de hotel — o pão com manteiga dos casos amorosos — de repente estavam ao alcance das pessoas, que também tinham privacidade e tempo de lazer para "procurar uma direção". Para aqueles que eram muito tímidos para abordar alguém face a face ou para se enroscar nas políticas do escritório, a internet foi um presente de Deus.

Embora os adúlteros às vezes olhem para o passado para justificar seu comportamento, há muito no adultério chinês que é indiscutivelmente moderno. Para começar, a nomenclatura: "amor de uma noite", que em chinês sugere um encontro às pressas, entre funcionários de colarinho-branco, que se conheceram em um bar estilo ocidental ou numa discoteca. "Amor virtual" e "amante de internet" podem envolver só encontros virtuais. "O quarto tipo de sentir" sugere um coquetel dos três primeiros — amizade, amor e sexo — que surgem entre homens e mulheres que trabalham na mesma empresa. Há até um termo específico para alguém que tenta acabar com o casamento de seu amante.

Todo o dinheiro novo que corre na China não habilitou os casos amorosos. Mas fez proliferar uma indústria de infidelidade, ainda que, ao contrário do que ocorre nos Estados Unidos, a versão chinesa muitas vezes estimula os casos amorosos. Agências de encontro combinam homens de negócios visitantes com mulheres locais. Os sexólogos e outros novos "especialistas" opinam sobre a moralidade do sexo extraconjugal em programas de entrevistas em rede nacional. Novelas populares dramatizam casos amorosos e representam os novos *scripts* morais. Detetives particulares com agências como a Grand Xangai Investigation passam a maior parte do tempo perseguindo supostos adúlteros. (Um investigador famoso é chamado de "matador de amante".) Várias agências são tão bem-sucedidas que têm franquias.

A China está até exportando casos amorosos. Alguns super-ricos eventualmente mandam suas amantes para a faculdade na Austrália em vez de se descartar delas. Os jornais de Taiwan têm sexo extraconjugal declarado como uma "epidemia", em parte porque tantos homens de negócios locais estão mantendo amantes continentais nas cidades que eles visitam a trabalho. Um guia para manter o zíper das calças do marido de uma pessoa fechado enquanto ele estiver viajando, *Meu marido é um homem de negócios taiwanês na China Continental*, era um *best-seller* (embora o marido da própria autora tenha fugido com a namorada). Médicos taiwaneses informaram um aumento de vasectomias, supostamente a pedido das esposas que querem pelo menos limitar os danos causados pelos namoricos dos maridos.

***

O dinheiro criou novas oportunidades de infidelidade na China. Mas só o dinheiro não pode responder pelo fato de as pessoas estarem tirando vantagem destas oportunidades. Para que elas pudessem fazer isso, a sociedade chinesa teve de concordar com algumas histórias novas compartilhadas sobre quando e com quem é certo ser infiel. As pessoas usam estas histórias para justificar seus casos para os colegas de trabalho, para os amigos e para elas mesmas.

Uma das novas justificativas é o amor — mais especificamente a ideia de que trair em nome do amor não é tão ruim, uma desculpa que parecerá familiar aos ocidentais. É claro, os chineses se apaixonam há milênios. Mas, como o sociólogo James Farrer mostra, foi só no século XX que os "sentimentos românticos" se tornaram algo que passou a ser considerado certo. Antes da década de 1980, as revistas populares estavam discutindo se era melhor se divorciar de seu cônjuge por um amante ou ficar em um casamento sem amor, uma discussão que teria sido inconcebível há alguns anos.

Pessoas urbanas cultas foram especialmente persuadidas pela nova lógica do romance. Na pesquisa de 1990 realizada por Zha e Geng, 84% dos homens e 92% das mulheres disseram que os casais casados deveriam ser sexualmente fiéis. Mas quando os pesquisadores perguntaram se eles tolerariam um caso "em busca do amor", 40% dos homens e 28% das mulheres com educação universitária disseram que sim. (Pessoas com grau de escolaridade inferior aceitavam menos.)

Não há nenhuma prova confiável de que a infidelidade está aumentando na China. Não havia nenhuma pesquisa sexual significativa quando Mao estava no poder, para usar como comparação. Mas uma pesquisa nacional representativa feita em 2000, chamada Pesquisa de Vida Familiar e de Saúde na China, conclui que os homens urbanos, que são os mais ricos da China, eram mais promíscuos do que a população global da China. Uns 18,3% dos homens urbanos e 3,2% das mulheres urbanas haviam traído no ano anterior, comparados com os 10,5% do total de homens (porém, não há nenhum número nacional para mulheres). Cerca de 40% das pessoas que buscaram o divórcio em Xangai no ano 2000 disseram que queriam se separar por causa de adultério. Os procedimentos de divórcio, um dia terrivelmente incômodos, agora levam cerca de dez minutos e custam menos que um *frappuccino*.

O boom econômico da China acendeu o apetite sexual dos habitantes de Hong Kong para os que moram na porta ao lado. Eles não viveram os anos mais amargos do comunismo, já que Hong Kong estava sob as leis britânicas até que foi devolvida à China, em 1997. Mas a inundação de dinheiro novo na China, que trouxe *yi lai* para a fronteira, também sintonizou os homens de Hong Kong com o ethos do romance. Martin, o biscateiro de 41 anos, que apregoa com excitação como é barato manter uma *yi lai*, também faz questão de admitir para mim que ele e sua namorada, que ele conheceu quando tinha 18 anos, têm fortes sentimentos um pelo outro. Ele descreve seus encontros iniciais na casa de massagens em Shenzhen como um tipo de namoro. “Eu entendi que ela também queria aquilo”, ele diz, sobre sua decisão de comprarem um apartamento juntos.

Ter um romance "puro" pode ser até mais importante, em um lugar onde parece que o dinheiro infectou tudo. Martin se vangloriou várias vezes de que, diferentemente de sua esposa real, sua *yi lai* nunca lhe pediu dinheiro. Martin ressalta que ele próprio tem origem humilde, então ele e sua *yi lai* partilham a mesma "cultura". "Ela prepara o jantar e me trata como um rei. Ela faz chá quando eu acordo. Ela arruma minhas roupas. Você não pode comparar isso com uma esposa de Hong Kong. Uma esposa de Hong Kong não faria isso." Martin pensa em sua *yi lai* como um tipo de concubina. A Inglaterra colonizou Hong Kong em 1842, mas só proibiu o concubinato em 1971 (este tinha sido legal desde a dinastia Qing). Porém, concubinas eram um privilégio dos ricos. Agora, mesmo homens do proletariado, como Martin, podem manter duas casas.

Mas a *yi lai* de Martin prefere imaginar a si mesma como uma verdadeira esposa. Martin diz que só a mídia e as mulheres em Hong Kong usam a expressão *yi lai.* Ela conta às amigas que Martin é único e insiste que eles chamam um ao outro de "marido" e "esposa", apesar de ela se sentar bem quieta quando a verdadeira esposa de Martin o chama no celular. (Ele diz à esposa verdadeira que está trabalhando no turno da noite.) "Se eu telefonar para a minha *yi lai,* ela vai pensar que eu a estou insultando. Ela aceita que eu tenha outra esposa em Hong Kong. Mas na China eu a trato como uma esposa."

Quando Martin chega em Shenzhen, ela o segue para afastar as outras moças. (Como um marido verdadeiro, ele sempre chega com os amigos algumas horas antes de quando lhe disse que chegaria, assim pode "brincar".) Martin se gaba até de ter contado a ela seu verdadeiro nome, ao contrário de outros homens de Hong Kong, que, como ele diz, querem ter a liberdade de desaparecer se perderem o emprego ou se encontrarem moças mais jovens. Depois de quatro anos e meio juntos, Martin e sua *yi lai* até já escreveram um final romântico para a sua história: ela finalmente se casará, mas voltará para "visitá-lo".

Dizer que sua *yi lai* está com você puramente por amor é um pouco como reafirmar que sua empregada faz parte da família. Experimente deixar de pagar as contas e veja por quanto tempo ela ficará por perto. Farrer e seu copesquisador, Sun Zhongxin, que entrevistou os residentes de Xangai sobre seus casos, descobriu que as pessoas estavam tão ansiosas por cobertura moral, que usavam a desculpa de "romance", independentemente de quais fossem seus motivos mais profundos. Quando o feitiço romântico desapareceu, o dinheiro subiu depressa à superfície. Depois que uma mulher solteira de 30 anos, chamada Mimi, descobriu que seu amante taiwanês não deixaria a esposa, começou a exigir-lhe dinheiro. Ela também ficou agressiva. Quando a esposa dele telefonou para a empresa onde Mimi e o amante dela trabalhavam e disse: "Aqui é a senhora Li, de Taipei", Mimi respondeu: "Aqui é a senhora Li, de Xangai."

As histórias mudam, dependendo das circunstâncias. A mesma pessoa que implora romance poderia, quando o assunto da esposa dele surgir, recorrer a uma história mais antiga: a de que um homem que põe comida na mesa não tem de ser fiel. "Todos os homens que mantêm amantes dirão que são maridos e pais responsáveis. Eles dirão: 'Nós trazemos dinheiro para casa'", diz o antropólogo Siumi Maria Tam da Universidade Chinesa de Hong Kong. "O dinheiro é um indicador importante de ser um bom marido. A coisa emocional é muito recente... A forma mais fácil de mostrar que você é responsável é trazer dinheiro para casa e dar dinheiro aos pais."

A revolução sexual da China é muito contagiosa. Eu continuo escutando histórias de homens ocidentais casados que, depois de trabalharem na China durante alguns meses, concluíram que a monogamia realmente não é para eles. A pressão dos semelhantes forma uma cultura sexual. Quando todo mundo à sua volta lhe diz que trair é normal, que você está preparado para ser indulgente com você mesmo e que nenhum mal virá daí, aquilo começa a parecer uma boa ideia. Martin não decidiu manter uma *yi lai* só porque poderia pagar. Os amigos dele também estavam fazendo isto. Em Shenzhen, ele sai para encontrar outros "protetores" de Hong Kong, cada um com sua própria *yi lai*.

Casos que conseguem combinar romance e ganho financeiro têm uma qualidade épica na China moderna. A santa padroeira deste tipo de manobra é Wendi Deng, que abriu seu caminho numa série de oportunidades que terminaram na conquista maior: o bilionário australiano Rupert Murdoch. O trajeto até seu casamento é lido como um manual de instruções para as moças chinesas ambiciosas.

De acordo com o *Wall Street Journal*, Deng, filha de um diretor de fábrica, era uma estudante de 16 anos da Faculdade de Medicina de Guangzhou quando encontrou uma mulher californiana, Joyce Cherry, que se ofereceu para ajudá-la no inglês. O marido da mulher, Jake, estava ajudando um chinês a construir congeladores para fábricas. O casal ficou tão entusiasticamente impressionado com Deng, que quando ela disse que queria estudar nos Estados Unidos, eles patrocinaram o visto de estudante dela e a ajudaram a ingressar numa faculdade perto da casa deles. Eles também a sustentaram até que ela conseguisse se manter por si mesma. (Os Cherry tinham voltado para a Califórnia.)

Pouco tempo depois, a senhora Cherry descobriu fotos atraentes que seu marido tinha tirado de Deng, em um quarto de hotel chinês. Dois anos depois, os Cherry estavam divorciados e Jake e Deng estavam casados. De acordo com o *Journal*, o casamento durou pouco mais do que o tempo que levou para Deng adquirir seu visto de residência norte-americano. Deng terminou a faculdade e cursou a escola de administração de Yale, então fez um estágio e finalmente obteve um emprego em Hong Kong, no serviço de satélite asiático da Murdoch, Star TV. O *Journal* conta que apenas nove meses depois da primeira aparição pública de Deng como tradutora de chinês do empresário, Murdoch anunciou aos executivos da empresa que a relação deles era "séria". Um ano depois, Murdoch estava divorciado e ele e Deng se casaram.

Histórias como esta são exemplares para mulheres chinesas de uma determinada classe social. Tam, da Universidade chinesa de Hong Kong, diz: "Pergunte a qualquer estudante universitária, 'qual é sua meta na vida?' 'Oh, me casar com um homem rico'."

***

Nem todo mundo é pego pela nova cultura sexual da China. Muitos funcionários do governo preferiam voltar o relógio sexual para a década de 1970. O pensamento de milhões deles se contorcendo em camas erradas tornou as autoridades em Pequim ansiosas. Se para os chineses de classe média ter casos simboliza a liberdade e a autoexpressão que eles ganharam, para o governo isso encarna o controle que foi perdido.

O constrangimento de Pequim borbulha na superfície periodicamente, como quando um funcionário declarou que a infidelidade está destruindo os valores familiares e elevando a taxa de assassinatos. Os casos amorosos são um bode expiatório conveniente para quase qualquer coisa e o tópico desvia o foco de atenção de assuntos mais urgentes, como a enorme desigualdade de renda existente entre as pessoas da zona rural e as das cidades.

Outro suposto subproduto da infidelidade é a corrupção nos próprios escalões do governo. Um painel de especialistas determinou que 95% dos funcionários condenados por suborno também tinham amantes, e que na região sulista (que inclui Shenzhen) todos eles tinham. A solução para a corrupção, os especialistas concluem, é acabar com os casos amorosos. A lógica, talvez um pouco rebuscada, é que os funcionários ficam loucos para satisfazer as exigências de suas amantes, férias caras e sapatos de grife; então, se eles não traíssem, não teriam de roubar.

Finalmente um órgão oficial entrou em ação contra a infidelidade. A cidade de Nanjing ordenou que todos os funcionários do município declarassem a existência de suas amantes às autoridades locais. A província de Guangdong, onde fica Shenzhen, emitiu um regulamento que prevê punição de até dois anos num campo de trabalho, para os que moram juntos sem ser casados. A lei, no fundo, pretende punir os homens casados e suas namoradas continentais. Mas houve poucos processos, porque as esposas dos homens teriam que arcar com o ônus, mas elas moram em Hong Kong, que fica em outra jurisdição.

Em um momento houve um sério debate nacional — talvez um dos mais abertos e democráticos da China — sobre se Pequim deveria criminalizar o adultério, que tipos de encontros contam como caso e se terceiros deveriam ser processados. Houve até uma discussão sobre torná-lo ilegal para pessoas casadas que vivem fora. Mas a ideia de desviar os homens da polícia chinesa para inspecionar quartos de motel tornou os governantes comunistas mais realistas. A versão final da lei de matrimônio simplesmente prevê o processo por perdas e danos num caso de divórcio se ele ou ela puderem provar que o cônjuge está vivendo com outra pessoa.

Assim como a nova cultura sexual da China irrita o regime, também não oferece nada aos maridos e às esposas das pessoas que estão tendo casos. Eles estavam contentes com o antigo sistema, que protegia seu casamento.

Encontrar Winnie, uma costureira de 50 anos, que nasceu no continente e veio para Hong Kong apenas quando tinha 20 anos, me lembra que a China pode ser o pior lugar da terra para uma mulher de meia-idade. Winnie teve uma vaga ideia de que as coisas estavam mudando em seu casamento quando seu marido começou a caçoar dela em relação a outras mulheres. "Ele dizia: 'Se eu achar uma mulher mais feia que você, o que você acha? Se eu acho uma mulher tão bonita quanto Lee Ka Yan [uma antiga miss Hong Kong], o que você acha?'" Winnie ficou triste. Ela tem braços grossos e um rosto chato. Ela não seria confundida com Lee Ka Yan.

O marido dela vinha passando muito tempo na cidade chinesa a duas horas de Hong Kong, cidade natal dos dois, supostamente para ajudar um amigo a encontrar uma esposa. E encontrou algo lá. Ele não queria mais passar os sábados com Winnie e a filha deles. O pensamento dele estava em outro lugar.

Quando Winnie e o marido viajaram para a cidade natal deles, duas mulheres jovens entraram no restaurante onde eles estavam comendo. As mulheres ocuparam uma mesa próxima, mas não falaram nada. Uma delas se parecia muito com Lee Ka Yan. Winnie sentiu que era um teste, ou um exame. Quando perguntou ao marido no dia seguinte, ele disse que não se lembrava de ter visto as mulheres.

Na realidade, ele não lhe falou nada sobre o que estava acontecendo, talvez porque nenhuma história resistiria ao escrutínio dela. Mas quando ela telefonou para a empresa dele, seus colegas pensaram que ela era a outra mulher. "Eles disseram: 'Oh, você está em Hong Kong, vindo da China'. Todo mundo sabia da mulher, menos eu." Seu marido ainda não admitiu nada, mas diz ocasionalmente: "Não tem problema, porque todo mundo faz isto."

Winnie estava desesperada. Ela recorreu a uma história com a qual, de alguma forma, estava familiarizada. "Eu disse a meu marido: 'Se você precisa de duas mulheres, então eu sou a esposa maior... A esposa menor deveria trazer uma xícara de chá para mim'." Mas não havia chá nenhum. O marido dela tinha uma narrativa bem diferente, e recebia o apoio dos amigos e dos colegas de trabalho. E aquilo não incluía dar um status especial à sua esposa. "Eu acho que ele estava muito orgulhoso de si mesmo por ter duas mulheres", ela diz.

Winnie não fazia parte da nova cultura sexual da China e não acreditava em divórcio. Mas como estava fora de si e remoendo aquilo, ameaçou se divorciar de seu marido se ele não deixasse de ver a outra mulher. Ele sabia que a ameaça não era para ser tomada literalmente, mas foi a chance que ele estava esperando para não ser visto como o marido que tecnicamente abandonou a esposa. Winnie ainda parece chocada por ter se divorciado. E está pronta a perdoar o marido se ele voltar para casa. "O ditado chinês diz: 'Quando você se casa com uma galinha, você precisa seguir a galinha. Quando você se casa com um cão, precisa seguir o cão.'"

A cultura sexual na China mudou mais radicalmente, e mais depressa, do que em qualquer outro lugar que visitei. Não é só que as pessoas têm dinheiro agora. Elas também esperam um tipo de realização pessoal que era difícil de imaginar há algumas décadas. Não é surpreendente que os casamentos de outras épocas não consigam sobreviver a esta. E enquanto não houver estatísticas a longo prazo, a evidência circunstancial sugere que há muito adultério acontecendo. Lá, não só há mais oportunidades de trair, como a sociedade chinesa se deu permissão para tirar vantagem delas.

***

Quando cruzo a fronteira para Shenzhen, ainda estou deprimida por meu encontro com Winnie. Quero ver qual o motivo de tanta agitação.

Depois de uma corrida de táxi de vinte minutos, meu acompanhante (um homem de Hong Kong que se ofereceu para ser meu guia e intérprete não oficial) e eu estamos em uma aldeia da segunda esposa. E embora seja o centro de uma metrópole, posso ver por que é chamada de aldeia. Os edifícios são todos baixos. As pessoas estão caminhando no meio das ruas. E em todos os lugares, todos os lugares, há mulheres jovens, algumas provavelmente ainda adolescentes. Se eu não soubesse, pensaria que estava em um albergue de estudantes, durante as férias de verão. As mulheres estão sentadas na frente das lojas ou em cadeiras dobráveis em frente a um restaurante improvisado. Elas estão vestidas casualmente. Leva um minuto para eu registrar a expressão de seus rostos: enfado. Há muitas ruelas, algumas parecem corredores entre prédios, e a mesma cena de mulheres entediadas em cadeiras dobráveis se repete para mim.

Meu acompanhante me lembra que todas as mulheres estão à venda ou já foram compradas.

Caminhamos durante algum tempo até que percebo que meu acompanhante tem um destino em mente: uma casa de massagem. Chegamos numa delas e ele parece familiarizado; há mulheres do lado de fora da propriedade, segurando pranchetas e usando vestidos longos de cetim. Relutei em entrar. A ideia de todos os fluidos que são trocados por ali fez com que eu me arrependesse de ter calçado sandálias em vez de sapatos fechados.

Entramos. Para minha surpresa, é extremamente limpo. As meninas (preciso chamá-las assim, pois são tão jovens), com calças de equitação de cetim rosa e rabos de cavalo, saltitam por ali. Meu guia conversa com a anfitriã, que nos leva a uma grande sala, com uma televisão de tela plana e um banco de assentos acolchoados, montado acima de tubos de água quente para nossos pés. É um corredor entre uma discoteca e um salão de pedicure. Eu me lembro que estou ali com o objetivo de pesquisar e que lugares como aquele são a fonte de sofrimento de Winnie.

Então ouço o preço da massagem de pés que vamos receber: 3,50 dólares por oitenta minutos. Isto inclui chá e fatias frescas de melancia. Escorrego para uma das cadeiras macias. Uma menina com calças de equitação rosa chega e começa a esfregar minhas têmporas (uma massagem de "pé" começa na cabeça ali). Meus pensamentos sobre Winnie e sobre pegar hepatite desaparecem. Penso se posso pagar outra massagem depois daquela. E penso que bem que poderia voltar a Shenzhen.

Conclusão

LAR DOCE LAR

DEPOIS DE PERAMBULAR PELO mundo para ver como as pessoas traem, finalmente estou de volta à minha escrivaninha, em Paris. Minha classificação mundial de adultério está fixada na parede perto de mim, como um talismã. Isso me dá a ilusão de que tenho de lidar com este assunto vasto, escorregadio e possivelmente desconhecido. Parece claro que o fato de uma pessoa ser fiel depende muito de onde ela está. As sociedades têm suas próprias regras de como se pode trair, e por quais razões. Há até roteiros para algo tão particular quanto o perdão. Todo mundo parece saber estas regras, até mesmo os que não as seguem.

Alguns estereótipos sobre as diferenças entre homens e mulheres parecem ter alguma base. Não encontrei nenhuma mulher que dissesse que queria ter um caso simplesmente porque queria mais sexo. Elas quase sempre deram razões emocionais: estavam sós ou queriam alguém para escutá-las ou para fazê-las se sentir bonitas. Homens casados muitas vezes também davam explicações emocionais para seus casos amorosos, é claro. Mas alguns disseram que queriam apenas aumentar seu ego, ou a satisfação sexual, indo para a cama com mulheres que não eram suas esposas.

E descobri ainda que alguns dos estereótipos norte-americanos sobre estrangeiros são barbaramente antiquados. Sempre ouvi dizer que os homens italianos são mulherengos de primeira. Na realidade, eles cometem menos adultério do que os norte-americanos — o que equivale a dizer, eles não traem muito. Este estereótipo sobre italianos pode ter tido alguma verdade entre 1880 e 1920, quando milhões de italianos emigraram para os Estados Unidos e trouxeram com eles suas histórias sobre a Itália. Mas não é verdadeiro na Itália moderna.

Muitos destes estereótipos perduram desde outras épocas. Cresci ouvindo falar da névoa em Londres; na realidade era fumaça, que foi totalmente erradicada pela Lei do Ar Puro da Inglaterra, de 1956. Os soldados americanos voltaram da Segunda Guerra Mundial com histórias de francesas que não raspavam as axilas e escondiam o odor corporal com copiosa quantidade de perfumes. Histórias da promiscuidade francesa foram lendárias durante séculos. Na realidade, Paris é hoje residência de algumas das mulheres mais limpas e bem depiladas do mundo. E os franceses contemporâneos traem tanto quanto os norte-americanos.

Nós, norte-americanos, nos agarramos a falsas noções até sobre nós mesmos. Os norte-americanos continuam acreditando nas estatísticas duvidosas das décadas de 1940 e 1950, que sugerem que a traição é predominante. Alguns norte-americanos até sentem uma satisfação maliciosa com a ideia de que as mulheres hoje em dia conseguem marcar encontros extraconjugais em suas apresentações de vendas ou em reuniões de pais da escola. Isto é tomado como evidência do aumento da igualdade entre os sexos.

Na realidade, como fiquei sabendo, os norte-americanos não traem muito. Em 2004, apenas 16% disseram que tinham sido infiéis ao cônjuge e só 3,5% disseram que tinham traído no ano anterior. Não há nenhuma evidência comprovada de que mais mulheres estão traindo atualmente, apesar do fato de mais mulheres trabalharem. As estatísticas de sexo seguramente não são uma representação perfeita de como as pessoas se comportam, mas mostram que os níveis de infidelidade nos Estados Unidos permaneceram relativamente estáveis durante as últimas 11 pesquisas nacionais, realizadas em um período de 16 anos.

Embora os norte-americanos acreditem que trair é comum, nossas expectativas de casamento subiram tanto que temos problemas em acreditar que nosso próprio cônjuge possa ser infiel. Quando descobrimos que um parceiro se desencaminhou, ficamos tão devastados que entramos num tipo de estupor pós-traumático. Isto traz suas próprias contradições. Sinto que os norte-americanos, às vezes, sentem uma certa satisfação com todo o drama que os casos geram. Ser "um cônjuge traído" é uma identidade e, para alguns, até mesmo uma vocação.

Os norte-americanos não foram sempre tão voluntariamente ingênuos sobre os casos amorosos. Mulheres da geração de minha avó normalmente não se desgastavam se perguntando se seu casamento lhes dava realização pessoal ou não. Mas como ficou muito mais fácil se divorciar na década de 1960, passamos a avaliar nosso casamento — e nossas vidas — com um padrão extremamente alto. Esforçamo-nos para ter a saúde perfeita, para estar em forma e esperamos ter casamentos emocionalmente satisfatórios e completa fidelidade.

Nos Estados Unidos, supõe-se até que o casamento solucione a angústia existencial de uma pessoa. Uma pessoa casada não tem que se preocupar se está fundamentalmente só e irreconhecível. Ela é *casada*. Há uma pessoa pelo menos com quem ela não tem nenhuma barreira e nem segredos. Os norte-americanos religiosos invocam a expressão bíblica que eles e os cônjuges são "uma só carne". Embora as gerações anteriores possam ter sido mais passionais em relação aos desafios da monogamia, hoje em dia qualquer deslize — pelo menos teoricamente — leva ao divórcio. O adultério nos rouba do final feliz que, acreditamos — apesar de todas as evidências em contrário —, nós merecemos.

Esta preocupação enorme com a monogamia não parece fazer muito bem aos norte-americanos. Nós traímos quase que na mesma proporção daqueles estrangeiros que estão mais tranquilos em relação à infidelidade. Nossas altas expectativas de felicidade pessoal poderiam até nos tornar mais propensos a trair. Afinal de contas, não estamos autorizados a ter um caso, se isso é o que nos leva à realização?

Quando os norte-americanos traem, fica tudo muito confuso. Apesar da existência do nosso complexo industrial do casamento, as crises de adultério nos Estados Unidos duram muito mais tempo, custam mais e parecem infligir mais tortura emocional do que em qualquer outro lugar que visitei. A descoberta de um caso é tão calamitosa que em sites de adultério locais as pessoas usam terminologia de guerra para descrevê-lo: dia D. As pesquisas mostram que norte-americanos que traíram são menos predispostos a descrever a si mesmos como "muito felizes" do que os que não traíram (embora não fique claro se a infidelidade é causa ou efeito).

Os norte-americanos são adúlteros tão inadequados, que somos predispostos a sofrer até durante o ato sexual extraconjugal. Não encontrei nenhum outro país cujos cidadãos ficassem nus com seus amantes, mas sem ter intercurso sexual, de forma que pudessem contar meias verdades para si mesmos e para seus cônjuges, de que não fizeram sexo. É quase certo que não há nenhum outro país onde os adúlteros insistam tão habitualmente que não são do tipo que traem. Qual é a graça de ter um caso de amor secreto se você vai passar a maior parte do tempo se sentindo culpado? E então, se você for descoberto e continuar casado, enfrentará anos de recriminação de seu cônjuge, durante os quais você pode ser convocado a recriar toda a cronologia de todas as carícias cheias de ansiedade que trocou com seu amante. O divórcio poderia representar um alívio depois disso.

Nos Estados Unidos, os casos amorosos podem se intensificar mesmo se nenhuma das partes realmente quiser. As relações extraconjugais são tão estigmatizadas, que os amantes preferem tratar o caso como um relacionamento que é socialmente aceitável: um namoro que conduz ao casamento. Uma "outra mulher" que seja solteira é quase obrigada a aspirar ao papel mais respeitável de "esposa". Ouvi falar de pessoas que deixaram seus casamentos para ficar com o parceiro do caso amoroso só para não se sentirem uns vermes.

Um marido com quarenta e poucos anos estava tão ansioso para se distanciar do próprio comportamento que descreveu sua entrada num caso com uma colega de trabalho como quase involuntário. "Na verdade eu gostava do tipo de conversa que tinha com ela; mas eu não queria que a relação fosse muito além disso." O marido me disse que não pressentiu que os almoços semanais dele com a mulher estivessem se tornando o que ele chama agora, com desgosto, "esta coisa sexual". As coisas se intensificaram de qualquer maneira. Ele não contou à esposa quando ele e a mulher foram juntos para um jogo de basquete, nem quando eles deram um passeio pela cidade.

Seu relato do que aconteceu em seguida era fragmentado e como se fosse um sonho. "Ela disse: 'A gente poderia conseguir um quarto aqui', e eu só pensei: 'Oh, isso realmente está me assustando.' Eu disse: 'Não', e eu recusei os primeiros convites para aquele tipo de coisa. E então, na realidade ela me usou. Eu realmente não queria, porque, você sabe... sei lá." Quando ele chegou à parte de como ele não é do tipo que trai, eu realmente quis socá-lo.

Alguns norte-americanos até têm dificuldade de admitir que o adultério é atraente. O conselho deles é: "Se você quiser trair, simplesmente peça o divórcio." O que isto não reconhece é que os casos podem ser excitantes exatamente porque a pessoa é casada. Às vezes nós queremos estar ligados *e* livres. Um caso tem todo o prazer de um namoro intenso sem qualquer ansiedade sobre como vai terminar. Na realidade, o fim já aconteceu, mas com outra pessoa (o cônjuge).

A vida não é tão arrumadinha quanto muitos norte-americanos gostariam que fosse. No romance de Isaac Bashevis, *Enemies, a Love Story* [Inimigos, uma história de amor], o personagem principal, um judeu polonês, imigra para os Estados Unidos e fisga três mulheres diferentes. Ele não consegue muita simpatia de ninguém em seu país adotado. "Os advogados americanos tinham soluções simples para tudo: 'Qual você ama? Se divorcie das outras. Termine o caso. Ache um trabalho. Procure um psicanalista.'"

Embora o ato de malabarismo o deixe arrasado, ele não consegue renunciar a nenhuma das mulheres. "'Eu quero as três, essa é a vergonhosa verdade', ele admitiu para si mesmo. 'Tamara é a mais bonita, mais tranquila, mais interessante. Ela sofreu um inferno ainda pior do que Masha. Divorciar-se dela significaria jogá-la para outros homens. Quanto ao amor, estes profissionais usaram as palavras como se fosse possível uma definição clara — quando ninguém descobriu ainda seu verdadeiro significado.'"

Hoje em dia a monogamia é o ideal quase em todo lugar e as pessoas dos países ricos do Ocidente normalmente não traem muito. Mas fora dos Estados Unidos, elas tendem a aceitar que é normal para pessoas casadas ter pequenos flertes e atrações, e às vezes agir em relação a estes sentimentos. Quando fazem isso, não significa automaticamente que o casal casado estava, na linguagem norte-americana, vivendo uma mentira durante anos. O adultério causa mágoa em todos os lugares, mas o contexto e as expectativas determinam a intensidade da mágoa.

Talvez pudéssemos tirar uma lição dos franceses. Em geral, quando têm um caso, eles se dão permissão para desfrutar isto. Eles planejam jantares agradáveis, encontram lugares românticos e não se torturam sobre o que estão fazendo. E se não querem que o caso amoroso fique mais intenso, o caso não fica. Um parisiense disse que sua amante o repreendeu por não seguir as regras para amantes: ele deveria comprar presentes para ela e levá-la para viajar no fim de semana pelo menos uma vez. Se ele seguisse estas regras, ela poderia falar à mãe e às amigas dela sobre isto. Haverá certamente frustrações no caminho, mas esses problemas não serão combatidos por um estigma social pesado e por falsas expectativas sobre a direção que a relação está tomando.

Fiquei pasma com o fato de alguns franceses, e poucos japoneses, nunca confrontarem seus cônjuges por traírem. Houve um casal parisiense cuja esposa traía. O caso finalmente terminou, o marido sentiu que sua imprevisível esposa tinha se voltado emocionalmente para o casamento e eles pareciam estar vivendo em um estado de razoável contentamento. O caso provocou um período difícil, mas isto não eclodiu em uma crise longa e devoradora. Não penso que seria capaz de reagir a uma infidelidade com tanta compostura. Mas eu poderia me sair melhor, se eu pudesse.

Há outra coisa que poderíamos aprender com quase qualquer país estrangeiro. A ideia norte-americana de que um marido e uma esposa deveriam revelar os conteúdos integrais de suas mentes um ao outro não existe em nenhum outro lugar. Fazer isso provavelmente remove um mistério necessário ao casamento. Pode ser melhor ter alguns segredos, ou pelo menos fingir que os tem.

Os norte-americanos podem finalmente estar ficando mais realistas em relação à infidelidade. Os últimos conselhos dos especialistas é que casais casados deveriam discutir a possibilidade distinta de — choque! — cada um poder um dia se sentir atraído por outra pessoa. Supõe-se que os casais criem uma estratégia do que fazer caso isso aconteça. Os especialistas afirmam que um caso amoroso pode ser evitado se cada um puder voltar para casa do trabalho e confessar que foi convidado para almoçar com um/uma colega legal e que a oferta foi tentadora. Remover o segredo supostamente torna um caso muito menos sedutor

Duvido que qualquer das técnicas já inventadas pelo complexo industrial do casamento para acabar com os casos consiga deter os níveis gerais de infidelidade aqui. Não parece humanamente possível para uma sociedade trair muito menos do que nós traímos. Já estamos nos níveis mundiais mais baixos em número de adultérios. Assim como as economias têm certo nível de desemprego estrutural, os países parecem ter um nível mínimo de infidelidade estrutural (cerca de 3% dos homens são infiéis em um determinado ano). Os únicos países em que se sabe que há níveis mais baixos são Bangladesh e Cazaquistão, que têm outros problemas.

Os norte-americanos têm o luxo de estabelecer padrões para o casamento e para a fidelidade que as pessoas em alguns outros países nem sonhariam. No romance de Diane Johnson, *Le Divorce* [O divórcio], um francês casado fala à sua jovem amante norte-americana: "Os fundadores do seu país expressaram uma esperança para o futuro e um compromisso de preparar as condições que tornariam possível o melhor resultado. Mas em algum ponto do caminho, a esperança se transformou em convicção arraigada. Acredito que você chama isso de O Poder do Pensamento Positivo. É claro que os franceses não têm tais ilusões, de que tudo será melhor." Muito provavelmente, nós, norte-americanos, continuaremos a acreditar que eles as terão.

AGRADECIMENTOS

PARA ESCREVER ESTE LIVRO dependi da bondade de estrangeiros, muitos dos quais se tornaram amigos. Eu nunca teria estudado o Japão sem a ajuda de Yoko Itamoto, Atsuko Imai, Maikiko Wakai, Etsuko Yaguchi, Tomoko Greer, Henry Atmore, Meryl Davies, e minha intérprete, Maiko Sawada, que trabalhou em meio a bolhas e exaustão.

Por me ajudar a navegar na Rússia, sou grata a Vladimir Soldatkin, John Varoli, Carla Davidovich, Simcha Fishbane, Lynn Visson, Tim Gadaski e Michele Berdy. Obrigada a Andrew Miller e Emma Bell, por sua hospitalidade em Moscou.

Recebi generosa ajuda na África do Sul de Clifford Barnett, Yael e Darrel Kadish, Hillel Braude, Michael Brown, Isak Niehaus e Robin Smalley, do mothers2mothers, que foi até me buscar no aeroporto. Ntombi e Fuzi Dhlamini pesquisaram e me conduziram em uma excursão inesquecível a Soweto.

Por sua ajuda na França, agradeço a Jonathan Shenfield, Martina Neumann, Simone Bateman, Alice Ferro, Adeline Escobar e ao excepcional fotógrafo Dietlind Lerner. Obrigada aos queridos amigos Nicole-Anne Boyer e Toby Paterson, por muitas refeições confortantes entre rascunhos.

D. Y. Suharya tornou minha jornada indonésia possível e forneceu sugestões úteis para o texto. Muito obrigada, também, a Adam Ellick, Noor Huda Ismail e Douglas Griffin. Por sua ajuda no capítulo sobre a China, agradeço a Lobo Lo, Ada Chau, Karrie Ping Li, Anna Yuen em Caritas e Lisa Tran.

Aconteceu de meu amigo mais sábio ser meu irmão, Ken; agradeço a ele pelos comentários incisivos e ideias ao longo de todo o caminho. Hannah Kuper leu o capítulo sobre estatísticas e me acompanhou em alguns dias frios, em Moscou. Adam Kuper abriu as portas da África do Sul, foi um leitor excelente e me deu o melhor conselho para escrever: tome um banho.

Recebi ajuda decisiva nos Estados Unidos de Peggy Vaughan, Betina Schonberger, Emily Wolfman, Jinx Silver, Yitzchak Schonfeld, Hella Winston, Jeffrey Sumber, Mali Sananikone Gaw e Shana Hildebrand. David Smith, da Biblioteca Pública de Nova York, não só me ajudou na pesquisa como o fez com vivacidade e bom humor. Tom W. Smith do Centro de Pesquisas de Opinião Nacional, Emma Slaymaker, Osmo Kontula, Nathalie Bajos e Nathalie Beltzer, todos vieram me salvar durante minha busca por estatísticas.

Este livro está melhor graças aos comentários de Elisabeth Eaves, Chen-li Sung, Rana Mitter, Natacha Henry, Patrick Weil, Yaël Ginzburg e Nancy Gelles. Também sou extremamente grata a Jane Fleming, minha editora na Penguin Press. Um agradecimento especial às pessoas cujo entusiasmo inicial puseram este livro em movimento: Roger Lowenstein, Suzanne Gluck, Michael Wolff e Carlos Lizarralde.

Este livro também não teria sido possível sem as inúmeras pessoas generosas que me contaram suas histórias de infidelidade. Meu obrigado a todos vocês e especialmente a um certo casal em Memphis, Tennessee.

Sou grata a meus pais, Bonnie Green e Henry Druckerman, por seu carinho e por abraçar este estranho projeto com tanto entusiasmo. Obrigada a Albert Green por estar sempre ali e à minha doce avó Esther, por prever, há décadas, que um dia eu escreveria um livro.

As pessoas às vezes comparam a escrita de um livro com ter um bebê. Agora que fiz os dois, quase simultaneamente, posso dizer que definitivamente o livro machuca muito mais. Meu agradecimento a Leila, por permanecer alegre todas as horas em que eu estava olhando para meu laptop em vez de olhar para você.

Poucos homens proporiam casamento a uma mulher que está escrevendo um livro sobre adultério. Simon Kuper não só se casou comigo, como leu todo o rascunho. Por sua coragem intelectual, seu amor e sua paciência, serei eternamente grata.

BIBLIOGRAFIA

LIVROS

Anderson, Nancy C. *Avoiding the Greener Grass Syndrome: How to Grow Affair-Proof Hedges Around Your Marriage.* Grand Rapids: Kregel Publications, 2004.

Buruma, Ian. *The Missionary and the Libertine: Love and War in East and West.* Londres: Faber and Faber Ltd., 1996.

Chirac, Bernadette e Patrick de Carolis. *Conversation.* Paris: Plon, 2001.

Cott, Nancy F. *Public Vows: A History of Marriage and the Nation.* Cambridge, MA: Harvard University Press, 2000.

Draitser, Emil A. *Making War Not Love: Gender and Sexuality in Russian Humor.* Nova York: St. Martin's Press, 1999.

Duncombe, Jean, Kaeren Harrison, Graham Allan e Dennis Marsden, orgs. *The State of Affairs: Explorations in Infidelity and Commitment.* Mahwah, NJ: Lawrence Erlbaum Associates, 2004.

Ericksen, Julia A. e Sally A. Steffen. *Kiss and Tell: Surveying Sex in the Twentieth Century.* Cambridge, MA: Harvard University Press, 1999.

Goodwin, Jan. *Price of Honor.* Nova York: Plume, 1994.

Haavio-Mannila, Elina, Osmo Kontula e Anna Rotkirch. *Sexual Lifestyles in the Twentieth Century: A Research Study*. Houndmills: Palgrave, 2002.

Jack, Andrew. *The French Exception*. Londres: Profile Books Ltd., 1999.

Johnson, Diane. *Le Divorce*. Nova York: Plume, 1997.

Kon, Igor S. *The Sexual Revolution in Russia*. Traduzido por James Riordan. Nova York: Free Press, 1995.

Laumann, Edward O., Stephen Ellingson, Jenna Mahay, Anthony Paik e Yoosik Youm. *The Sexual Organization of the City*. Chicago: University of Chicago Press, 2004.

Leleu, Gerard. *La Fidélité et Le Couple*. Paris: Flammarion, 1999.

Li, Zhisui. *The Private Life of Chairman Mao: The Memoirs of Mao's Personal Physician*. Traduzido por Tai Hung-chao. Londres: Arrow Books, 1996.

Michael, Robert T., John H. Gagnon, Edward O. Laumann e Gina Kolata. *Sex in America: A Definitive Survey*. Nova York: Little, Brown and Company, 1994.

Moskowitz, Eva S. *In Therapy We Trust: America's Obsession with Self-Fulfillment*. Baltimore: Johns Hopkins University Press, 2001.

Pingeot, Mazarine. *Bouche Cousue*. Paris: Editions Julliard, 2005.

Sauer, Derk. *Typisch Russisch*. Amsterdã: Veen, 2001.

Sinclair, Joan. *Pink Box: Inside Japan's Sex Clubs*. Nova York: Harry N. Abrams, Inc., 2006.

Singer, Isaac Bashevis. *Enemies, a Love Story*. Nova York: Farrar, Straus and Giroux, 1972.

Spira, Alfred, Nathalie Bajos e grupo ACSG. *Les Comportements Sexuels en France*. Paris: La Documentation Française, 1993.

Spring, Janis Abrahms e Michael Spring. *After the Affair*. Nova York: Harper Perennial, 1997.

Tiersky, Ronald. *François Mitterrand: The Last French President*. Nova York: St. Martin's Press, 2000.

Walton, George Lincoln. *Why Worry?* Filadélfia: J. B. Lippincott, 1908.

Artigos

Ali, Lorraine e Lisa Miller. "The Secret Lives of Wives." *Newsweek*, 12 de julho, 2004.

Allen, Elizabeth S., David C. Atkins, Donald H. Baucom, Douglas K. Snyder, Kristina Coop Gordon e Shirley P. Glass. "Intrapersonal, Interpersonal, and Contextual Factors in Engaging in and Responding to Extramarital Involvement." *Clinical Psychology: Science and Practice* 12 (junho de 2005): 101.

Alia, Josette. "L'infidélité au feminin." *Le Nouvel Observateur,* 19 de agosto, 1999.

Altman, Lawrence. "Rare Cancer Seen in 41 Homosexuals." *New York Times,* 3 de julho de 1981.

Atkins, David C., Neil S. Jacobson e Donald H. Baucom. "Understanding Infidelity: Correlates in a National Random Sample." *Journal of Family Psychology* 15, nº 4 (1º de dezembro de 2001).

Beattie, Alan. "What's the Damage?" *FT Magazine,* 2 de outubro de 2004.

Betzig, Laura. "Causes of Conjugal Dissolution: A Cross-Cultural Study." *Current Anthropology* 30, nº 5 (dezembro de 1989): 654–76.

Birenbaum, Guy e Philippe Berti. "Nicolas Sarkozy Sous le Choc", *VSD,* 31 de agosto–6 de setembro de 2005.

Blumenfeld, Laura. "The Oy of Sex: Adultery Can't Be Kosher. Can It? A Story About God, Conscience... and Concubines." *Washington Post,* 2 de junho de 1996.

Bremner, Charles. "How Mitterrand's Secret Network Spied to Protect the President." *Times* (Londres), 20 de novembro de 2004.

Buss, David M. e Todd K. Shackelford. "Susceptibility to Infidelity in the First Year of Marriage." *Journal of Research in Personality* 31 (1997): 193–221.

Campbell, Matthew. "'Napoleon' Sarkozy Bars Wife's Biography." *Sunday Times* (Londres), 20 de novembro de 2005.

Carael, Michel John Cleland, Jean-Claude Deheneffe, Benoit Ferry e Roger Ingham. "Sexual Behavior in Developing Countries: Implications for HIV Control." *AIDS* 9, nº 10 (outubro de 1995): 1171–175.

Carr, Adam. "Behavior Change in Response to the HIV Epidemic: Some Analogies and Lessons from the Experience of the Gay Communities." Tese escrita em dezembro de 1991 para o United Nations Development Programme series of HIV and Development Programme Issues Papers.

Chang, Jui-Shan. "Scripting Extramarital Affairs: Marital Mores, Gender Politics, and Infidelity in Taiwan." *Modern China* 25, nº 1 (janeiro de 1999): 69–99.

Choi, Kyung-Hee, Joseph A. Catania e M. Margaret Dolcini. "Extramarital Sex and HIV Risk Behavior among U.S. Adults." *American Journal of Public Health* 84 (1994): 2003–2007.

Delius, Peter e Clive Glaser. "The Myths of Polygamy: A History of Extramarital and Multi-Partnership Sex in South Africa." *South African Historical Journal* 50 (2004): 84.

Didion, Joan. "Clinton Agonistes." *New York Review of Books* 45, nº 16 (22 de outubro de 1998).

Douzet, Frederick. "Du Watergate au Monicagate." *Le Monde*, 29 de agosto de 1998.

Eberstadt, Nicholas. "Russia's Demographic Straightjacket." *SAIS Review* 24, nº 2 (verão de 2004): 9.

Epstein, Helen. "The Fidelity Fix." *New York Times Magazine*, 13 de junho de 2004.

______. "The Mystery of AIDS in South Africa." *New York Review of Books* 47, nº 12 (20 de julho de 2000).

Farrer, James e Sun Zhongxin. "Extramarital Love in Shanghai." *China Journal*, nº 50 (julho de 2003): 1–36.

Gagnon, John, Alain Giami, Stuart Michaels e Patrick de Colomby. "A Comparative Study of the Couple in the Social Organization of Sexuality in France and the United States." *Journal of Sex Research* 38, nº 1 (fevereiro de 2001): 24–34.

Glass, Shirley e Thomas L. Wright. "Justifications for Extramarital Relationship: The Association between Attitudes, Behaviors, and Gender." *Journal of Sex Research* 29, nº 3 (agosto de 1992): 361–87.

Gopnik, Adam. "C'est la Lie." *New Yorker*, 9 de fevereiro de 1998.

Greeley, Andrew. "Marital Infidelity." *Society* 31, nº 4 (1994): 9–13.

Grossman, Joanna. "Punishing Adultery in Virginia: A Cheating Husband's Guilty Plea Is a Reminder of the Continued Relevance of Adultery Statutes." Findlaw.com, 16 de dezembro de 2003.

Haavio-Mannila, Elina e Osmo Kontula. "Single and Double Sexual Standards in Finland, Estonia and St. Petersburg." *Journal of Sex Research* 40, nº 1 (fevereiro de 2003).

Henley, John. "Chirac Shown as Serial Seducer." *Guardian*, 19 de setembro de 2001.

______. "Sarkozy Plans to Sue Media for Revealing Lover's Identity." *Guardian*, 13 de outubro de 2005.

Hill, Zelee E., John Cleland e Mohamed M. Ali. "Religious Affiliation and Extramarital Sex among Men in Brazil." *International Family Planning Perspectives* 30, nº 1 (março de 2004): 20–26.

Hoffman, Michael. "Marriage—the Beginning of the End." *Japan Times*, 12 de setembro de 2004.

Honig, Emily. "Socialist Sex: The Cultural Revolution Revisited." *Modern China* 29, nº 2, abril de 2003: 153–75.

Hooper, Joseph. "Infidelity Comes Out of the Closet." *New York Times*, 29 de abril de 1999.

Huret, Marie e Delphine Saubaber. "Enquête sur l'Infidélité." *L'Express*, 19 de julho 2004.

Israel, Betsy. "The Crush." *More*, julho–agosto de 2004.

Iwakami, Yasumi. "Men's Dream." *Monthly Gendai*, julho de 2000.

Kon, Igor S. "Sexuality and Politics in Russia, 1700–2000," *Sexual Cultures in Europe: National Histories*. Franz X. Eder, Lesley Hall e Gert Hekma, orgs. Manchester, Reino Unido: Manchester University Press, 1999.

Kreider, Rose M. "Number, Timing and Duration of Marriages and Divorces: 2001", U.S. Census Bureau.

Landler, Mark. "For Hong Kong Men, Mistresses on the Mainland." *New York Times*, 14 de agosto de 2000.

Laumann, Edward O., Robert T. Michael e John H. Gagnon. "A Political History of the National Sex Survey of Adults." *Family Planning Perspectives* 26, nº 1 (janeiro–fevereiro de 1994): 34–38.

Lauria, Lisa M. "Sexual Misconduct in Plymouth Colony", The Plymouth Colony Archive Project, University of Virginia, 1998. http://etext.virginia.edu/users/deetz/Plymouth/Laurial.html.

Lawrence, Jill e Jessica Lee. "Leaders Call for Decorum in Congress." *USA Today*, 10 de setembro de 1998.

Lévy, Bernard-Henri. "In the Footsteps of Tocqueville (Part V)." *Atlantic Monthly*, novembro de 2005.

Lhomeau, Jean Yves. "La Vie Privée du Chef de l'Etat et Alors?" *Le Monde*, 4 de novembro de 1994.

Lippman, John, Leslie Chang e Robert Frank. "Rupert Murdoch's Wife Wendi Wields Influence at News Corp." *Wall Street Journal*, 1º de novembro de 2000.

Liu, Chien. "A Theory of Marital Sexual Life." *Journal of Marriage and Family* 62, nº 2 (maio de 2000): 363–74.

Mapes, Timothy. "Table for Five? Chicken Magnate Puts Polygamy on the Menu." *Wall Street Journal*, 24 de novembro de 2003.

McCallum, Jack e George Dohrmann. "The Dark Side of a Star." *Sports Illustrated* 99, nº 3 (28 de julho de 2003).

McNeil, David. "Sexy and Smart: One Sector That Won't Be Left Behind: Japan's Massive Sex Industry Has Shifted from Bricks-and-Mortar Deflation to Internet Elation." *Japan, Inc.*, setembro de 2003.

Morris, M. "Telling Tails Explain the Discrepancy in Sexual Partner Reports." *Nature* 365 (30 de setembro de 1993): 437–40.

Niehaus, Isak. "Biographical Lessons: Life Stories, Sex and Culture in Bushbuckridge, South Africa." *Cahiers d'études africaines* 181 (2006).

Ollivier, Debra. "France vs. America: The Sex Front." Salon.com, 20 de junho de 2003.

Ortiz, Steven M. "Traveling with the Ball Club: A Code of Conduct for Wives Only." *Symbolic Interaction* 2, nº 3 (1997): 225–49.

Oster, Emily. "HIV and Sexual Behavior Change: Why Not Africa?" Working paper, National Bureau of Economic Research.

Oster, Emily e William L. Parish. "Sexual Partners in China: Risk Patterns for Infection by HIV and Possible Interventions", in *Social Policy and HIV/AIDS in China*. Joan Kaufman et al., orgs. Cambridge, MA: Harvard University Press, 2006.

Pao, Maureen. "Hello Shanghai: One China, Two Wives." *Far Eastern Economic Review*, 5 de julho de 2001.

Pettifor, A. E., H. V. Rees, I. Kleinschmidt, et al. "Young People's Sexual Health in South Africa: HIV Prevalence and Sexual Behaviors from a Nationally Representative Household Survey." *AIDS* 19, nº 14 (23 de setembro de 2005): 1525–34.

Robert-Diard, Pascale. "François Mitterrand A Été Inhumé dans Sa Ville Natale." *Le Monde*, 13 de janeiro de 1996.

Schmitt, David e 121 integrantes de ISDP. "Patterns and Universals of Mate Poaching Across 53 Nations." *Journal of Personality and Social Psychology* 86, nº 4 (2004): 560–84.

Sciolino, Elaine. "Paris Journal; A Tell-All's Tale: French Politicians Stray Early and Often." *New York Times*, 17 de outubro de 2006.

Shelton, J. D., Daniel Halperin, Vinand Nantulya, Malcolm Potts, Helene D. Gayle e King K. Holmes. "Partner Reduction Is Crucial for Balanced 'ABC' Approach to HIV Prevention." *BMJ* 328 (10 de abril de 2004).

Slaymaker, Emma e Martine Collumbien, entrevista. Spanier, Graham B. e Randie L. Margolis. "Marital Separation and Extramarital Sexual Behavior." *Journal of Sex Research* 19 (1983): 23–48.

Spector, Michael. "The Devastation." *New Yorker,* 11 de outubro de 2004.

Stadler, Jonathan. "The Young, the Rich, and the Beautiful: Secrecy, Suspicion and Discourses of AIDS in the South African Lowveld." *African Journal of AIDS Research* 2, nº 2 (1º de novembro de 2003): 127–39(13).

______. "Rumor, Gossip and Blame: Implications for HIV/AIDS Prevention in the South African Lowveld." *AIDS Education and Prevention* 15, nº 4, 357–68, 2003.

Stoneburner, Rand L. e Daniel Low-Beer. "Population-Level HIV Declines and Behavioral Risk Avoidance in Uganda." *Science* 304 (30 de abril de 2004).

Talbot, David. "This Hypocrite Broke Up My Family." Salon.com, 16 de setembro de 1998.

Tam, Siumi Maria. "Normalization of "Second Wives": Gender Contestation in Hong Kong." *Asian Journal of Women's Studies* 2 (1996): 113–32.

Thomson, Alice. "Labour Is in No Position to Preach to Us About Respect." opinion.telegraph, 1º de novembro de 2005.

Tran, Lisa. "Concubines Under Modern Chinese Law." Ph.D. dissertação, UCLA, 2005.

Treas, Judith e Deirdre Giesen. "Sexual Infidelity Among Married and Cohabiting Americans." *Journal of Marriage and the Family* 62 (2000)· 48–60.

Trueheart, Charles. "Waiting for Sarko." *Atlantic Monthly,* setembro de 2005.

Watts, Jonathan. "China Tries to Stem Soaring Divorce Rate." *Guardian,* 2 de março de 2005.

Widmer, Eric D., Judith Treas e Robert Newcomb. "Attitudes Toward Nonmarital Sex in Twenty-four Countries." *Journal of Sex Research* 35, nº 4 (novembro de 1998).

Wiederman, Michael. "Extramarital Sex: Prevalence and Correlattes in a National Survey." *Journal of Sex Research* 34 (1997): 167–74. Williams, B., et al. "Changing Patterns of Knowledge, Reported Behaviour and

Sexually Transmitted Infections in a South African Gold Mining Community." *AIDS* 17 (2003): 2009–17.

Willsher, Kim. "Ordeal of Elysée's Hidden Daughter." *Guardian*, 25 de fevereiro de 2005.

Wiseman, Paul. "Cheating Is Big Business for Chinese Private Eyes." *USA Today*, 15 de abril de 2005.

Yardley, Jim. "Women in China Embrace Divorce as Stigma Eases." *New York Times*, 4 de outubro de 2005.

Zha Bo and Geng Wenxiu. "Sexuality in Urban China." *Australian Journal of Chinese Affairs* 28 (julho de 1992).

"Hyde Summation", 16 de janeiro de 1999, transcrito por Federal Document Clearing House, Washingtonpost.com.

"Judiciary Committee Unveils Four Articles of Impeachment." CNN.com, 9 de dezembro de 1998.

"Clinton Apologizes Again for His Conduct." CNN.com, 9 de setembro de 1998.

"Among Wealthy Nations U.S. Stands Alone in Its Embrace of Religion." Pew Global Attitudes Project, 19 de dezembro de 2002.

Websites

General Social Survey of the National Opinion Research Center, University of Chicago.

CIA—The World Factbook, https://wwwcia.gov/cia/publications/factbook/index.html

The Gay Men's Health Crisis HIV/AIDS Timeline, http://www.gmhc.org/about/timeline.html

The Gallup Organization, Moral Issues, pesquisa realizada entre 8 e 11 de maio de 2006. www.galluppoll.com

Este livro foi composto na tipologia
Electra LH em corpo 11/15, e impresso
em papel off-white 80g/m² no Sistema Cameron
da Divisão Gráfica da Distribuidora Record.